Lisa Wingate

SEEGLAS Schwestern

Francke

Über die Autorin:
Lisa Wingate arbeitet als Journalistin, Kolumnistin, Rednerin und Autorin. Sie lebt mit ihrem Mann und zwei Söhnen in Texas.
www.lisawingate.com
author_lisa_wingate
Lisa Wingate

MIX
Papier aus verantwortungsvollen Quellen
FSC® C014138

Bibliografische Information der Deutschen Nationalbibliothek
Die Deutsche Nationalbibliothek verzeichnet diese Publikation in der Deutschen Nationalbibliografie; detaillierte bibliografische Daten sind im Internet über http://dnb.dnb.de abrufbar.

ISBN 978-3-96362-314-1

Originally published in English in the U.S.A. under the title:
Sisters, by Lisa Wingate

Deutsch von Silvia Lutz
Umschlagbilder: © iStockphoto.com / erikreis; Tetiana Garkusha
© shutterstock / Dane Gillett
Umschlaggestaltung: Francke-Buch GmbH / Marion Schramm
Satz: Francke-Buch GmbH
Printed in Czech Republic

www.francke-buch.de

Inhalt

Für Tante Sandy!
Du bist eine talentierte, kreative, liebe Seele
und das Vorbild für Sandys Muschelladen.
Ohne dich gäbe es die Muschelladenschwestern nicht.

Und für Sharon,
Sandys Schwester und meine Mutter!
Möget ihr beide noch viele Jahre
zusammen am Strand spazieren gehen
und euch Schwesterngeschichten erzählen.

Die Seeglasschwestern

Kapitel 1

Je mehr Zeit vergeht, bevor etwas passiert, desto besser. Aber so läuft es an einem ganz normalen Tag in einer ganz normalen Woche nicht. Im Leben hechelt man eigentlich immer mit halsbrecherischer Geschwindigkeit halb erschöpft von einer Sache zur nächsten – da sind die Kinder, die Arbeit, die Rechnungen, der Elternabend, der Kuchenverkauf an der Schule, der Flohmarkt zugunsten der Cheerleader, die Beziehung zum Ehepartner …

Manchmal frage ich mich, ob sie unter all dem schläft – die *alte* Elizabeth Gallagher, die Frau, die alles im Griff zu haben schien. Oder war sie schon immer nur ein Fantasieprodukt, hervorgegangen aus dem Durcheinander vor achtzehn Jahren, als eine unerwartete Schwangerschaft zu einer überstürzten Eheschließung von zwei verliebten Teenagern führte? Sie war so fest entschlossen, allen Skeptikern zu beweisen, dass sie es schaffen würde: allen Statistiken zu trotzen. Die perfekte Familie zu gründen. Sich ein Leben aufzubauen, auf das sie stolz sein konnte.

Stolz ist eine Dampfwalze. Er macht den Weg eine Weile lang frei, aber früher oder später schaltet er in den Rückwärtsgang und dann … *Vorsicht!* Vielleicht haben es alle anderen kommen sehen und sind deshalb in letzter Zeit auf Abstand gegangen.

Und jetzt *das!*

Ich blicke aus dem Erkerfenster des Hauses, das eigentlich unser Traumhaus sein sollte. Selbst die Eichen sind inzwischen groß geworden. Die Eichen, die das Bilderbuchleben in diesem Haus perfekt abrunden sollten und unserem anfänglichen Widerwillen, auf dem Hektar öden Ackerlandes, das seit Jahrhunderten in Familienbesitz ist und unser Hochzeitsgeschenk war, ein Haus zu bauen, den Wind aus den Segeln genommen haben.

Herbstblätter wehen über *Die Familienfarm*, wie wir das weitläufige Gelände liebevoll nennen. In bunten Farben umtanzen sie die Häuser von Tanten, Onkeln, Cousins und Cousinen. Leider kann eine hübsche Blätterschicht das, was hier im Argen liegt, nicht übertünchen. Sie kann auch das »Zu verkaufen«-Schild auf der anderen Straßenseite nicht verschwinden lassen. Beim Anblick dieses Schildes fühle ich mich wie eine Schaufensterpuppe auf einem Testgelände der Regierung in den 1950er-Jahren, die jeden Moment ungefragt an einem Atomtest wird teilnehmen müssen. Mir bleibt nichts anderes übrig, als auf die Explosion der Bombe zu warten. Ich weiß, dass sie hochgehen wird.

Einen schlechteren Tag könnte es dafür nicht geben.

Ich würde die Kinder gern zur Schule verabschieden, bevor es kracht. Und versuchen, ihnen vorher eine Umarmung zu entlocken – eine, die sich nicht so anfühlt, als wäre sie völlig einseitig. Aber vermutlich werden sie wieder an mir vorbei zu Jessicas Auto hasten, reinspringen und genauso schnell das Weite suchen wie Bankräuber in einem Fluchtauto. Meistens müssen sie sich beeilen, um noch rechtzeitig zu kommen. Micha beklagt sich oft, dass er zu spät dran ist, nur weil seine große Schwester ihre tiefblauen Augen mit Eyeliner nachfahren und ihre goldblonden Locken in Form bringen musste. Sie erinnert mich so sehr an mich selbst in dem Alter, dass es fast wehtut. Würde man das blonde Haar gegen brünettes austauschen, sähen wir uns auf unseren Cheerleaderfotos zum Verwechseln ähnlich.

Während der Fahrt wird sie ihrem Bruder einen finsteren Blick zuwerfen, genauso wie ich es gemacht hätte. Sie ist frustriert, weil er zusätzliche Kurse belegt hat, um die Schule ein Jahr früher abschließen zu können. Dadurch ist er in ihrem Abschlussjahrgang, obwohl er eigentlich eine Klasse unter ihr sein sollte. Sie will ihn nicht in ihrem Auto haben und er sitzt dort auch nur, weil wir sie zwingen, ihn mitzunehmen. Sie hat das Auto zwar von ihrem Ersparten gekauft, aber wir bezahlen das Benzin und die Versicherung.

Höchstwahrscheinlich wird den Kindern das Schild auf der anderen Straßenseite gar nicht auffallen. Aber es wird eine glühende Feuerblase und eine Pilzwolke, gefolgt von heftigem familiärem radioaktivem Niederschlag, auslösen, sobald Onkel Butch es entdeckt. Er wird auf keinen Fall tatenlos dabei zusehen, wie seine Schwester dieses Grundstück verkauft.

Ich lasse den Kopf auf den Tisch sinken direkt neben der Schüssel mit Hafergrütze, die nach der Nachtschicht sowohl mein Frühstück als auch mein Abendessen darstellt – etwas Gutverträgliches, damit ich mich nicht übergebe, sobald es in meinen Magen gelangt. Er rumort schon seit etwa der Hälfte meiner Arbeitszeit schmerzhaft. Erschöpft schließe ich die Augen.

Heute Morgen ist ein kleines Mädchen als vermisst gemeldet worden. Wenn ich nur schneller reagiert hätte, wenn ich es nicht vermasselt hätte, wenn nur meine Hirnwindungen nicht zum allerersten Mal, seit ich diesen Job mache, vor Erschöpfung und durch das Gedankenchaos wegen meiner Familie blockiert gewesen wären, als der Anruf in der Rettungsleitstelle einging, könnte dieses Mädchen längst wieder zu Hause sein. Sicher und geschützt in den Armen seiner Mutter.

Doch stattdessen bin ich wie in Schockstarre, weil das Schlimmste passiert sein könnte und ich daran schuld wäre. Wenn ein Kind nicht innerhalb der ersten drei Stunden gefunden wird, sinken die Erfolgschancen dramatisch.

Während mich der Schlaf in seine Tiefen ziehen will, gehe ich den Anruf erneut durch. Ich lasse den Moment Revue passieren und versuche das, was passiert ist, zu ändern, den Schaden wiedergutzumachen.

Die Anruferin schluchzt, sie ist in Panik. Sie steht ganz allein auf dem Parkplatz von *Cappie's Quick Mart* bis auf einen freundlichen Lastwagenfahrer, der sie hysterisch schreiend herumlaufen sah und angehalten hat, um zu fragen, was passiert ist.

»Sie … sie war … hi…!« Das Wort *hier* geht in einem stöhnenden Heulen unter, das klingt, als käme es aus der Kehle eines Tieres. »Sie … sie hat … auf dem Sitz ge…schlafen. Auf dem Rücksitz mit … mit dem Baby. Ich war … nur eine M-Minute fort. Hö-höchstens zwei.«

Ich versuche, sie zu beruhigen, herauszufinden, was genau passiert ist. Sie ist mehrere Minuten völlig hysterisch. Das erschwert das Gespräch erheblich, obwohl es mir gelingt, ihren Namen und den Namen des Geschäfts in Erfahrung zu bringen und zu schlussfolgern, dass es sich möglicherweise um eine Entführung handelt. Diese Informationen tippe ich umgehend in den Computer ein, um sie an die Einsatzfahrzeuge weiterzugeben.

Die Einsatzteams sind unterwegs, aber *Cappie's Quick Mart* befindet sich draußen an der Old Collier Road, weitab vom Schuss. Sie werden eine Weile brauchen.

Die Anruferin lallt. In mir keimt der Verdacht auf, dass sie betrunken ist oder Drogen genommen hat. Aber vielleicht ist es auch nur die Aufregung und Panik. Ich tue das, was Mitarbeiter der Rettungsleitstelle bei ihrer Ausbildung lernen: Ich spreche sie mit ihrem Namen an. Trista. Sie klingt unglaublich jung und erinnert mich so sehr an meine Jessica. Ist sie die Schwester des vermissten Mädchens, die Babysitterin, eine Freundin oder die Mutter? Ich versuche immer noch zu klären, was passiert ist.

Adrenalin durchflutet mich, aber mein Hirn schaltet nicht so schnell, wie es sollte. Es verhält sich wie eine Festplatte, die rattert und rattert, es aber nicht schafft, die richtigen Daten zu finden. Ich greife nach dem Handbuch im Regal über dem Schreibtisch – den Anweisungen, die wir bei der Einarbeitung neuer Mitarbeiter verwenden.

Bei vielen Notrufen stellt sich später heraus, dass alles ganz harmlos war, denke ich. Das sage ich neuen Mitarbeitern immer wieder. Oft wurde das Kind entweder von einem anderen Familienmitglied abgeholt oder sitzt arglos irgendwo und spielt oder es hat etwas angestellt und versteckt sich, weil es Angst vor Bestrafung hat.

Bitte, lass diese Sache harmlos sein! Die Worte in meinem Kopf scheinen in einen leeren Raum zu strömen und dort zu verpuffen. Selbst das empfinde ich als falsch. Früher wusste ich, dass sich solche Worte nicht im Nirgendwo in Luft auflösen, sondern dass jemand sie hört.

Anstatt zu improvisieren, lese ich die Sätze aus dem Handbuch vor. Ich weiß, dass es dadurch langsamer geht, aber heute Nacht erscheint mir diese Vorgehensweise sicherer. Mit mir stimmt etwas nicht, und wenn ich ehrlich bin, weiß ich das schon eine ganze Weile. Ich habe seit geraumer Zeit Angst, dass so etwas passieren könnte.

Das hier ist mein persönlicher Albtraum.

Ich frage Trista, ob irgendjemand bei ihr ist, mit dem ich sprechen kann. Jemand, der dabei war, als das Kind verschwunden ist. Bei ihr ist nur der Lastwagenfahrer und er weiß nichts, außer dass er um drei Uhr morgens auf einem Parkplatz eine Frau gesehen hat, die völlig hysterisch wirkte. Im Hintergrund dröhnt der Straßenverkehr. Der Lastwagenfahrer erzählt mir, dass die Leute im Geschäft auch nichts gesehen haben. Nur eine Frau, die ein paar Minuten, nachdem sie den Laden verlassen hatte, panisch schrie.

Ich bitte ihn, Trista das Telefon zurückzugeben und dann in ihrem Auto nachzusehen, ob sich darin ein Baby befindet. Haben wir es hier mit einem vermissten Kind zu tun oder mit zwei?

»Okay, Trista, bitte atmen Sie tief durch. Beruhigen Sie sich und sprechen Sie mit mir. Sie sind nicht allein. Wir tun alles, um Ihre Kleine wohlbehalten nach Hause zu bringen.« Mein Magen verkrampft sich. In meiner Kehle steigen der Geschmack des Schinkenbrötchens und der des Energydrinks auf, die ich um ein Uhr morgens zu mir genommen habe. »Ist sie Ihre Schwester oder Ihre Tochter?«

»M-mein Mädchen … mein kleines Mädchen …«, schluchzt sie.

Meine Besorgnis wächst. Ich bin mir ziemlich sicher, dass ich es hier mit einer Jugendlichen zu tun habe, die zwei kleine Kinder hat. »Wie heißt sie?«

»Em … Emily.«

»Und wie alt ist Emily?«

»V-vier … f-fünf. Sie ist gerade fünf geworden.« Trista klingt jetzt klarer, ihre Worte sind besser zu verstehen. »Wir wo-wollten dieses Wochenende ihren Geburtstag feiern …«

Ich registriere, dass sie *wollten* sagt. Wieder habe ich den Geschmack von Galle im Mund. Es ist ein schlechtes Zeichen, wenn Eltern von einem vermissten Kind in der Vergangenheitsform sprechen.

Sie bricht in bitterliches Weinen aus und es dauert viel zu lange, bis ich sie dazu bringen kann, mir wieder zuzuhören. Uns läuft die Zeit davon. Für die Einsatzteams brauche ich dringend eine Beschreibung des Mädchens.

»Trista … *Trista!*« Ich bin jetzt streng, klinge wie eine Lehrerin, die ihre Schülerin auffordert, sich zu konzentrieren. »Welche Haar- und Augenfarbe hat Emily?«

»B-blond … b-blau.«

»Ich muss wissen, was Emily anhatte, als Sie sie das letzte Mal gesehen haben. Jedes Detail, das Sie mir nennen können, ist wichtig.«

Doch anstatt meine Frage zu beantworten, beschreibt sie noch einmal, wo sie ist. Sie ist vor *Cappie's Quick Mart*. Sie ist hergefahren, um Zigaretten zu kaufen.

Um drei Uhr morgens?! Ich werfe einen Blick auf den Monitor.

Die Stimme der Anruferin klingt jetzt weit weg. Trotz des pausenlosen Verkehrslärms und des lauten Hupens kann ich hören, wie sie den Namen ihres Mädchens brüllt. Ich winde mich innerlich.

»Trista!« Meine Stimme hallt in der Rettungsleitstelle wider. »Legen Sie nicht auf. Bleiben Sie dran. Sprechen Sie mit mir.«

Carol kommt aus dem Aufenthaltsraum gelaufen. Sie hat mich wohl schreien gehört.

Ich halte das Mikrofon zu und flüstere schnell: »Vermisste Person, weiblich, fünf Jahre.« Mein Herz hämmert wie wild. Ich deute auf den Bildschirm.

Dann nehme ich die Hand wieder vom Mikrofon. »Trista! *Trista!* Was hatte Emily an? Sie müssen mir sagen, was sie anhatte.«

»Sie ist fo-ort! Sie ist fo-ort!«

»Was hatte Emily an?«

»Ein T… ein T… T-Shirt«, bringt Trista schließlich mit einem Schluckauf heraus. »Ein Ar-Arbeitsshirt von Wade. Er … er … es

… es war sein … sein letztes …sau…sauberes … Vielleicht hat sie gedacht, ich schi…schimpfe mit ihr …«

Ich notiere gleichzeitig mehrere Punkte und leite die Informationen an die Einsatzteams weiter. Es gibt einen Mann, möglicherweise einen Familienstreit, zum jetzigen Zeitpunkt ist der Aufenthaltsort des Mannes nicht bekannt.

»Welche Farbe hat das T-Shirt?« Wenn es ein Männershirt ist, ist es für eine Fünfjährige viel zu groß und sie trägt es wahrscheinlich als Nachthemd.

»Ro-rot … oder blau. Ich wei… weiß es nicht. Er hat … er hat … Ich weiß nicht … Mein *Babyyy!* Wo ist mein Baby?«

»Sie müssen sich beruhigen, Trista.« Es ist schon so viel Zeit vergangen. Wie lang dauert es noch, bis die Einsatzfahrzeuge bei ihr sind? Ich schaue auf den Bildschirm. Sie sind immer noch mehrere Kilometer entfernt. »Was hat Emily sonst noch an? Eine Hose? Schuhe? Eine Jacke?«

»Nein!«, schluchzt Trista. Meine Fragen frustrieren sie jetzt. »Nur das Shirt! Nur das Shirt.«

Ich erschauere. Es ist Mitte Oktober und wir leben in Michigan. Im Geiste sehe ich das kleine Mädchen bibbernd und barfuß am Straßenrand entlanglaufen. Die blonden Haare hängen zerzaust um ihr Gesicht, aus ihren Augen spricht die nackte Angst.

Und dann hoffe ich, dass es so ist. Ich hoffe, dass sie irgendwo durch die Gegend läuft. Allein. Weit weg von dem dröhnenden Verkehr, der im Hintergrund zu hören ist.

Neben mir hat Carol sich Kopfhörer aufgesetzt und verfolgt das Gespräch. Sie beugt sich zum Bildschirm hinunter, während ich versuche, weitere Informationen aus Trista herauszubekommen, die erneut in ein unverständliches Schluchzen ausgebrochen ist.

Carol beugt sich noch weiter vor und schüttelt den Kopf. Dann schaut sie mich direkt an und ihre grauen Augenbrauen ziehen sich zusammen. »Der *Cappie's Quick Mart* an der Old Collier Road hat so spät nachts nicht geöffnet. Dort draußen führt auch keine belebte Straße vorbei. Sie muss beim neuen *Super Cappie's* sein, der direkt an der Umgehungsstraße aufgemacht hat.«

Ich schließe für einen kurzen Moment die Augen. Mir ist übel, heiß, ich bin völlig benommen. Doch dann trifft mich die Erkenntnis wie ein greller Blitzschlag.

Ich wohne schon mein ganzes Leben lang in diesem Bezirk. Mir hätte bewusst sein müssen, dass bei *Cappie's* an der Old Collier Road kein Verkehrslärm zu hören ist und um diese Zeit niemand dort einkaufen kann. Mir hätte klar sein müssen, dass Trista woanders ist …

Das Telefon klingelt und im ersten Moment bin ich immer noch in der Rettungsleitstelle und versuche, den eingehenden Anruf über mein Headset zu beantworten. Aber das geht nicht, ich habe gar keins auf. Das Telefon hört einfach nicht auf zu klingeln.

Ich fahre aus dem Schlaf hoch, hebe den Kopf vom Küchentisch und greife eilig nach meinem Handy. Helles Vormittagslicht scheint durchs Fenster und im ganzen Haus ist es still.

Ein halbes Dutzend Gedanken bestürmen mich gleichzeitig. Die Kinder haben sich offenbar unbemerkt aus dem Haus geschlichen und es nicht für nötig erachtet, mich zu wecken. Auf der anderen Straßenseite spiegelt sich das Sonnenlicht wie ein Leuchtfeuer auf dem Verkaufsschild des Immobilienmaklers. Mein Auto steht allein in der Einfahrt. Das bedeutet, dass Robert übers Wochenende in die Blockhütte im Wald gefahren ist, statt nach seiner Dienstreise nach Hause zu kommen. Schon wieder.

Es ist Carol, die mich anruft.

Ich möchte mich im nächsten Schrank verkriechen, mich zusammenrollen und weinen. Nach einem kurzen Durchatmen gehe ich trotzdem ran. »Ja?«

»Im Straßengraben einige Kilometer vom neuen *Cappie's* entfernt wurde etwas gefunden«, teilt mir Carol nüchtern mit. »Ein T-Shirt von einem Autozubehörladen. Rot.«

Kapitel 2

Ich gehe ins Schlafzimmer, schäle mich aus der matschigen Kleidung und lasse sie auf den Teppich fallen, ohne mich darum zu scheren, dass es mitten am Nachmittag ist und die Kinder jeden Moment aus der Schule nach Hause kommen können.

Nachdem ich eine ganze Woche lang jede freie Minute damit verbracht habe, mit einem ehrenamtlichen Suchtrupp die Wälder zu durchkämmen und in Müllhaufen und Straßengräben voller vermodertem Laub vom Vorjahr zu stochern, will ich jetzt einfach nur ins Bett fallen und schlafen. Ich befinde mich im Familienkonflikt-Vermeidungsmodus und das weiß ich. Im Moment sind das Teenagerdrama zum Schuljahresbeginn und der Aufstand wegen des Verkaufsschildes auf der anderen Straßenseite wie ein Grundrauschen, das unerträglich laut in meinen Ohren dröhnt. Ich will einfach nur die kleine Emily finden. Ich will diejenige sein, die den entscheidenden Hinweis ausgräbt, der zu ihrer Entdeckung führt. Lebendig.

Irgendwie muss ich meinen Fehler wiedergutmachen. Ich muss die Sache wieder in Ordnung bringen.

Meine Familie versteht das nicht. Sie kapiert nicht, warum ich mich stundenlang den ehrenamtlichen Suchtrupps anschließe, um Emily zu finden. Natürlich haben sie von der groß angelegten Suchaktion gehört. Überall hängen Plakate, im Fernsehen wird pausenlos darüber berichtet, werden flehende Bitten von Emilys Mutter und ihren panischen Großeltern ausgestrahlt. Aber meine Familie weiß nicht, dass ich diejenige war, die den Notruf entgegengenommen hat.

Ich kann nicht einmal sagen, warum ich es ihnen nicht erzählt habe. Vielleicht kann ich es einfach nicht ertragen, es laut auszusprechen. Vielleicht will ich ihnen nicht zeigen, wie aufgewühlt ich bin, wie groß meine Furcht ist, dass Emilys Entführer irgendwo beim neuen *Cappie's* an der Umgehungsstraße ungehindert in der Nacht untertauchen konnte, während ich die Einsatzkräfte zur Old Collier Road geschickt habe. Vielleicht habe ich Angst, dass sie nicht einmal von ihren Smartphones aufblicken, wenn ich ihnen meine Schuld gestehe und erzähle, was genau passiert ist. Oder mit einem desinteressierten *Du hast einfach nicht alles in der Hand, Elizabeth* reagieren. Und dann das Thema wechseln und wieder auf das brodelnde Familiendrama wegen des Immobilienverkaufs zu sprechen kommen. Selbst die Kinder wurden inzwischen in die Angelegenheit mit hineingezogen. Sie stellen sich natürlich auf die Seite von Onkel Butch und meiner Mutter.

In Roberts Fall wäre die Antwort wahrscheinlich eher ein lapidares *Tut mir leid, dass du eine schwere Woche hattest. Hör zu, ich fahre in den Nordwald und arbeite an der Blockhütte weiter. Ich brauche einfach ein wenig Abstand.*

Ich frage mich, ob er wirklich in der Blockhütte ist, gleichzeitig will ich es gar nicht wissen. Das ist nur eine von vielen weiteren Sorgen, die wie ein Windrad unablässig in meinem Kopf kreisen.

Jessica ist letzte Woche nicht zum Zulassungstest fürs Studium erschienen, zu dem sie angemeldet war. Sie ist einfach nicht hingegangen! *Du hast mir nie gesagt, dass du mich angemeldet hast,* hat sie behauptet. *Na toll! Jetzt verpasse ich wegen des Wiederholungstermins wahrscheinlich ein Volleyballturnier!*

Micha hat eine neue Freundin. Ein Mädchen, das neu an der Schule ist, weil es an der alten Schule Probleme gab. Wenigstens lautet so die Warnung einer anderen Mutter, deren Sohn im letzten Sommer mit dem Mädchen zusammen war.

Als mein Blick auf die Straße fällt, sehe ich, dass Onkel Butch und Mom vor dem kleinen Haus stehen, das sich meine Mutter gebaut hat, nachdem Dad starb und sie das große Haus an meinen Bruder und seine Frau verkauft hat. Die beiden führen eine hitzige Diskussion.

Onkel Butch fuchtelt mit den Armen vor Moms Gesicht herum. Mit seinen ein Meter neunzig überragt er ihre eins fünfzig um Längen. Aber davon lässt sie sich nicht einschüchtern. Meine Mutter mag zwar brünett sein, aber sie hat das Feuer einer waschechten Rothaarigen.

In diesem Moment hebt sie frustriert die Hände. Ich weiß, was sie sagt. Sie hat meine Tante Sandy auf den Outer Banks in North Carolina mehrmals angerufen, aber Tante Sandy rückt keinen Millimeter von ihrem Standpunkt ab. Sie ist fest entschlossen, ihre acht Hektar Anteil an der Familienfarm zu verkaufen, um den Laden am Meer zu retten, der nach den großen Hurrikan-Schäden im letzten Jahr fast ihre gesamten Ersparnisse verschlungen hat.

Onkel Butch hat bereits alle Register gezogen und von einem zermürbenden Rechtsstreit um das Nutzungsrecht für das Land bis hin zu einem Ausschluss aus der Familie keine Drohung ausgelassen. Doch das wird ihm nicht viel helfen. Tante Sandy ist das Nesthäkchen der Familie und auch nicht viel größer als eins fünfzig, aber sie ist eine Naturgewalt. Eine Rebellin. Sie wird nicht nachgeben, auch wenn sich alle anderen noch so sehr ereifern und versuchen, ihr klarzumachen, dass es vernünftiger wäre, den Traum von einem Lebensabend am Meer endlich aufzugeben. Dieser Traum ist der Grund, warum Tante Sandy und Onkel George seit achtzehn Jahren nicht mehr auf der Familienfarm leben.

Ich habe ihren kleinen Laden am Meer noch nie gesehen, obwohl er nur eine Tagesfahrt entfernt ist. Falls ich dieses Leben, das sich meine Tante und mein Onkel aufgebaut haben, seit ihre Kinder aus dem Haus sind, in irgendeiner Weise anerkennen würde, könnte ich mir für den Rest meines Lebens Vorwürfe von Mom und Onkel Butch anhören. Je älter sie werden, desto festgefahrener sind sie in ihren Ansichten. Meine Mutter kann sich nicht vorstellen, dass *irgendjemand* weiter als einen Steinwurf von seinen Kindern und Enkeln entfernt wohnen will.

Ich kann mir das in letzter Zeit sehr gut vorstellen. Wenn ich nach einer anstrengenden Schicht in der Rettungsleitstelle nach Hause komme, würde ich manchmal am liebsten selbst die Flucht ergreifen und ans Meer fahren.

Ich verfolge die hitzige Diskussion auf der anderen Straßenseite, bis den beiden die Luft ausgeht. Onkel Butch stolziert mit steifen Schritten zu seinem Auto und rast davon. Er gibt so viel Gas, dass der Schotter spritzt und die Reifen quietschen. Vermutlich hat er diesen Fahrstil als Teenager mit Elvis-Frisur in seinem 57er-Chevy perfektioniert. Der Machoauftritt büßt jedoch viel von der beabsichtigten Wirkung ein, wenn er in einem alten, verbeulten Kastenwagen vollzogen wird und man nur 800 Meter die Straße hinauffährt.

Ich fange an zu lachen und frage mich im nächsten Moment, ob ich jetzt endgültig den Verstand verloren habe.

Du bist nur müde, rede ich mir ein. *Du brauchst einfach ein paar Stunden Schlaf, bevor du zur Arbeit fährst. Konzentrier dich auf deinen gewohnten Tagesablauf. Verlier nicht die Hoffnung.* Als Mitarbeiter der Rettungsleitstelle ist man dazu angehalten, sich die eingehenden Notrufe nicht zu Herzen zu nehmen, aber es ist eine unverrückbare Tatsache, dass einen die Fälle nicht loslassen. Man ergreift diesen Beruf, weil man Menschen helfen will. Das lässt sich nicht einfach ein- und ausschalten.

Aus meiner geöffneten Handtasche spähen mir blonde Locken entgegen – vom Foto auf einem Flyer mit der Bitte um sachdienliche Hinweise zum Verbleib von Emily. Heute haben sie die Suche nach ihr eingestellt. Es wurde einfach schon alles abgesucht.

Wieder sage ich mir, dass ich die Hoffnung nicht aufgeben darf. *Wenn du aufgibst, akzeptierst du mehr oder weniger, dass dieses kleine Mädchen nicht mehr nach Hause kommt.*

Aber die Tränen kommen trotzdem. Ich schließe die Jalousien, schlüpfe ins Bett und mache die Augen zu. Ich bin einfach … so … müde …

Als ich endlich in den Schlaf gleite, läutet es unten an der Haustür. Wer ist das denn? Niemand in der Familie macht sich die Mühe zu klingeln. Alle kommen einfach durch die Garage ins Haus.

Ich ignoriere das Klingeln und hoffe, dass es nur ein Paketdienst ist, der irgendetwas bringt, das Robert für die Blockhütte bestellt hat. All die Urlaubstage, die sich nach siebzehn Jahren bei der Autofirma angesammelt haben, geben ihm viel Zeit, die Hütte zu renovieren.

Die Glocke läutet wieder. Zweimal. Kurz hintereinander. Hartnäckig.

Ich stehe auf, werfe mir einen Bademantel über und gehe die Treppe hinunter. Noch bevor ich an der Haustür ankomme, erkenne ich den kastanienbraunen Haarschopf auf der anderen Seite des Bleiglases. Mom. Warum sie klingelt, ist mir schleierhaft.

Als ich die Tür öffne, streckt sie mir einen weißen Katzenkorb entgegen. Unter ihrem einen Arm klemmt ihre Katze, Honey, unter dem anderen ein Sack Katzenfutter. »Du musst dich um Honey kümmern.« Wie üblich ist das ein Befehl und keine Bitte. Sie hält mir den Katzenkorb erneut hin. »Hier! Nimm!«

Ich nehme ihr den Korb und das Katzenfutter ab, woraufhin sie an mir vorbei ins Haus rauscht. »Mom, was hat das zu bedeuten?«

Sie tätschelt Honeys Kopf so heftig, dass der Katze bei jeder Bewegung die Augen heraustreten. »Ich fahre zu Sandy und versuche, sie zur Vernunft zu bringen. Das ist die einzige Möglichkeit. Ich lasse *nicht* zu, dass diese Familie oder diese Farm zerbricht, nur weil meine Schwester ihr letztes Geld unbedingt in diesen lächerlichen Laden stecken will. Mutter und Vater haben uns dieses Land nicht vererbt, damit wir es verkaufen und in irgendeine Hütte am Strand ziehen.«

»Mom, erstens ist es ein Geschäft und keine Hütte. Zweitens ist Sandy eine erwachsene Frau. Und drittens wohnt sie schon seit fast zwanzig Jahren dort. Sie weiß, was sie will.«

»Sie weiß gar nichts. Um Himmels willen, sie ist fünfundsechzig! Was glaubt sie denn, wie lange George und sie noch dort wohnen können?« Mom marschiert aufgebracht durch den Flur. Bei jedem ihrer Schritte schaukelt Honeys Hinterteil durch die Luft und die Katze schlägt Halt suchend mit den Pfoten um sich. Dieses Gefühl kenne ich.

»Mom, du kannst Tante Sandy und Onkel George nicht dazu *zwingen*, dort alles aufzugeben und zurückzukommen. Vielleicht kommen sie nie zurück. Wenn sie den Muschelladen irgendwann einmal nicht mehr betreiben können, wollen sie vielleicht trotzdem dortbleiben … und ihren Lebensabend auf den Outer Banks verbringen.« Das klingt reizvoll. Den Lebensabend auf einer Insel zu verbringen.

Mom zieht ein Blatt mit Anweisungen aus ihrer Jackentasche und knallt sie im Vorbeigehen auf den Esstisch. Honey krallt sich an der Hüfte meiner Mutter fest und versucht, sich aus ihrem Griff zu befreien. Bis jetzt hat Mom gar nicht bemerkt, wie unwohl sich die Katze fühlt.

»Ich sage dir, was passieren wird! Sie verkauft das Grundstück und steckt das Geld in diesen Laden, und dann, wenn der nächste Sturm zuschlägt oder wenn sie oder George gesundheitliche Probleme bekommen und sie nicht länger an einem so abgelegenen Ort leben können, haben sie kein Zuhause mehr, in das sie zurückkehren können! Und wir müssen damit leben, dass *Fremde* zwischen unseren Grundstücken Häuser bauen! Butch hat nicht genug Geld, um ihr das Land abzukaufen. Und ich auch nicht.«

Inzwischen versucht Honey mit aller Kraft, Moms Würgegriff zu entkommen. Meine Mutter lässt sie los. Schnell springt die Katze auf den Boden und sucht so eilig das Weite, dass ihre Krallen auf den Fliesen wegrutschen, bevor sie fluchtartig um die Ecke biegt.

Mom beachtet die Katze kaum. Sie hat Wichtigeres zu tun. »Ich fahre hin und rede persönlich mit ihr. Ich muss sie zur Vernunft bringen. Eine andere Lösung gibt es nicht.«

Jetzt hat sie es zum zweiten Mal gesagt. Und dieses Mal machen mir ihre Worte ehrlich Sorgen. »Mom, du warst in all den Jahren kein einziges Mal bei Tante Sandy! Jetzt willst du plötzlich zu ihr fahren? Und was dann? Entführst du Tante Sandy und Onkel George und schleppst sie gewaltsam nach Michigan zurück?«

Ihre grünen Augen lodern auf, dann ziehen sie sich unter ihren vom Wind zerzausten Haaren zusammen. Sie ist es nicht gewohnt, dass man so mit ihr spricht. Niemand widerspricht der Rektorin. Es fällt ihr schwer, sich an das Leben im Ruhestand zu gewöhnen. Zumal erschwerend hinzukommt, dass sie nach fast dreißig Jahren engagierten Einsatzes für ihre Schule zum Kollateralschaden beim Zusammenschluss mit einer anderen Schule wurde.

Die Pensionierung bekommt meiner Mutter nicht. Diese Schule war ihr Herz und ihre Seele. »George ist im Moment nicht einmal bei ihr. Er ist in Kalamazoo und kümmert sich um seine Mutter. Seit Monaten ist er immer wieder bei ihr, pendelt zwischen Michigan und Hatteras Island hin und her und versucht, sowohl die Pflege seiner Mutter zu organisieren, als auch Sandy zu helfen, diesen Laden über Wasser zu halten. Das ist absolut lächerlich. Ihre Familie wohnt hier. Ihre Kinder und Enkelkinder leben hier. Irgendjemand muss Sandy klarmachen, dass es höchste Zeit wird, ihren Verstand einzuschalten.«

»Mutter, du kannst nicht allein nach North Carolina fliegen.«

»Ich fliege nicht. Ich fahre mit dem Auto.«

»Du kannst definitiv nicht nach North Carolina *fahren*.« Ich schätze, diese Fahrt würde zwölf bis vierzehn Stunden dauern. Erst vor zwei Monaten hat meine Mutter ihren Wagen bei einer dreistündigen Fahrt zu meiner Großtante in den Graben gesetzt. Ich vermute, dass sie am Steuer eingeschlafen ist, auch wenn sie das nicht zugibt.

»Oh doch, das kann ich! Es besteht die Gefahr, dass ein Sturm an der Ostküste die Flughäfen lahmlegt. Ich will nicht fliegen und dann dort festsitzen.«

»Und du meinst, mit dem *Auto* zu fahren wäre die Lösung?« Wie das Bild von Onkel Butch, der in seinem alten, klapprigen Kastenwagen den Schotter spritzen lässt, wäre diese Aussage zum Lachen, wenn die Situation nicht so ernst wäre.

»Ja, das ist die Lösung! Und wenn du dir so große Sorgen machst, kannst du ja mitkommen. Wir sind nur ein paar Tage fort.«

Sie sieht mich auffordernd an und plötzlich begreife ich, dass dies der eigentliche Grund ist, warum sie hier ist. Das war von Anfang an ihr Plan.

Kapitel 3

Er ist im Wald. Ich höre, wie er sich im Schatten bewegt. Ein Schauer läuft mir über den Rücken – kalt und eisig streift er wie eine Messerklinge über meine Haut. Nicht so tief, dass er die Haut aufritzt, aber so, dass ich eine Gänsehaut bekomme.

Ich ziehe den Stock, mit dem ich den Blätterhaufen durchwühlt habe, schnell heraus und fahre herum, aber ich kann niemanden sehen.

Ist er da? Bilde ich mir das alles nur ein? Wo sind die anderen, die sich an der Suche beteiligen? Wir sollen paarweise suchen. Immer zu zweit bleiben. Es besteht die Gefahr, dass er zurückkommt, dass er versucht, die Spuren, die er hinterlassen hat, auszulöschen oder einzusammeln. Falls es überhaupt irgendwelche Spuren gibt …

»Wer ist da?«, flüstere ich.

»Elizabeth.« Er kennt meinen Namen. Seine Stimme jagt mir erneut eine Gänsehaut über den Rücken.

Weiß er, wo ich wohne? Wo sind Jessica und Micha? Könnte er zu mir nach Hause kommen und sie entführen, so wie er die kleine Emily einfach entführt hat? War er schon in meinem Haus? Hat er über den Betten meiner ahnungslos schlafenden Kinder gestanden?

»Wer bist du?« Meine Stimme hallt durch den Wald, wird von Schatten und Bäumen zurückgeworfen, steigt zum Baldachin aus Birken und Kiefern hoch, schreckt Vögel auf, die eilig das Weite suchen. »Du gibst sie zurück, hörst du? Du gibst Emily zurück!« Plötzlich werde ich mutig. Ich erwarte, dass er meiner Anweisung Folge leistet.

Auf der Suche nach dem blonden Mädchen vom Flyer lasse ich meinen Blick durch den Wald wandern. Ich kann sie fast sehen, wie sie durch die Bäume läuft. Wenigstens glaube ich, sie zu sehen, doch dann ist sie fort.

»Elizabeth!« Wieder ruft er meinen Namen. Diesmal lauter als zuvor, hartnäckiger. Seine Stimme scheint vom Himmel über mir zu kommen, von überallher. »Elizabeth!«

Dann packt er mich, drückt meinen Arm, schüttelt mich. Mein Hinterkopf schlägt gegen etwas Festes, das aber trotzdem weich ist. Seine Schulter, denke ich. Jetzt hat er mich!

Wie soll es meine Familie erfahren? Wie wird sie es herausfinden? Wer wird Jessica helfen, ihr Kleid für den Abschlussball auszusuchen? Wer wird darauf achten, dass Micha jetzt, wo er eine Klasse übersprungen hat und die Schule schon in diesem Jahr abschließt, nicht zum Außenseiter wird?

Ich sehe sie im Geiste vor mir, wie sie das ganze Haus auf den Kopf stellen, während Robert seine Zeit im Nordwald verbringt. Wird er nach Hause kommen und die Verantwortung übernehmen, wenn ich nicht mehr da bin?

Ich wehre mich, reiße meinen Ellbogen zurück, schlage um mich und versuche, etwas zu packen – sein Haar, seine Nase, seine Augen. Ich gehe auf die verwundbarsten Körperteile los, wie ich es in den Selbstverteidigungskursen, die mein Arbeitgeber regelmäßig anbietet, gelernt habe.

»Elizabeth, um Himmels willen! Wach auf!« Die Stimme ist hoch und laut. Plötzlich ist es eine Frauenstimme. Die Stimme meiner Mutter.

Mein Kopf schlägt von einer Seite zur anderen, stößt dieses Mal auf etwas Hartes. Ich wache auf, als das Auto in einer hektischen Bewegung schlingernd vom unbefestigten Seitenstreifen auf die zweispurige Landstraße zurückkehrt.

Auf beiden Seiten des Asphaltbands ragen Kiefern, Ahorne und Amberbäume wie die Pfähle eines Sichtschutzzauns in die Höhe und lassen nur kurze Blicke auf das zu, was dahinter liegt: ein Haus, eine Scheune, ein Baumwollfeld, weiß leuchtend und bereit für die Ernte, und den Himmel, an dem sich die Abenddämmerung ankündigt.

Neben mir sitzt Mom mit weit aufgerissenen Augen am Steuer. Ihre Hände liegen beide wieder am Lenkrad. Sie wirft mir einen besorgten Blick zu, vor allem aber ist sie gereizt. »Was zum Kuckuck ist denn mit dir los? Du kannst von Glück sagen, dass wir keinen Unfall gebaut haben!«

Ich dehne meine Nackenmuskulatur, die ganz steif geworden ist, und setze mich auf, überrascht, dass ich so tief eingeschlafen bin. Dabei hatte ich doch die feste Absicht, wach zu bleiben, darauf zu achten, dass Mom nicht am Steuer eindöst oder abgelenkt wird und gefährliche Manöver veranstaltet. Falls sie den Führerschein abgeben sollte, muss ich das wissen. Auch wenn dieser Gedanke irgendwie sonderbar ist. Wie kann ich die Kompetenz meiner Mutter auf irgendeinem Gebiet infrage stellen? Sie hat immer das Sagen. In der Schule, in der Familie. Auf der Welt.

Ich will gar nicht das Sagen auf der Welt haben oder auch nur auf der Familienfarm. Oder in *ihrem* Leben. Es kostet mich im Moment genug Kraft, meine eigene Familie zusammenzuhalten und in den täglichen Auseinandersetzungen zwischen Mutter und Teenagerkindern keinen bleibenden Schaden anzurichten. Jetzt steuern wir auf eine Ortschaft zu und mein Blick fällt auf ein Werbeschild von *Dairy Queen*. »Wir könnten anhalten und uns ein Eis kaufen.« Überrascht lese ich das nächste Schild, das mir verrät, dass wir einen ganzen Bundesstaat passiert haben, seit ich eingeschlafen bin. »Wir sind in Virginia? Wie lang habe ich geschlafen?«

»Mindestens drei Stunden, vielleicht auch vier.« Mom wirft mir einen vielsagenden Blick zu und runzelt die Stirn. »Ich sage dir schon die ganze Zeit, dass du zu wenig schläfst. Neulich musste ich zur Schule fahren und für Micha ein Formular unterschreiben. Du hast dir zu viel aufgeladen. Kein Wunder, dass du nicht alles schaffst.«

»Diese Unterschrift hätte warten können.« Dass sie mir ein schlechtes Gewissen macht, weil ich angeblich eine schlechte Mutter bin, hat mir gerade noch gefehlt! Hat diese Frau eigentlich eine Ahnung, wie oft ich ihre Unterschrift gefälscht habe, weil sie so mit Sicherheitsabsperrungen für Sportveranstaltungen,

Schulausschusssitzungen, ihrem Promotionsstudium oder der Tüftelarbeit, für fünfhundert Schüler Stundenpläne zu erstellen, beschäftigt war? Es war wirklich gut, dass meine Geschwister und ich an eine andere Schule gingen und sich unsere Schulsekretärin nie die Mühe machte, die Unterschriften zu überprüfen.

In meinen achtzehn Jahren als Mutter habe ich fünfzigmal mehr Elternabende, Sportveranstaltungen und Theaterproben besucht als meine Mutter bei uns. Es ist wirklich komisch, wie völlig unterschiedlich Familiengeschichten klingen, je nachdem, wer sie erzählt.

»Das Schulsekretariat braucht die Formulare *dann*, wenn es sie braucht. Es ist schon schwierig genug, Hunderte Schüler zu koordinieren, ohne auch noch jedem einzelnen wegen jeder Kleinigkeit nachlaufen zu müssen«, belehrt mich meine Mutter. Diese Fahrt durch vier Bundesstaaten fühlt sich bisher an, als wäre ich mit einer Bärin, die gerade aus dem Winterschlaf erwacht ist, in einer Höhle eingesperrt. Meine Mutter bringt sich für die Konfrontation mit Tante Sandy in Form und benutzt mich als Sparringspartner.

Doch mir reicht es jetzt. »Weißt du was, Mom? Ich habe in kürzester Zeit alles umorganisiert, um dich auf dieser Fahrt zu begleiten. Ich habe mir kurzfristig vier Tage freigenommen und Coral die Wochenendschicht aufgedrückt. Ich habe alles für die Kinder geregelt. Ich habe Robert angerufen, damit er von der Blockhütte nach Hause kommt Ich muss mir das hier wirklich nicht anhören. Und ganz ehrlich: Noch jemanden, der sich über mich beschwert, kann ich momentan echt nicht gebrauchen, okay?« Die letzten Worte rutschen mir heraus, bevor mir bewusst wird, dass ich völlig die Selbstbeherrschung verloren habe und der abgrundtiefen Angst, die ich zu verdrängen versuche, viel zu nahe gekommen bin. Ich habe mehr offenbart, als ich wollte.

Meine Mutter wirft mir einen neugierigen Blick zu. »*Wer* beschwert sich über dich?«

»*Du* hast dich gerade über mich beschwert. Mehr wollte ich damit nicht sagen.« Abblocken. Herunterspielen. Ablenken.

»Du hast gesagt, dass du nicht *noch jemanden* brauchst, der sich über dich beschwert. Es gibt also offensichtlich ein größeres Problem.«

Plötzlich bedaure ich, dass ich nicht einfach weitergeschlafen habe. »Nein. Nichts. Das war nur so dahingesagt.« Wir fahren an *Dairy Queen* vorbei und ich blicke dem Laden über die Schulter hinweg traurig nach. Ein Eisbecher würde mir jetzt wirklich guttun. Mit Schokolade. Viel Schokolade. Vielleicht Schokoeis mit Schokostückchen und darüber Schokoladensoße. Ich brauche dringend Nervennahrung. Irgendwas Tröstendes, Aufheiterndes, das ich mir normalerweise nicht gönnen würde.

»Ist es Robert?« Seit Monaten lässt sie wegen der Situation zwischen Robert und mir nicht locker und bohrt immer wieder nach, warum er so viel fort ist.

Scheinbar ist ihr nie in den Sinn gekommen, dass ich gar nicht wissen will, ob er eine Freundin hat. Wenigstens jetzt noch nicht. Zwei Kinder, die im selben Jahr die Schule abschließen und damit das Ende des Familienlebens einläuten, wie wir es kennen, sind schon genug zu bewältigen. Ich lasse nicht zu, dass irgendeine große Enthüllung mit weitreichenden Folgen meine Kinder in ihrem letzten Schuljahr aus der Bahn wirft. Hat Micha deshalb beschlossen, die Schule ein Jahr früher abzuschließen? Befürchtet er, dass etwas Schlimmes passiert, und will lieber rechtzeitig weg von zu Hause?

»Oh, schau! Da ist ein *Piggly Wiggly!*«, ruft Mom begeistert. Ich bin für den abrupten Themenwechsel dankbar. Mom setzt den Blinker und biegt auf den Parkplatz ab. »Erinnerst du dich an die Zeit, als wir in Biloxi gewohnt haben? Du warst immer ganz aufgeregt, wenn wir zu *Piggly Wiggly* gefahren sind.«

»Daran kann ich mich nicht erinnern.« Das Leben auf der Familienfarm ist das Einzige, das ich kenne. Die Militärzeit meines Vaters endete, als ich drei Jahre alt war. »Ich war damals noch zu klein, um Erinnerungen an diese Zeit zu haben.«

»Ich fand schon immer, dass *Piggly Wiggly* wirklich ein sehr seltsamer Name für eine Lebensmittelkette ist …« Ihr Blick wird andächtig, als sie sich vorbeugt, um das Schild besser lesen zu können. Ihre Augen werden feucht. »Du warst so ein süßes kleines Mädchen …« Sie beendet den Satz nicht, als wüsste sie, dass auch ich einen Punkt in meinem Leben erreicht habe, an dem ich für einen sehnsüchtigen Blick in die Vergangenheit empfänglich bin. Die Zeit, in der deine Kinder klein sind und du der Mittelpunkt ihrer Welt bist, die Person, die sie am meisten lieben, hat etwas Unbeschreibliches.

»Wir haben damals immer ein Lied gesungen, weißt du noch?«, fragt Mom. »›Die Affen rasen durch den Wald. Der eine macht den andern kalt. …‹«, singt sie. Da meine Mutter mehrere Jahre in der Vorschule unterrichtet hat, bevor sie selbst Kinder bekam, kennt sie jede Menge Lieder und Kinderreime.

Ihr Gesang weckt in meinem Kopf Erinnerungen, die lange verschüttet waren. Ich stimme in die zweite Strophe ein: »›Die Affenmama sitzt am Fluss und angelt nach der Kokosnuss. Die ganze Affenbande brüllt: Wo ist die Kokosnuss? Wo ist die Kokosnuss? Wer hat die Kokosnuss geklaut?‹«

Am Ende lachen wir gemeinsam und vor meinem geistigen Auge tauchen Bilder auf: Die Hitze des Asphalts steigt neben meinen weißen Kleinmädchensandalen auf, Mom und ich sitzen vor einem Geschäft auf einer Bank und schlecken Waffeleis. Ein unverwechselbarer Geruch liegt in der Luft, den ich auch heute wieder wahrnehme. In Michigan riecht es nicht so.

»Ich glaube, ich erinnere mich doch.« Ein weiteres Bild steigt in mir auf, verschwommen und unscharf: meine Mutter als junge Hausfrau, bevor meine kleine Schwester kam und später mein Bruder. Bevor Mom beschloss, dass ihr das Leben als Hausfrau und Mutter nicht genügt und sie einen Beruf ausüben will.

Bevor das alles kam, gab es einfach eine junge Mutter und ihr erstes Kind und einen ruhigen Sommertag mit Waffeleis. Diese Erinnerungen, die uns miteinander verbinden, werden immer da sein, diese unsichtbaren Fäden. Die krumm genähten Stiche zwischen Mutter und Tochter.

Plötzlich bin ich froh, dass ich zu dieser Fahrt mitgekommen bin. Das Kokosnusslied hat irgendwie eine heilende Wirkung, auch wenn ich es nicht erklären kann.

»Komm, fahren wir zurück und kaufen uns ein Eis.« Mom wendet auf dem Parkplatz in einem großen Bogen und wir kehren zu *Dairy Queen* zurück. »Das Abendessen kann warten. Schließlich haben wir keine Termine, nach denen wir uns richten müssen.«

Ihre letzten Worte beunruhigen mich, denn ich kenne meine Mutter. Sie fährt nie irgendwohin, ohne vorher einen festen Termin zu vereinbaren. Sie kommt nie zu spät und sie taucht nie irgendwo unangemeldet auf.

Mir wäre nie in den Sinn gekommen, dass sie dieses Mal losgefahren sein könnte, ohne vorher alles geklärt zu haben. Aber ihre Worte ›*Schließlich haben wir keine Termine, nach denen wir uns richten müssen*‹ öffnen mir die Augen.

Sie plant einen Überraschungsangriff. Tante Sandy hat keine Ahnung, dass wir kommen.

Kapitel 4

Während wir über die breite, vierspurige Brücke vom Festland North Carolinas auf die Outer Banks fahren, wird es langsam Abend. In Richtung der Inseln ist es erstaunlich ruhig auf der Straße, aber auf der Gegenfahrbahn herrscht sehr viel Verkehr. Uns kommen unzählige Fahrzeuge entgegen, die bis zum Bersten beladen sind und Anhänger voller Sofas, Matratzen, Quads, Regale oder sogar Ladeneinrichtungen hinter sich herziehen. Obwohl die letzten Kilometer hinter Norfolk ziemlich ländlich waren und uns die Umgehungsstraße eher durchs Landesinnere geführt hat, sind wir bereits an zahlreichen Häusern und Geschäften vorbeigefahren, die mit Sturmläden verriegelt waren. Ich spüre immer mehr, wie wahnsinnig dieses Unterfangen ist. Als Einwohnerin des Staates Michigan habe ich keine Ahnung von Hurrikan-Evakuierungen.

Der Wahnsinnsmesser in meinem Kopf schlägt Alarm. Das erlebe ich im Zusammenhang mit meiner Familie oft.

»Mom, gib mir bitte mein Handy.« Ich nehme eine Hand vom Lenkrad und versuche, meine Handtasche zu erreichen, die neben ihren Füßen auf dem Boden steht. »Ich will mir den Wetterbericht ansehen.«

»Nicht solange du am Steuer sitzt.«

»Gib mir mein Handy.«

»Um Himmels willen, Elizabeth! Hast du dich mal umgesehen? Wenn du abgelenkt bist, landen wir womöglich im Meer!« Sie deutet auf den Currituck Sound unter uns. Das Wasser ist heute Abend völlig ruhig und leuchtet in einem leicht rötlichen Farbton, während sich der Tag seinem Ende zuneigt. Bis wir die ganzen Outer Banks hinunter nach Hatteras Island gefahren sind, ist es bestimmt längst dunkel.

»Ich will mich nur vergewissern, dass du uns nicht mitten in einen Hurrikan hineinlotst.« Durch meinen Kopf schwirren die Horrorbilder aus dem Fernsehen von vergangenen Naturkatastrophen. Ich bin hier absolut nicht in meinem Element und Mom weiß auch nur das, was sie in jenen drei Jahren in Biloxi gelernt hat. Und das ist vermutlich nicht besonders viel.

Sie verschränkt die Arme vor der Brust und schiebt meine Handtasche mit dem Fuß so weit weg, dass ich nicht mehr drankomme. Unser Kokosnuss-Frieden ist direkt nach dem Aufbruch bei *Dairy Queen* verflogen. Seitdem streiten wir uns pausenlos.

Sie schnaubt: »Ich habe mir den Wetterbericht angesehen, bevor wir losgefahren sind. Wofür hältst du mich? Für eine hirnlose alte Frau?« Erneut blitzen für einen kurzen Moment tiefer liegende Probleme auf. In diesem schwierigen Tanz mit vertauschten Rollen müssen wir beide erst einmal unseren Weg finden. Dabei treten wir einander unweigerlich auf die Zehen. »Wir haben fast achtundvierzig Stunden Zeit, bevor der Sturm auch nur in unsere Nähe kommt, und er soll die Inseln lediglich am Rande streifen, sie also nicht wirklich treffen. Was du hier siehst, sind reine Vorsichtsmaßnahmen.« Sie deutet sorglos zu den Fahrzeugen hinüber, die in die andere Richtung fahren und höher gelegenes Gelände ansteuern, das nicht von Wasser eingeschlossen ist.

»Das ist verrückt«, murmele ich leise. Über uns flattert eine Schar Pelikane aufs Festland zu. Die Vögel wissen es auch. Sie sind klüger als wir. Von wegen Spatzenhirn!

Da wir schon einmal hier sind, fahre ich weiter. Bleibt mir eine andere Wahl? Jetzt können wir auch noch das letzte Stück zu Tante Sandy zurücklegen.

Aber morgen früh werde ich nicht lockerlassen. Dann fahren wir aufs Festland zurück, selbst wenn ich meine Mutter fesseln und in ihrem Auto festbinden muss. Vorzugsweise sitzt Tante Sandy dann wohlbehalten auf dem Rücksitz. Ich habe gehört, was passiert ist, als Hurrikan Irene die Outer Banks getroffen hat: Tante Sandys Laden war überschwemmt, das Dach ihres Hauses teilweise weggeweht, die Brücke nach Hatteras Island unterspült und die Insel wochenlang vom Straßenverkehr abgeschnitten.

Tante Sandy hat uns davon erzählt, als sie letztes Weihnachten zu Hause war. Aus ihrem Mund klang es, als wäre der Hurrikan ein einziges, gigantisches Abenteuer voller Heldentaten, Nächstenliebe und persönlicher Opferbereitschaft gewesen. Sie stellt ihr Leben immer sehr idyllisch dar; zweifellos, um die tiefe Missbilligung der Familie abzuwehren, die gerne eine geeinte Front gegen ihr Leben auf der Insel bildet.

Wahrscheinlich fühlt sie sich von der Familie permanent unter Druck gesetzt, aber so sind wir nun einmal. Wir wollen, dass unsere Angehörigen in der Nähe bleiben. Punkt.

Ich gebe den Versuch, aufs Handy zu schauen, auf. Der Wetterbericht muss warten, bis wir bei Tante Sandy sind. Falls die Vorhersagen dann zu bedrohlich sind, setzen wir uns einfach direkt wieder ins Auto und fahren zurück. Nach dem langen Schläfchen heute Nachmittag fühle ich mich erstaunlich fit. Ich könnte noch stundenlang weiterfahren, wenn ich müsste.

Aber als wir die Kreuzung passieren, an der wir die Wahl haben, nach Norden in Richtung Duck und Corolla oder nach Süden in Richtung Kill Devil Hills, Nags Head, Rodanthe, Avon und schließlich zur Spitze von Hatteras Island zu fahren, wo Tante Sandy wohnt, hoffe ich, dass wir wirklich einen oder zwei Tage hierbleiben können. Der Geruch von salziger Meeresluft und Sand, der durch die geöffneten Autofenster strömt, tut mir gut.

Vielleicht hören die Albträume wegen Emily hier auf. In den letzten zwei Stunden habe ich zum ersten Mal, seit es passiert ist, nicht ständig in Gedanken alles noch einmal durchgespielt oder versucht, die Ereignisse umzuschreiben. Beim Anblick der Eichen, die sich über die Straße beugen, dem Dschungelmoos, das in filigranen Ketten nach unten hängt, und den schaukelnden Palmen kommt mir Emilys Verschwinden wie ein Bericht aus den Abendnachrichten vor. Schrecklich und furchtbar, aber weit weg.

Ich ignoriere die Hausbesitzer, die ihre Fenster abschotten, und die Teams, die Ladenfronten mit Brettern verrammeln. Es ist kaum vorstellbar, dass an einem Ort wie diesem etwas Schlimmes passieren könnte.

Als wir an den riesigen Sanddünen von Kill Devil Hills vorbeifahren, nehme ich unwillkürlich den Fuß vom Gas. Ich habe in Büchern von diesem Ort gelesen.

Mom beugt sich zum Fenster. »Oh, wie schön! Vielleicht können wir morgen auf dem Rückweg das Denkmal der Gebrüder Wright besichtigen und uns ansehen, wo Wilbur und Orville ihren berühmten ersten Flug unternommen haben.«

Ich weiß nicht, ob ich ihr zustimmen oder sie ansehen soll, als hätte sie den Verstand verloren. Immerhin befinden wir uns nicht auf einer Urlaubsreise. Gleichzeitig würde ich selbst am liebsten an den Straßenrand fahren, die Arme ausbreiten und ausgelassen die riesige Düne neben uns hinauflaufen, um nachzuschauen, welche Aussicht man von dort oben hat. Bestimmt kann man das Meer auf beiden Seiten der Insel sehen. Muss das nicht der Inbegriff von Freiheit sein?

Ich kann es fast schmecken, dieses befreiende Gefühl von etwas Ungeplantem und völlig Neuem. Etwas, das ich normalerweise nicht mache. Zum ersten Mal seit sehr langer Zeit schlägt mein Herz höher. Vielleicht brauche ich genau das, überlege ich. Vielleicht liegt hierin das Geheimnis, um die Veränderungen in meinem Leben zu überstehen, dieses bevorstehende Ende von all den Dingen, in die ich mein Herz und meine Seele investiert habe, in mein Leben als Mutter. Vielleicht muss ich einen Urlaub planen – mit Bungee-Jumping, Ziplining oder Fallschirmspringen. Irgendetwas Verrücktem.

»Einen so sehnsüchtigen Blick habe ich lange nicht mehr in deinen Augen gesehen.« Moms Beobachtung reißt mich aus meinen Gedanken und mir wird bewusst, dass einige Zeit verstrichen ist. »Was hat dieser Blick zu bedeuten?«

»Nichts.« Die ganze Sache ist wie die sprichwörtliche Büchse der Pandora, die ich noch nicht öffnen will. Weder vor meiner Mutter noch vor sonst irgendjemandem. Es ist, als hätte ich meine Gefühle in den letzten Jahren immer wieder in eine Flasche gestopft. Sobald ich den Korken öffne, könnte es sein, dass alles gleichzeitig heraussprudelt.

»Oh, da ist es!« Der Blick aufs Meer lenkt Mom ab. Die Wellen sind mit weißen Schaumkronen versehen und rollen mit viel mehr Wucht ans Ufer, als ich es vom Lake Michigan kenne. Sie scheinen fest entschlossen zu sein, sich diesen Ort Stück für Stück einzuverleiben und ihn zu verschieben.

Ein beleuchtetes Schild passt gut zu meinen Empfindungen: *Das Leben auf einer Sandbank. Wie traumhaft!*

Wir fahren auf den Outer Banks weiter in Richtung Süden, staunen über schöne mehrstöckige Ferienhäuser, interessante Geschäfte und erhaschen immer wieder einen Blick aufs Wasser, bei dem mein Herz jedes Mal höherschlägt. Kein Wunder, dass Tante Sandy hierhergezogen ist. Es ist atemberaubend. Ich wünschte, ich wäre schon viel früher hergekommen. Hätte ich sie doch irgendwann in all den Jahren, die sie uns eingeladen hat, mit den Kindern mal besucht.

Die Sonne sinkt immer tiefer, während wir fahren, und als wir Hatteras Island endlich erreichen, ist von den letzten Strahlen der Abendsonne wie erwartet nichts mehr zu sehen. Über uns scheinen die Sterne zum Greifen nahe zu sein. Meine Mutter hat es sich auf dem Beifahrersitz gemütlich gemacht und betrachtet entspannt den Himmel. Sie erzählt mir von einem Picknick mit meinem Vater am Lake Michigan. An jenem Tag hat er um ihre Hand angehalten und sie hat seinen Antrag angenommen. Stundenlang lagen sie unter den Sternen, schmiedeten Pläne und sprachen über ihre Zukunft. Waren unendlich verliebt.

Mom taucht die Zehen tief in die Wellen der Vergangenheit. Während wir durch Buxton und Frisco fahren, erzählt sie mir von ihrer Hochzeit: von den Planungen, dem Kleid, den Konflikten mit ihrer Mutter, die heute völlig albern erscheinen. »Sandy war damals erst fünfzehn und deine Großmutter der festen Überzeugung, dass sie zu jung dafür wäre, meine Brautjungfer zu sein. Ich glaube, das war das erste Mal, dass meine Mutter und ich uns wegen etwas in die Haare gerieten. Aber ich war schon fast zwanzig, habe gearbeitet, also selbst Geld verdient, und einen Großteil der Hochzeitskosten übernommen. Ich wollte meine Schwester unbedingt als Brautjungfer haben.«

»Hast du dich durchsetzen können?« Auf dem Navi sehe ich, dass wir Sandys Haus immer näher kommen. Das finde ich fast schade. Ich genieße dieses Gespräch.

Es ist wirklich faszinierend, wie das GPS den Weg zu Orten wie diesem, weitab von bekannten Wegen, findet. Wir fahren seit ungefähr zwei Stunden die Outer Banks hinab. Von fast ganz oben bis fast ganz unten, wo man mit der Fähre zur letzten bewohnten Insel, Ocracoke Island, übersetzen kann. Ich kenne diese Orte, weil Tante Sandy mir Geschichten von ihnen erzählt hat. In meinem Kopf sind sie alle lebendig.

»Ja, ich habe mich durchgesetzt. Meine Schwester und ich haben im selben Bett geschlafen, seit sie aus dem Kinderbett im Schlafzimmer meiner Eltern hinausgewachsen war, und ich konnte mir diesen Tag ohne sie einfach nicht vorstellen.«

»Das ist wirklich schön.« Ich male mir meine Mutter und meine vier Jahre jüngere Tante aus, wie sie sich im selben Bett unter die Decke kuscheln und sich Geschichten erzählen. Vor diesem Hintergrund finde ich die gegenwärtige Situation noch viel trauriger. Sollten Wohnortentscheidungen und Immobilienverkaufsschilder tatsächlich stärker sein als die engen Bindungen, die eine gemeinsam verbrachte Kindheit geschmiedet hat?

Diese Frage lastet schwer auf mir, während wir immer weiter in Richtung Süden fahren und schließlich in einem kleinen Wohnviertel zum Haus meiner Tante abbiegen. Um uns herum befindet sich eine Kombination aus ebenerdigen Schindelhäusern und neueren Bauten auf Pfählen, die vermutlich an den Stellen errichtet wurden, an denen frühere Häuser vor dem Wind und den Gezeiten kapitulieren mussten.

»Mom, vielleicht solltest du das nicht machen. Vielleicht solltest du einfach ignorieren, was Onkel Butch sagt, und die Sache auf sich beruhen lassen.«

Ihre Miene versteift sich. »Ich lasse nicht zu, dass diese Familie auseinandergerissen wird.« Diesen eigensinnigen Gesichtsausdruck kenne ich gut. Ich habe ihn schon oft bei meiner Tochter gesehen, die eindeutig nach ihrer Großmutter kommt – zwar nicht in ihrem Aussehen, aber in ihrer Persönlichkeit und ihrem Verhalten.

Und wenn du genau damit die Familie auseinanderreißt?, frage ich mich. Da wir in diesem Moment vor Tante Sandys Haus vorfahren, bleibt mir keine Zeit mehr, die Frage laut auszusprechen. Wir stehen vor einem grauen Schindelgebäude auf Pfählen. Darunter befindet sich ein Carport. Die Fenster sind mit Sturmläden verrammelt, aber über der Haustür hängt ein einladendes Schild, das im Scheinwerferlicht gerade noch zu lesen ist: *Sandige Füße sind hier immer willkommen.*

Das ganze Haus ist dunkel. Es ist offensichtlich, dass niemand zu Hause ist.

»Vielleicht hat sie die Insel bereits verlassen und sich irgendwo in Sicherheit gebracht«, überlege ich laut und klammere mich an die Hoffnung, dass diese verhängnisvolle Fahrt doch nicht in einer Katastrophe endet. In den letzten Stunden habe ich nebenbei erfahren, dass Tante Sandy irgendwann nicht mehr ans Telefon gegangen ist, wenn meine Mutter oder Onkel Butch sie anrufen wollten. Deshalb diese Reise!

»Sie ist unten in ihrem Laden. Darauf kannst du wetten.« Auf die Worte meiner Mutter folgt ein frustriertes Schnauben. »Komm mit!«

Wir fahren zum Highway zurück, an weiteren verrammelten Häusern durch Hatteras Village hindurch und dann noch ein kurzes Stück weiter bis zum Fähranleger. Plötzlich taucht hinter der nächsten Kurve der Laden meiner Tante auf. Er sieht genauso aus wie auf den Postkarten, die sie uns im Laufe der Jahre geschickt hat. Ein altes Schindelhaus im traditionellen Baustil der Outer Banks, gelb gestrichen und zu einem Laden umfunktioniert. Die breite Veranda vor dem Haus sieht nach dem perfekten Ort aus, um gemütlich dort zu sitzen und den Fährverkehr zu beobachten. Dahinter glitzert das Wasser des Pamlico Sound im

Mondlicht. Es ist Vollmond. Farbige Außenlampen werfen ihr Licht auf das Gras und auch der Laden selbst ist hell erleuchtet.

Auf dem Schild unter den Gauben steht:

SANDYS MUSCHELLADEN
Ein Ozean an Möglichkeiten

Es sieht ganz danach aus, als ließe sich eine Kollision der O'Bannion-Schwestern nicht länger verhindern.

Mom wartet nicht einmal, bis das Auto steht. Sie reißt die Beifahrertür auf, springt aus dem Wagen und stapft die Stufen hinauf, ehe ich den Motor abstellen kann. Auf der vorletzten Stufe wartet sie dann aber doch auf mich.

Als ich aus dem Auto steige, höre ich Musik. Mom wirft mir einen Blick über die Schulter zu, als brauche sie Rückendeckung. Ich will keine Rückendeckung sein. Mir wird bewusst, wie unangenehm mir diese ganze verfahrene Situation ist. Und ich frage mich, ob das alles passiert, weil meine Mutter es will oder weil Onkel Butch nicht nachgeben kann und meine Familie in ihren Ansichten so festgefahren ist.

Die Ladentür steht offen, aber als wir eintreten, treffen wir im Geschäft niemanden an. Ein Großteil der Ladeneinrichtung steht aufeinandergestapelt im Hauptraum, empfindliche Gegenstände wie Sessel und Sofas wurden auf Metallregale und Holztische gehoben. Hier hat sich unübersehbar jemand auf die Möglichkeit einer Überschwemmung vorbereitet. Aber selbst in diesem Zustand ist der Laden bezaubernd. An der linken Wand befinden sich eine Kaffeebar und ein antiker Verkaufstresen mit einer Vintage-Kasse, mitten im Laden steht ein Indoor-Sandkasten und an dem großen Panoramafenster zum Hafen hin hängen wunderschöne handgefertigte Sonnenfänger aus Buntglas. Kolibris. Dutzende Kolibris.

Die ausgetretenen Bodendielen und Vertäfelungen stammen eindeutig noch aus dem Erbauungsjahr. Über der Vertäfelung hängen unzählige Muschelkunstwerke und Holzschilder mit

Weisheitssprüchen, die auf kaufwillige Touristen warten. Ein Ständer mit Hüten und Seidentüchern weckt in mir den Wunsch, am Strand spazieren zu gehen und nachzusehen, was die Flut an Land gespült hat. Die Musik, die von außen ins Haus dringt, verstärkt diese Sehnsucht. Irgendwie klingt die Melodie nach Insel. Die schweren Stahltrommeln und Holzflöten bringen etwas in mir zum Klingen.

»Sie muss da draußen sein.« Mom wendet sich der zweiflügeligen Hintertür zu, durch die Licht fällt und die offenbar zu einer Terrasse führt. Die Faltjalousien vor den Scheiben sind größtenteils zugezogen und wir können nur den ersten halben Meter des verwitterten Holzes sehen. »Sie hat ihre Buntglas-Werkstatt in dem alten Garagengebäude hinter dem Haus. Das hat sie mir erzählt.«

Während wir den Laden durchqueren und die Terrassentür öffnen, löst sich mein kurzer Strandtraum in Luft auf. Jetzt können wir die komplette Terrasse sehen und es hat ganz den Anschein, als wäre hier eine Party im Gange. An den Terrassentischen sitzen ungefähr ein Dutzend Leute, die lachen, sich unterhalten und Berge von Essen genießen, die ohne viel Federlesens auf ausgebreiteten Zeitungen aufgehäuft worden sind.

Mom verharrt im Türrahmen und ist unübersehbar überrascht, dass sie mitten in eine Feier hineinplatzt. Damit hat sie absolut nicht gerechnet. Für mich sieht es aus, als wären wir bei einem Treffen ehemaliger Hippies gelandet. Die Leute auf der Terrasse sind ein bunt zusammengewürfelter Haufen mit langen Haaren, ausgewaschenen T-Shirts, faltigen Tattoos und gegerbter Haut. Die Altersspanne reicht geschätzt von vierzig bis siebzig.

Tante Sandy entdeckt uns und starrt uns mit großen Augen an. Der Krebsschenkel in ihrer einen Hand verharrt auf halbem Weg zu ihrem Mund, ihre andere Hand umklammert eine Krebszange. Sie blinzelt. Erst einmal, dann noch einmal. Ich habe das Gefühl, sie hofft, dass wir dadurch verschwinden würden. Aber das tun wir natürlich nicht.

Die Familie ist da, ob es ihr gefällt oder nicht!

Schließlich legt sie die Krebszange weg, was ich als gutes Zeichen deute, und steht auf. Ein Lächeln tritt auf ihr Gesicht. Mich erfasst eine spürbare Welle der Erleichterung. Wenigstens bricht nicht an Ort und Stelle ein offener Krieg aus.

Ganz im Gegenteil, sie winkt uns auf die Terrasse, als wäre sie nicht im Geringsten überrascht, uns auf ihrer Türschwelle zu sehen. »Steht nicht so herum!«, ruft sie fröhlich. »Kommt zu uns heraus! Nehmt euch einen Teller! Wir feiern eine Hurrikanparty!«

Kapitel 5

Ich schlage die Augen auf, starre das Metallgitter über meinem Kopf an und frage mich, wo ich bin.

Ausnahmsweise habe ich die ganze Nacht durchgeschlafen, statt stundenlang immer wieder nur kurz einzudösen und schweißgebadet aufzuwachen, einzudösen und aufzuwachen. Ich habe nicht davon geträumt, wie ich den Wald durchstreife, in Haufen abgestorbener Blätter stochere und darauf hoffe, dass ein kleines blondes Mädchen zwischen den Bäumen auftaucht und zu mir läuft.

Diese Erkenntnis sollte mit einer spürbaren Erleichterung einhergehen, doch stattdessen regen sich Schuldgefühle in mir. Wenn ich sogar in meinen Träumen nicht mehr nach Emily suche, gebe ich dann nicht auf und nehme es als gegeben hin, dass das Schlimmste passiert ist?

Das tue ich aber nicht. Das will ich einfach nicht tun. Kleine Mädchen sollten ihren Müttern nicht mitten in der Nacht geraubt werden. Sie sollten nach einer Gutenachtgeschichte und einem Abendgebet liebevoll zugedeckt werden und sicher zu Hause in ihren Betten liegen.

Während ich zu den Gitterstäben über mir hinaufblicke, werden mir zwei Dinge klar: Erstens, ich befinde mich im Gästezimmer von Tante Sandys Haus – in dem Zimmer mit den zwei Stockbetten, in dem ihre Enkel schlafen, wenn sie zu Besuch sind. Mom, die im zweiten Bett auf der anderen Seite des Zimmers geschlafen hat, ist schon aufgestanden, hat ihre Quiltbettdecke aber nur unordentlich zurückgeworfen. Sie muss es beim Aufstehen eilig gehabt haben. Wahrscheinlich wollte sie Tante Sandy erwischen, bevor sie ihr wieder zu ihrem Morgenspaziergang am Ufer entwischen kann. Hinter dem Haus verläuft ein Pfad, der zur Meerseite der Insel führt.

Gestern früh ist Tante Sandy entkommen, bevor Mom sie aufhalten konnte. Die beiden streiten sich jetzt schon seit über vierundzwanzig Stunden und keine weicht auch nur einen Millimeter von ihrem Standpunkt ab. Aber heute müssen wir abreisen, und zwar so früh wie möglich. Wir haben unsere Abfahrt, so lange es ging, hinausgeschoben.

Das Zweite, das mir klar wird – mit erschreckender Klarheit, während ich versuche, das Rauschen des Meeres in der Ferne zu hören: Ich bin wütend auf Gott. So unbeschreiblich wütend und stinksauer, dass ich fast überkoche.

Warum?, will ich schreien. *Warum? Warum? Warum?* Warum darf das Böse in der Nacht kommen und sich ein unschuldiges kleines Mädchen schnappen? So sollte die Welt nicht sein. Und wenn die Welt so ist, will ich vielleicht nicht länger darin leben …

Das ist ein egoistischer Gedanke, ich weiß. Ich verdränge ihn, sobald er mir durch den Kopf schießt.

Plötzlich frage ich mich, ob der Rat, den Carol mir neulich bei der Arbeit gegeben hat, doch berechtigter war, als ich wahrhaben wollte. Sie meinte, ich sollte vielleicht mal zu einem Arzt oder Therapeuten gehen. *Es gibt keinen Grund, sich deshalb zu schämen,* hat sie gesagt. *Die Arbeit in der Rettungsleitstelle ist belastend, Elizabeth. Du wirst Jahr für Jahr mit den schlimmsten Situationen konfrontiert und das geht nicht spurlos an dir vorüber. Außerdem braucht man Zeit, um große Veränderungen im Leben zu verarbeiten. Diese Veränderungen können einen völlig aus dem Gleichgewicht bringen. Manchmal sind es auch einfach nur die Hormone und die Chemie im Körper. Du solltest dich untersuchen lassen. Das Leben ist zu kurz, um mit einem Fuß im Morast zu stecken.*

Ich setze mich auf, atme tief durch und rufe mir ins Gedächtnis, dass meine Probleme klein sind: Zum einen weiß ich, wo meine Kinder sind. Sie sind beide in Sicherheit. Es gab nie eine Zeit, in der ich ihnen nicht wenigstens am Telefon einen Gutenachtkuss geben konnte. Und auch wenn die Abnabelungsjahre schwer sind, ist mir bewusst, dass dieser Vorgang völlig normal ist. Kinder müssen erwachsen werden und sich von ihrer Mutter lösen. Ich hätte nur nie gedacht, dass es so schmerzhaft ist, wenn diese unsichtbare Nabelschnur durchtrennt wird. Wer *bin* ich, wenn ich nicht mehr ihre Mama bin, die sich um alles kümmert?

Ich schlüpfe in ein Sweatshirt, Jeans und Turnschuhe und schnappe mir eine Jacke für den Fall, dass meine Mutter und Tante Sandy draußen sind und schon am frühen Morgen die nächste Runde ihres Streits austragen. Gestern waren die einzigen friedlichen Momente, als Tante Sandy ihre Strandglas-, Muschel- und Frischwasserperlen auspackte und meiner Mutter zeigte, wie sie daraus faszinierende Schmuckstücke anfertigt. *Meeresschmuck* nennt sie ihre Unikate. Fast wäre es ihr gelungen, meine Mutter für die Vorstellung zu begeistern, ebenfalls solche Kunstwerke zu entwerfen, doch dann wurde meiner Mutter klar, dass sie fast unmerklich in den Muschelladen-Traum hineingezogen wurde. Sie schob die kunstvollen Glasstücke weg und sagte: »Um Himmels willen, für so etwas habe ich keine Zeit! Ich bin hier, um mit dir über das Grundstück zu sprechen, Sandy.«

Damit ging der Streit in die nächste Runde. Er dauerte den ganzen Tag und verhinderte unsere Abreise am gestrigen Abend.

Vielleicht sind die beiden heute Morgen gemeinsam zum Strand hinuntergegangen, aber ich hoffe, dass sie das nicht getan haben. Wir müssen bald aufbrechen. Abgesehen von dem friedlichen Moment, in dem es so wirkte, als wären sie Strandglasschwestern, waren die Diskussionen wirklich unerbittlich gewesen. Alles deutet darauf hin, dass nur wir beide fahren werden: Mom und ich. Die Pfahlwurzel, die meine Tante an diesem Ort festhält, reicht durch den salzigen Boden bis hinab zum Meeresgrund. Und da Onkel George fort ist und sich niemand anderes um das Haus und den Laden kümmern kann, wird sie die Insel unter keinen Umständen verlassen. Sie hat einen Generator, Wasserflaschen, Batterien, unverderbliche Lebensmittel, Onkel Georges altes Amateurfunkgerät und alles, was man für einen Hurrikan braucht, einschließlich unzähliger Benzinkanister.

Außerdem rechnet sie nicht damit, dass der Sturm sie so schlimm erwischen wird. Laut den letzten Wettervorhersagen im Fernsehen wird er an Cape Hatteras vorbeiziehen und das Land erst weiter im Norden treffen. Offenbar wird eher befürchtet, dass er das Gebiet um New York City und die Küste von Jersey verwüsten könnte.

Ich weiß nicht, ob es nur eine Trotzreaktion war, aber bei der Hurrikanparty vor zwei Tagen haben die Alt-Hippies ihre Gläser auf den Sturm erhoben, dem Wetterdienst eine lange Nase gedreht und so viele Meeresfrüchte verspeist, dass ein Wal daran erstickt wäre. Was soll man auch anderes tun als essen, wenn man damit rechnen muss, dass der Strom eine Weile ausfällt und das Essen verdirbt?

Diese Leute sind entweder die mutigsten Menschen, die mir je begegnet sind, oder die dümmsten. Ich kann mich diesbezüglich noch nicht entscheiden, aber sie sind definitiv sehr nett. Während ich gestern geholfen habe, die Waren im Laden einzupacken – und dabei notgedrungen Zeugin von Moms und Tante Sandys Streit geworden bin –, habe ich mehrere Frauen kennengelernt, die Tante Sandy als ihre Muschelladenschwestern bezeichnet: Teresa, Elsa, Callie, Crystal … Ich konnte mir nicht alle Namen merken, aber die meisten von ihnen betreiben ebenfalls einen Laden auf Hatteras Island.

Sie stehen meiner Tante so nahe wie Schwestern, und während ich sie beobachtet habe, ist mir etwas aufgefallen: So etwas fehlt mir in meinem eigenen Leben. Im Laufe der Jahre bin ich so in meiner Arbeit und den Aktivitäten meiner Kinder aufgegangen, dass ich mir nicht mehr die Zeit genommen habe, meine Freundschaften zu pflegen. Außer Carol von der Rettungsleitstelle gibt es buchstäblich niemanden, der meine Gefühle *versteht.* Keine Freundin, die mir so nahestünde, dass ich ihr die ganze schmerzliche Wahrheit anvertrauen würde.

Ich treffe meine Mutter in der Küche an, wo sie versucht, eine professionelle Kaffeemaschine, die zweifellos aus dem Muschelladen stammt, in Gang zu setzen.

Mom sieht aus wie eine ehemalige Schulrektorin ohne ihren Morgenkaffee.

Tante Sandy ist nirgends zu finden. Darüber beschwert sich Mom natürlich sofort, nachdem sie mir kundgetan hat, was sie von dieser extravaganten Kaffeemaschine hält.

Ich bezwinge die Tücken der Technik. Immerhin wurde ich dazu ausgebildet, Leben zu retten, und hier geht es um Leben und Tod. Wir brauchen Kaffee. Jetzt. Oder es rollen Köpfe.

Ein verlockender Morgenduft steigt uns in die Nase, während wir uns auf die Barhocker an der kleinen Kücheninsel setzen. In einer Schüssel liegen frische Erdbeeren. Ich weiß nicht, ob sie für uns bestimmt sind oder nicht, aber ich bediene mich.

Ich warte, bis der Kaffee fertig ist und Mom den nötigen Koffeinpegel hat, bevor ich das Offensichtliche anspreche: »Wir müssen heute Morgen abreisen.«

Mom trommelt mit den Fingernägeln an ihre Tasse. *Kling-kling-klang. Kling-klang. Kling-kling-kling.* Das ist kein gutes Zeichen. »Sie will einfach nicht auf mich hören. Sie verhält sich lächerlich. Das ist doch der reinste Wahnsinn.« Mom wirft einen finsteren Blick aus dem Fenster. Ich nehme an, *Mrs Wahnsinn* hat es tatsächlich geschafft, früh genug aufzustehen, um ungehindert zu ihrem Spaziergang zu entwischen. »Ich bin übrigens nicht die Einzige, die das so sieht. Die Frau, der die Eisdiele gehört, diese *Teresa*, stimmt mir zu. Sie hat ihre betagte Mutter zu Verwandten aufs Festland geschickt und sie findet auch, dass Sandra Kay nicht in der Verfassung ist, hier einen Sturm auszusitzen. Schon gar nicht allein.« Dass sie heute Morgen den vollständigen Namen meiner Tante verwendet, soll eindeutig ihre Autorität unterstreichen. Sie ist die große Schwester und die große Schwester weiß, was das Beste ist.

»Aber das hat sie bisher doch auch geschafft. Tante Sandy wohnt seit vielen Jahren hier, Mom. Sie weiß bestimmt, was sie erwartet.« Schon bei der Hurrikanparty war mir aufgefallen, dass meine Mutter nach und nach alle Leute angesprochen und versucht hat, Meinungen, Unterstützung oder Informationen zu ergattern – wahrscheinlich alles zusammen. Gestern, als Teresa in den Muschelladen kam, um kurz nach uns zu sehen, hat sie sie erneut beiseitegezogen. Wir waren zu diesem Zeitpunkt gerade hinten in der Glaswerkstatt und haben das Material dort eingepackt. Tante Sandy hat auffallend stark geschwitzt, obwohl es für diese Jahreszeit ungewöhnlich kühl war.

Einerseits ist mir bewusst, dass meine Mutter nur die besten Absichten verfolgt. Mom ist kein bösartiger Mensch. Sie macht sich einfach Sorgen um ihre Schwester. Andererseits hasse ich es, wenn sie das bei mir macht. Mir ist nicht entgangen, dass sie ihre Nase immer tiefer in mein Leben steckt, seit sie in Rente ist.

»Mom, ich denke, du musst sie einfach …«

Ihr finsterer Blick hätte jeden zum Schweigen gebracht. »Sie stimmen mir *alle* zu, Elizabeth. *Jede einzelne Person*, mit der ich gesprochen habe, gibt mir recht. Besonders Teresa. Sie weiß am besten Bescheid, weil sie Sandy zu den Arztterminen begleitet.«

Da rollt irgendetwas auf mich zu, das spüre ich genau. »Welche Arzttermine?«

Meine Mutter hebt den Zeigefinger, um mir klarzumachen: *Ich habe recht und du hörst mir jetzt besser gut zu.* »Oh, du hast ja keine Ahnung! Und George auch nicht, weil Sandy es ihm verschweigt. Anscheinend ging es kurz nach dem letzten Hurrikan los. Sie will nicht, dass George sich deshalb Sorgen macht, weil er mit seiner Mutter und deren Demenz und dem Pflegeheim in Michigan schon genug um die Ohren hat.«

»Was ist mit Tante Sandys Gesundheit?«

»Sie leidet an Diabetes, weigert sich aber, ihre Tabletten zu nehmen. Dabei hat sie beim Autofahren schon mehrmals beinahe das Bewusstsein verloren. Sie isst Zeug, das sie nicht zu sich nehmen sollte, und weigert sich, ein Essensprotokoll zu führen. Und wenn ihr jemand erklären will, was sie tun oder lassen sollte, redet sie sich heraus. Sie sagt, seit dem letzten Hurrikan sei zu viel los und sie habe keine Zeit, sich an die Medikamente zu gewöhnen. Anscheinend ist ihr von den Tabletten schlecht geworden und sie hatte das Gefühl, dass sie ihr die letzte Energie rauben, deshalb hat sie sie nach nur *einer Woche* wieder abgesetzt! Sie sagt, sie sei all die Jahre gut klargekommen und werde das auch weiterhin schaffen, bis sie *Zeit habe, krank zu sein!* Kannst du dir das vorstellen? Kannst du dir vorstellen, dass ein Mensch derart lächerlich stur sein kann?«

Oh ja, das kann ich! Vor mir sitzt das genaue Spiegelbild dieses Menschen. Die Haare sind anders. Aber die Persönlichkeit die gleiche. Diese Frauen bestimmen, wo's langgeht, und wehe, jemand stellt sich ihnen in den Weg.

Ich trinke einen Schluck Kaffee, genieße den Geschmack auf meiner Zunge und versuche, eine andere Lösung zu finden, als meiner Tante einen Sack über den Kopf zu stülpen und sie in den Kofferraum zu sperren.

»Wenn wir zu Hause sind, könnten wir vielleicht …« *Onkel George anrufen,* will ich eigentlich sagen, aber dazu komme ich nicht.

»Ich bleibe hier.«

Ihre Worte fallen wie ein Hammer und der Schlag hallt in meinen Ohren wider. Mein Gehirn schaukelt in meinem Schädel hin und her und es dauert eine Minute, bis ich einen klaren Gedanken fassen kann.

»Was soll das heißen: Du bleibst hier?«

»Ich fahre nicht nach Hause. Ganz einfach. Sie kann nicht völlig allein hierbleiben. Und sie lässt nicht zu, dass eine ihrer Freundinnen hier von der Insel bei ihr ausharrt, weil alle selbst Häuser haben, um die sie sich kümmern müssen. Und aus demselben Grund weigert sie sich auch, ihrerseits vorübergehend zu einer Freundin zu ziehen: weil sie sich hier um alles kümmern will.«

»Mom, du kannst nicht hierbleiben.«

»Oh doch, das kann ich! Ich bleibe hier. Was soll meine Schwester denn machen? Mich ins Meer werfen? Sobald du fort bist, hat sie mich am Hals, ob es ihr nun gefällt oder nicht. Und wenn sie sich so große Sorgen um meine Sicherheit macht, muss sie sich in ihr Auto setzen und aufs Festland fahren, oder nicht?« Meine Mutter sieht mich triumphierend an und wirkt sehr mit sich zufrieden. Die vielen Weiterbildungen zahlen sich also doch aus. Sie hat alle überlistet. Denkt sie.

»Ich fahre *nicht* weg und lasse dich hier zurück, während ein Hurrikan aufzieht.« Auf keinen Fall! Unter keinen Umständen! Keine Chance!

»Ach, so schlimm soll der Sturm gar nicht werden. Du hast doch gestern Abend auch den Wetterbericht gesehen. Uns trifft wahrscheinlich nur ein kleiner Sturm.«

»Ja, aber ich sehe auch die siebenundachtzig Benzinkanister draußen auf der Terrasse. Es handelt sich um einen Hurrikan, Mutter. Man kann nicht vorhersagen, was von einer Minute auf die andere passiert. Selbst wenn der Sturm hier keinen verheerenden Schaden anrichtet, könnte er den Verkehr an der Ostküste tagelang beeinträchtigen. Vielleicht sogar wochenlang. Wer weiß das schon?«

Sie blickt aus dem Fenster, als wollte sie sagen: *Bla, bla, bla, ich kann dich nicht hören.* »Ich bin sehr wohl in der Lage, Entscheidungen zu treffen, Elizabeth. Sie haben zwar irgendeinem Grünschnabel die Leitung der Schule übertragen, die mir zugestanden hätte, aber ich bin immer noch bei klarem Verstand.«

Das stellst du gerade perfekt unter Beweis. In meiner Hosentasche fängt es an zu klingeln. Wenn ich nicht damit rechnen würde, dass die Kinder mich brauchen oder es etwas Neues bezüglich Emilys Entführung gibt, würde ich es nicht aus der Tasche ziehen. Wie nicht anders zu erwarten, ernte ich von Mom einen strafenden Blick.

Es ist Carol.

Etwas Kaltes, Hartes rutscht langsam von meiner Kehle in meine Magengrube. »Da muss ich rangehen.« Ich bringe die Worte nur mühsam über die Lippen.

Während ich auf den Balkon hinausgehe und die Tür hinter mir zuziehe, ergeht sich Mom in einer Schimpftirade über junge Leute und schlechte Manieren.

Ich melde mich und merke sofort, dass Carol sehr aufgewühlt ist. Ehe sie es ausspricht, weiß ich Bescheid. Sie hat schlechte Nachrichten.

»Elizabeth, draußen am Palmer Lake wurde eine Leiche gefunden. Sie wurde noch nicht identifiziert, aber ich wollte nicht, dass du es woanders erfährst, falls du die Lokalnachrichten übers Internet verfolgst. Jason sagt, sie ist es.« Carols Sohn Jason ist einer der Beamten, die den Fall bearbeiten. Er hat sich das Bild auf dem Flyer tausendmal angesehen. Wenn er sagt, dass sie es ist, ist sie es.

»Ist er sich sicher?«, frage ich trotzdem. Mir fällt nichts anderes ein, das ich sagen könnte. Ich habe das Gefühl, innerlich zu zerbrechen. In tausend Scherben zu zerbersten.

Wie kann das sein? Wie kann das passieren?

»Ja. Aber sie wurde noch nicht offiziell identifiziert«, wiederholt Carol, als gäbe das Anlass zu Hoffnung. Als wäre es besser, wenn der Leichnam eines anderen kleinen Mädchens gefunden worden wäre. »Geht es dir gut?«

Eigentlich brauche ich ihr auf diese Frage keine Antwort zu geben. Sie kennt mich gut genug. »Nein.«

Erneut durchlebe ich die entscheidenden Momente. Die Momente, nachdem der Anruf einging, die wertvolle Zeit, die verschwendet wurde, weil mein Verstand durch meine eigenen Probleme wie benebelt war. Wäre die Sache sonst anders ausgegangen? Sähe die Situation anders aus, wenn Carol den Anruf entgegengenommen hätte?

»Sie wissen noch nichts Genaueres. Zieh also keine voreiligen Schlüsse, Elizabeth, okay?«, ermahnt sie mich. »Das bringt nichts.«

Ich antworte ihr nicht. Ich kann nicht.

»Okay?«, wiederholt Carol, dieses Mal lauter.

»Ich muss los.« Irgendwie gelingt es mir, ihr dafür zu danken, dass sie mich informiert hat. Ich gehe über den Balkon, laufe die Treppe hinab, über den Rasen aus feinen Salzgräsern und Unkraut, den Pfad zwischen den struppigen Gagelsträuchern zu den Dünen hinunter und von dort aus weiter zu dem schmalen Sandstreifen, den die peitschende Flut noch nicht erobert hat.

Ich laufe und laufe. Meine Schuhe versinken im nassen Sand, dessen Gewicht an mir zieht und zerrt, der meine Schritte bremst und mich nicht schnell genug fortkommen lässt. Die Wellen rollen tosend aufs Ufer zu. Tränen überströmen mein Gesicht. Weit draußen auf dem Meer zeigen sich erste Anzeichen des bevorstehenden Wetterumschwungs und überziehen den Himmel mit einer formlosen Dunkelheit.

Ich keuche und weine, aber außer den stillen, verrammelten Häusern hört mich niemand. So weit das Auge reicht, ist kein einziges anderes Lebewesen zu sehen. Da ist nichts, was mich daran hindert zu laufen. Nichts außer meiner eigenen Schwäche.

Schließlich komme ich nicht mehr weiter. Ich kann nicht noch mehr Abstand zwischen diesen Anruf und mich bringen. Meine Lunge brennt und meine Beine werden taub. Ich breche mitten auf einer Düne zusammen, schaue zu, wie die Wellen mit großer Wucht aufs Land schlagen, und habe das Gefühl, von ihnen Stück für Stück mit aufs Meer hinausgezogen zu werden.

Kapitel 6

Mir ist kalt bis auf die Knochen, als Tante Sandy mich endlich findet. Das Stück blauer Himmel über mir ist deutlich kleiner geworden, die Wolken rücken immer näher. Die Wellen haben den Strand bereits größtenteils erobert, das Wasser ist braun und aufgewühlt von einer Mischung aus Ablagerungen und Gischt. Zwischen dem Meer und den Dünen liegen jetzt nur noch wenige Meter. Auf diesem schmalen Landstreifen rückt Tante Sandy in dem kleinen Jeep Cabrio an, mit dem sie sich auf der Insel fortbewegt.

Der Jeep kommt schlingernd zum Stehen und sie eilt mit schnellen Schritten auf mich zu, während ich mich mühsam aus dem Sand hochstemme. Ich habe keine Ahnung, wie lang ich schon hier sitze und zusehe, wie der Sturm unaufhaltsam näher rückt. Das macht die Schönheit des Meeres aus, selbst in einem derart aufgewühlten Zustand: Es raubt einem jedes Zeitgefühl. Momentan verspüre ich keinen stärkeren Wunsch, als mich in diesem Anblick zu verlieren.

Aber als ich den panischen Blick meiner Tante sehe, wird mir jählings klar, wie egoistisch ich bin. Schuldgefühle schlagen mir wie ein kalter Wasserguss ins Gesicht. Tante Sandy und Mom haben mich zweifellos die ganze Zeit gesucht. Ich habe sie von dringend nötigen Sturmvorbereitungen abgehalten. Wahrscheinlich habe ich die letzte Möglichkeit verspielt, die beiden zum Verlassen der Insel zu überreden. Dabei sollte Tante Sandy auf keinen Fall hierbleiben, falls sie tatsächlich so große gesundheitliche Probleme hat, wie meine Mutter behauptet.

»Wo warst du?« Sie reibt mit den Händen über meine Arme. Mein Sweatshirt ist nass, steif und halb gefroren. Die feuchte Luft ist jetzt eiskalt.

Mir gefällt das Taubheitsgefühl, das damit einhergeht.

»Es tut mir leid.« Ich denke, ich habe mich wieder im Griff. Ich will ihr erklären, dass ich heute Morgen einen Anruf mit einer schlechten Nachricht bekommen habe. Doch ich bringe nur »Der Anruf … der Anruf …« heraus, dann brechen alle Dämme. Ich kann meine Tränen nicht länger zurückhalten und schluchze völlig aufgelöst an ihrer Schulter. Im Gegensatz zu mir wirkt Tante Sandy stark. Sie steht leicht breitbeinig im Sand, bereit, die Windstöße abzufangen. Ich kauere mich wie ein Büschel Plattährengras, das Schutz vor dem Sturm sucht, auf ihre Leeseite.

Sie ist so rücksichtsvoll, mich nicht mit Fragen zu löchern. Die Brandung ist so laut, dass man sich sowieso nicht unterhalten kann. Schließlich führt sie mich zum Jeep, schnallt mich wie ein Kind auf der Beifahrerseite an und wir fahren auf dem schmalen Strandstreifen weiter, bis wir eine Stelle finden, an der wir durch die Dünen kommen. Danach steuert sie den Jeep zwischen Strandhäusern hindurch auf den Highway. In der Ferne ragen die schwarz-weißen Streifen des alten Hatteras-Leuchtturms in den Himmel. Wie ein Versprechen, dass etwas, das ein gutes Fundament hat, jeden Sturm überstehen kann.

Ich frage mich, ob mein Fundament gut genug verankert ist. Ich fühle mich längst nicht so stabil wie dieser Leuchtturm.

Statt mich nach Hause zu bringen, steuert Tante Sandy auf den Muschelladen zu. Sie sperrt die Tür auf, und als wir im Haus sind, ruft sie über das Festnetztelefon meine Mutter an. Der Empfang ist sehr schlecht und das Gespräch endet abrupt.

»Du musst so schnell wie möglich aufs Festland zurückfahren. Und deine Mutter nimmst du mit«, sagt Tante Sandy plötzlich ganz sachlich. Der Sturm hat Priorität und dafür bin ich dankbar. Ich will nicht über die Nachricht von der Arbeit sprechen. Ich will nicht daran denken. »Meiner Ansicht nach habt ihr noch genügend Zeit, um von den Banks aufs Festland zu kommen. Vorausgesetzt, der Verkehr lässt es zu. Aber ihr müsst *jetzt* fahren. Ich will nur kurz kontrollieren, ob hier alles fertig ist, und die Sturmläden anbringen. Dann fahren wir so schnell wie möglich nach Hause.«

Sie dreht ihre Runde durch den Raum, murmelt leise vor sich hin und hakt im Geiste eine Checkliste ab. Mir wird bewusst, wie oft sie dieses Prozedere schon durchgegangen sein muss. »Alle Möbel hochgestellt … Glasschneider und Sägen im Haus … Material in den oberen Regalfächern …«

Wie schafft ein Mensch das? Sich einem Sturm nach dem anderen zu stellen, als wäre das völlig normal? Warum hat sie nicht irgendwann einfach aufgegeben?

Tante Sandy steht mitten im Laden, die Hände in die Hüften gestemmt, das Gesicht halb von einer Baseballkappe verdeckt, die sie sich geschnappt und über ihr kurzes blondes Stoppelhaar gezogen hat. »Du kannst dir auch eine vom Ständer nehmen«, sagt sie und deutet auf ihre Kopfbedeckung. »Dieses Wetter nimmt keine Rücksicht auf die Frisur. Je nachdem, wie weit ihr beide ins Landesinnere kommt – was, wie gesagt, allein von den Verkehrsbedingungen abhängt –, kann es eine Weile dauern, bis du unter eine heiße Dusche kommst.«

»Ich fahre nicht.« Die Worte kommen mir über die Lippen, als hätte ich den Entschluss erst in diesem Moment gefällt, aber ich weiß schon seit Stunden, dass ich es nicht ertragen kann, nach Hause zurückzukehren. Zumindest im Moment nicht. Plötzlich erscheint mir ein Hurrikan als das kleinere Übel. Ich will mir nicht anschauen, wie im Fernsehen über den Fund von Emilys kleiner Leiche berichtet wird. Die Bestätigung bekommen, dass sie es tatsächlich ist. Die Bilder von ihrer schluchzenden Mutter sehen, die Emilys kleinen Bruder an sich drückt. Die Interviews mit den Großeltern miterleben, die nach der tagelangen Suche auf die schreckliche Nachricht hin vor Trauer zusammenbrechen. Ich kann es nicht ertragen, mir die Details anzuhören, die Stück für Stück ans Licht kommen werden. Und ich kann jetzt nicht zur Arbeit gehen. Ich kann keine Notrufe entgegennehmen. Was ist, wenn ich es wieder vermassle und meinetwegen noch einmal kostbare Zeit verloren geht, die nötig wäre, um ein Menschenleben zu retten?

»*Oh nein!* Auf gar …«, setzt Tante Sandy an, aber als ihr Blick, der bis eben durch den Laden gewandert ist, auf mir landet und sie mein Gesicht sieht, hält sie inne. Sie mustert mich einen Moment. »Also gut«, seufzt sie dann. »Okay. Aber wir können nur hoffen, dass dieser Sturm tatsächlich vorüberzieht, ohne sich so aufzuschaukeln wie Irene.«

Als ich nicke, reicht sie mir das Telefon und fügt hinzu: »Du solltest deine Familie anrufen, solange es noch geht. Sag ihnen, dass sie sich keine Sorgen machen sollen, falls sie einige Tage nichts von uns hören. Nach einem Sturm weiß man hier draußen nie, ob die Kommunikationswege noch intakt sind.« Die Worte *einige Tage* schlagen bei mir eine Saite der Beunruhigung an. »Und nimm anschließend bitte die Sonnenfänger aus dem Panoramafenster, ja? Die habe ich ganz vergessen. Wickle sie in Blisterfolie und räume sie in eine dieser Kisten mit Fächern. Am besten verstaust du sie irgendwo weit oben. Zwei Dutzend Sonnenfänger sind einiges wert, und falls der Sturm, wovor uns Gott bewahren möge, einen größeren Schaden anrichtet, werden wir das Geld gut gebrauchen können.«

Diese unheilvolle Bemerkung sollte mir eigentlich Angst einjagen – wahrscheinlich ist das auch Tante Sandys Absicht –, doch sie löst nur ein entschlossenes Aufbäumen in mir aus. Ich beobachte mich dabei, wie ich in die Rolle meiner Mutter schlüpfe. Vielleicht hört Tante Sandy ja auf mich. Sie weiß, dass ich nicht den Drang verspüre, ihr Leben zu kontrollieren. »Ich verstehe, wie viel dir dieser Ort bedeutet. Aber ich habe heute Morgen mit Mom gesprochen und sie macht sich berechtigte Sorgen um deine Gesundheit.«

Mit einem raschen Kopfschütteln wendet Tante Sandy sich ab. »Fang du bitte nicht auch noch an. Hilf mir einfach, hier die letzten Sachen in Sicherheit zu bringen und die Türen abzudichten, ja? Ich habe mir alles angehört, was deine Mutter zu sagen hatte. Ich habe ihr versprochen, dass ich mich untersuchen lasse und versuche, Medikamente zu finden, die mich nicht völlig lahmlegen, *sobald ich Zeit dazu habe.*« Sie fuchtelt mit der Hand durch die Luft. Diese Geste erinnert mich so sehr an meine Mutter, dass es schon fast unheimlich ist. Kein Wunder, dass die beiden sich gegenseitig in den Wahnsinn treiben.

Ich hoffe, diese lächerliche Angewohnheit, alle Menschen um mich herum zu ignorieren und eine berechtigte Sorge mit einer energischen Handbewegung abzutun, ist nicht erblich. *Falls ich mich je dabei ertappen sollte, dass ich das auch mache, schlage ich mir hoffentlich entsetzt an die Stirn.* »Okay, wie du meinst. Aber was hältst du davon, wenn wir alle einfach aufs Festland fahren und uns für ein paar Tage ein Hotelzimmer nehmen? Zu dritt. Ich fahre. Und bevor wir aufbrechen, helfe ich dir natürlich, alle Sturmläden anzubringen. Ich halte es wirklich für keine gute Idee, wenn du oder Mom in diesem Sturm hier draußen seid, nur für den Fall, dass …«

Sie wirft mir einen eindeutigen Blick zu und ich verzichte darauf, meinen Satz zu beenden. Das wäre vergebliche Liebesmüh. Ihr Entschluss steht fest. Diese blauen Augen sagen alles. »Elizabeth, Stürme gehören zum Leben auf einer Insel einfach dazu. Jede Entscheidung, die du im Leben triffst, hat ihre Vorzüge und ihre Konsequenzen. Manchmal musst du einfach im Glauben losgehen und selbst das hat seinen Preis. Es bedeutet, dass du die Vorstellung loslassen musst, *du* hättest das Universum unter Kontrolle. Dieses alte Haus und ich haben schon viele Stürme gemeistert und wir werden auch diesen Sturm überstehen. Was auch immer ich brauche, ob es Vorräte sind oder die Hilfe von Freunden, wenn der Sturm abgezogen ist, oder hilfsbereite Fremde wie die ehrenamtlichen Helfer, die nach dem letzten Sturm tatkräftig mitangepackt haben, Gott wird es mir schicken.«

Darauf fällt mir nichts mehr ein. Tante Sandy ist die Expertin auf diesem Gebiet. Sie leitet Bibelstunden. Aber ich denke: *Und wenn die Hilfe in diesem Fall deine Schwester ist, die dir sagt, dass du zum Arzt gehen sollst?*

Ich spreche diesen Gedanken aber nicht laut aus. Sie hört mir sowieso nicht zu und ich bin im Moment so durch den Wind, dass mir für weitere Diskussionen die Energie fehlt. Deshalb gehe ich mit dem Festnetztelefon aus dem Haus, um Robert anzurufen und ihm mitzuteilen, dass ich beschlossen habe, hierzubleiben und einen Hurrikan auszusitzen.

Ich erwische ihn im Büro. Mir ist klar, dass er viel zu tun hat, sonst würde er an einem Sonntag nicht arbeiten, und der Akku von Tante Sandys schnurlosem Telefon ist fast leer, deshalb sollte ich mich eigentlich kurzfassen, aber irgendwie sehne ich mich nach einem Stück Normalität. Ich will die To-do-Liste für die Kinder durchgehen, über das Problem mit Michas Mathelehrer sprechen, Jessicas Streit mit einer anderen Cheerleaderin, die Anmeldung zum Zulassungstest fürs Studium.

Ich will reden. Mich einfach über die ganzen normalen Angelegenheiten unterhalten. So tun, als gäbe es so etwas wie einen Hurrikan und das traurige Ende der Suche nach einem vermissten Kind nicht.

»Was gibt's?«, fragt er. Offenbar habe ich eine zu lange Redepause eingelegt.

»Es gibt eine kleine Planänderung …« Ich erzähle ihm, dass meine Tante gesundheitliche Probleme hat, weshalb meine Mutter darauf besteht, bei ihr zu bleiben, und dass ich die beiden nicht allein hier auf der Insel lassen will. Die Hurrikan-Ankündigung spiele ich herunter und lasse ihn wissen, dass der Hurrikan Hatteras Island wohl nur harmlos am Rande streifen wird, wenn überhaupt. »Vermutlich gibt es nur viel Regen und ein Gewitter und in den tiefer liegenden Gebieten vielleicht Überschwemmungen, aber Tante Sandys Haus steht weiter oben und ist geschützt. Es dürfte also keine Probleme geben.«

Robert ist zwar mitfühlend, aber abgelenkt. »Das hört sich nach einer Fortsetzung des O'Bannion-Gewitters an«, sagt er in einem Ton, der mir verrät, dass er die Details nicht hören will und im Moment auch keine Zeit dafür hat. Er versucht grundsätzlich, sich aus den Familienquerelen herauszuhalten. »Ich muss Anfang nächster Woche auf Dienstreise. Für vier Tage. Eine Teststrecke in Arizona.«

»Bis dahin sind wir bestimmt wieder zu Hause.« Nächste Woche ist erst in sieben Tagen. Mit etwas Glück haben wir den Sturm bis dahin überstanden und meine Tante überreden können, sich einen Termin beim Arzt geben zu lassen.

»Pass auf dich auf und komm wohlbehalten wieder nach Hause!« Das ist Roberts Art, mir zu verstehen zu geben, dass er sich um andere Dinge kümmern muss, das Gespräch aber gleichzeitig freundlich zu beenden.

Panik regt sich in mir. Ehe ich es verhindern kann, bestürme ich ihn mit einem ganzen Schwall an Fragen. Dabei bin ich eigentlich nur noch nicht bereit, die Rettungsleine loszulassen. Ich will, dass Robert nachfragt und ein wenig mehr über Tante Sandy und den Sturm wissen will, dass er mir vergewissert, dass es das Richtige ist hierzubleiben. Ich will, dass er mir das Gefühl gibt, zu Hause vermisst zu werden. »Hat sich Jessica für den Wiederholungstermin des Zulassungstests angemeldet? Ich habe mir überlegt, vielleicht sollten vorsichtshalber beide Kinder den Test machen, auch wenn Michas Noten bis jetzt sehr gut sind. Ach, und ich glaube, ich habe ganz vergessen, dir zu sagen, dass Jessica unter dem Waschbecken in ihrem Badezimmer eine undichte Stelle entdeckt hat. Ich habe einen Eimer daruntergestellt, aber wir sollten einen Installateur holen, bevor es schlimmer wird und wir einen Wasserschaden haben …«

»Ich habe alles im Griff«, knurrt Robert.

»Das wollte ich auch gar nicht infrage stellen. Es ist mir nur gerade eingefallen. Und ich bin nun mal 1.500 Kilometer von zu Hause weg und sitze hier mit meiner Mom und meiner Tante fest, die sich permanent streiten. Ich bin nicht da und kann mich deshalb nicht um diese Dinge kümmern. Ich will doch nur, dass du mir zwei Minuten deiner Zeit widmest, damit ich weiß, was los ist und dass du dich der Sachen annimmst.« Am Ende zittert meine Stimme, aber ich beiße die Zähne zusammen. Jetzt ist nicht der richtige Zeitpunkt für einen Zusammenbruch. Trotzdem wünsche ich mir, dass er spürt, wie ich mich fühle, und nachfragt, was los ist. Ich will ihm alles erzählen – von dem eingegangenen Notruf, Emilys Mutter, den verschwendeten Minuten … alles.

Dieses kleine Mädchen aus den Nachrichten …, will ich sagen.

Da habe ich den Notruf entgegengenommen. Ich habe falsch reagiert. Ich habe es vermasselt.

»Wenn du mir die Verantwortung überträgst, Elizabeth, dann überlass mir die Sache auch!«, faucht er.

Ich stehe auf der Terrasse, beiße die Zähne zusammen und presse die Lippen fest aufeinander, um den Ansturm an Gefühlen zurückzudrängen – Wut, Gereiztheit, Enttäuschung, Verletzung, Traurigkeit. Einsamkeit. Wie sind wir an diesen Punkt gekommen, dass wir immer nur hektisch aneinander vorbeieilen und unsere Frustration am anderen auslassen?

Robert ist auf Arbeit nicht glücklich. Ich bin nicht glücklich darüber, was aus unserem Leben geworden ist. Wir sind beide so angespannt, dass keiner von uns noch Reserven hat. Erneut frage ich mich, ob er woanders Trost sucht. Das würde er doch nicht tun … oder doch? Robert gehört zu den ehrlichsten Menschen, die ich kenne. Deshalb treibt ihn auch einiges, was bei seiner Arbeit läuft, so in den Wahnsinn. In diesen schweren wirtschaftlichen Zeiten greift die Automobilindustrie teilweise zu zwielichtigen Methoden.

»Entschuldige.« Er seufzt ins Telefon. »Es ist heute einfach ein schlimmer Tag hier und ich hatte diese Dienstreise nächste Woche nicht geplant. Dadurch verpasse ich das Footballspiel.«

»Das Footballspiel«, murmele ich. »Das hatte ich ganz vergessen …«

»Ist mit dir alles in Ordnung?« Dieses Mal klingt er, als wolle er es tatsächlich wissen. Ich merke, dass ich mir die Augen wische und schniefe.

»Ja … klar … alles gut.« Er braucht heute nicht noch mehr Stress. Ich weiß, wie angespannt er ist, wenn es auf Arbeit nicht gut läuft. »Ich lege jetzt lieber auf. Tante Sandy braucht noch etwas Hilfe dabei, den Laden zu sichern, bevor der Sturm da ist. Sie hofft, dass das Wasser dieses Mal nicht eindringt.«

»Melde dich wieder.« Der besorgte Unterton in seiner Stimme tröstet mich. Rasch erkläre ich ihm noch, was Tante Sandy gesagt hat – dass die Kommunikation mit den Inseln unterbrochen werden könnte –, dann beenden wir das Gespräch.

Im Anschluss rufe ich auf Arbeit an und erkläre, dass ich ein paar Tage länger frei brauche als ursprünglich geplant. Zum Glück hat im Moment niemand Urlaub. Es ist also kein Problem.

Damit habe ich alle nötigen Stellen informiert. Ich kehre in den Laden zurück, um die Sonnenfänger einzupacken, wie Tante Sandy es mir aufgetragen hat. Es tut gut, meine Hände zu beschäftigen, eine Aufgabe zu haben, die ich bewältigen kann. Ich kann diese kleinen Glaskolibris retten. Schöne Schmuckstücke, Kreationen meiner Tante – Kolibris und Blumenranken in Buntglas und gelötetem Bleimetall eingefangen.

»Einer bleibt übrig.« Ich halte den Kolibri hoch, für den kein Platz mehr ist, da alle vierundzwanzig Fächer der Kiste bereits gefüllt sind. Er baumelt an seiner grünen Schleife, als wolle er fliegen.

Tante Sandy tritt lächelnd neben mich. »Dann ist er wohl für dich. Wir nehmen ihn mit nach Hause und du kannst ihn in deine Reisetasche packen. Wenn du ihn zu Hause an dein Fenster hängst, erinnert er dich immer an einen Ozean voller Möglichkeiten.« Sie breitet die Arme aus, dann blickt sie auf die gestapelten Kisten in der Mitte des Raumes und fügt hinzu: »Auch wenn mein Ozean im Moment leider ein wenig chaotisch ist. Schade, dass du diesen Laden nicht an einem normalen Tag erleben kannst.«

»Das würde ich gerne.« Mir liegt auf der Zunge: *Ich komme auf jeden Fall wieder. Vielleicht mit den Kindern nach ihrem Schulabschluss.* Aber ich verkneife mir die Worte. Schließlich sind wir hier, um sie dazu zu überreden, diesen Laden aufzugeben.

Ich folge Tante Sandy hinaus auf die Veranda und helfe ihr, den Sturmschutz vor die Haustür zu schleppen. Die Riegel müssen mit einem kleinen Hammer vorgeschoben werden. Als wir es endlich geschafft haben, sind wir beide schweißgebadet und Tante Sandy hat ihrem Mann den einen oder anderen Schimpfnamen verpasst. Onkel George hat diese Spezialtürabdeckung selbst entworfen und gebaut, nachdem der letzte Hurrikan den Laden überschwemmt und vieles zerstört hat. Er selbst bezeichnet seine

Konstruktion als Schleusentor. Sie ist im unteren Bereich wasserfest abgedichtet, um das Wasser am Eindringen in das Gebäude zu hindern, falls es so hoch steigen sollte. Die Jungs vom Surfladen haben Tante Sandy nach der Hurrikanparty geholfen, die Schutztür an der Rückseite anzubringen. Ihr war nicht bewusst gewesen, dass sie und ich heute bis an unsere Belastungsgrenze würden gehen müssen, um das Schleusentor an der Vordertür anzubringen.

Als wir schließlich fertig sind, hält sie inne, legt beide Hände an den Türrahmen und erschreckt mich fast zu Tode, als sie den Kopf hängen lässt und mit einem pfeifenden Geräusch tief einatmet.

»Ist alles in Ordnung?« Ich berühre ihre Schulter, bevor mir klar wird, dass sie keinen Herzinfarkt hat. Sie betet.

Ich schließe die Augen und senke den Kopf. Plötzlich wird mir einiges bewusst. Ich begreife, wie sehr meine Tante diesen Ort liebt. Wie viel er ihr bedeutet. Viel mehr als acht Hektar Farmland, das sie nicht nutzt und wahrscheinlich auch nie wieder nutzen wird. Außerdem fällt mir auf, dass ich in den Stunden, seit ich vom Auffinden der kleinen Emily erfahren habe, kein einziges Mal auf den Gedanken gekommen bin zu beten. In mir war für nichts Platz außer für Trauer, Wut und Zorn. Zumal meine letzten Gebete nicht erhört wurden. Emily ist nicht durch die Bäume gelaufen und gerettet worden. Sie wurde nicht sicher nach Hause gebracht.

Ich versuche, mich dazu zu zwingen, für ihre Familie zu beten, zu bitten, dass Emily in ihren letzten Momenten nicht verängstigt und allein war und gefroren hat. Aber stattdessen ertappe ich mich dabei, dass ich wieder nur Revue passieren lasse, wie ihre letzten Stunden gewesen sein könnten: Ein Fremder rast mit ihr im Auto davon, während ich das Einsatzteam in die falsche Richtung schicke.

»Gehen wir.« Tante Sandy ist wieder ganz nüchtern und sachlich. Wir steigen in den Jeep, aber statt nach Hause zu fahren, drehen wir eine Inselrunde, wie sie es nennt. Wir besuchen die anderen Ladenbesitzer und kontrollieren die Häuser von Freunden, die sich auf dem Festland in Sicherheit gebracht haben. Wir klappern die ganze Gegend ab, um uns zu vergewissern, dass die älteren Damen aus Tante Sandys Bibelgruppe bei Verwandten untergekommen sind oder wenigstens jemanden haben, der bei ihnen bleibt.

Wir kämpfen uns durch den Verkehr, teilweise über den Standstreifen, und fahren nach Fairhope, ein Fischerdorf mit einem kleinen Hafen, in dem die Boote jetzt doppelt und dreifach verzurrt sind. Wie werden sie den Sturm überstehen?

In *Binks Dorfladen* unterhalten sich die Einheimischen über den aufziehenden Sturm. Wir hören ihnen zu, während wir unsere Krebs-Wurst-Bällchen und Krebsspieße verdrücken, die laut dem Ladenbesitzer, Bink, berühmt sind. An einem Tisch erzählen sich drei Männer Geschichten vom letzten Hurrikan und dann vom vorletzten und von jenem berühmten Aschermittwochssturm, der die Insel in zwei Teile gerissen hat.

Ich frage mich erneut, woher diese Menschen ihren Mut nehmen. Das Wetter verdirbt ihnen nicht einmal den Appetit. Während die Kunden kommen und gehen und die letzten Bestände an Wasserflaschen, Brot und Konservendosen kaufen, spielen die Fischer an einem Tisch in der Ecke Karten und verdrücken Binks Shrimp-Sandwiches. Wir kaufen ein paar zum Mitnehmen.

»George und ich lieben das Essen hier«, erzählt meine Tante, während Geneva Bink unsere Sandwiches einwickelt.

Ich betrachte die riesigen Scheiben selbst gebackenen Brotes und denke an Tante Sandys Diabetes. Wenn es um ihren Gesundheitszustand wirklich so schlecht bestellt ist, wie meine Mutter sagt, will Tante Sandy das offenbar nicht wahrhaben.

Bevor wir Fairhope verlassen, biegen wir in die Auffahrt eines riesigen viktorianischen Herrenhauses ein. Beim Anblick des dreistöckigen Erkers, des ausladenden Vordachs und der breiten umlaufenden Veranda muss ich an das beschauliche, ruhige Leben früherer Zeiten denken. Mit seiner ausgebleichten Farbe und den teilweise abgebrochenen filigranen Zierleisten wirkt das

Haus wie eine Braut, die unter den Eichen eingeschlafen ist und jetzt ziemlich mitgenommen aussieht.

»Hmpf!«, schnaubt Tante Sandy, während ihr Blick über das Haus wandert. »Wenigstens hat sie jemanden gebeten, die Sturmläden anzubringen. Aber ich wette, sie ist da. Dabei ist das doch wirklich nicht nötig. Sie ist einundneunzig und immer noch fest entschlossen, den Hurrikan hier auszusitzen. Das ist lächerlich!«

Während wir die Stufen zur Veranda hinaufsteigen und an die Tür klopfen, lasse ich meinen Blick über das Anwesen schweifen. »Eine Einundneunzigjährige lebt hier? Allein?«

Tante Sandy antwortet mit einer Miene, aus der echte Besorgnis spricht. »Sie ist eine meiner Stammkundinnen. Ich glaube nicht, dass sie Angehörige hat. In all den Jahren, die ich sie nun kenne, hat sie nie jemanden erwähnt.«

Ich versuche, mir vorzustellen, wie eine einundneunzigjährige Frau ganz allein in diesem riesigen Haus einen Hurrikan aussitzt. »Das ist ja schrecklich.« Da ich, so weit ich zurückdenken kann, immer auf der Familienfarm gewohnt habe, kann ich mir nicht vorstellen, wie es ist, nicht von Verwandten umgeben zu sein. Niemanden zu haben, der sich um mich kümmert, wenn ich Unterstützung brauche. Mir wird bewusst, dass ich dafür nie wirklich dankbar gewesen bin.

»Jola Anne Poole ist durch und durch eine Frau von den Banks.« Tante Sandy sagt das, als würde es alles erklären. »Man wird ein Teil der Inseln.«

Die kleine Frau, die uns die Tür öffnet, sieht wie eine Ureinwohnerin aus. Ihre Haut hat einen dunklen Olivton und wirkt so faltig und gegerbt wie alles, was lange der Meeresbrise ausgesetzt war. Aber ihre silberblauen Augen leuchten. Sie ist klein, gebeugt und dünn, aber sie wirkt unerwartet fit, als sie meiner Tante versichert, dass sie alle nötigen Vorkehrungen für den Sturm getroffen hat. »Ach, du weißt doch, dass dieses alte Haus und ich schon einige Stürme überstanden haben.«

»Das ist mir bewusst, Jola Anne.« Meine Tante berührt sanft die Schulter der kleinen Frau. »Ich wollte nur nach dir sehen und fragen, ob du nicht doch mit zu mir kommen willst oder ob du irgendetwas brauchst. Ich könnte für dich zum Dorfladen fahren oder …«

»Nein, nein, nein. Mach dir meinetwegen keine Umstände. Ich will niemandem zur Last fallen.« Die kleine alte Frau tätschelt meiner Tante die Hand und zuckt mit der Schulter, um ihr zu signalisieren, dass sie alles unter Kontrolle hat, auch wenn der Allgemeinzustand des Hauses etwas anderes vermuten lässt.

Sie bemerkt, dass ich mich auf der Veranda umsehe, und erkundigt sich, wer ich bin. Tante Sandy stellt mich rasch vor. Ich reiche der alten Dame die Hand. Ihre Finger sind kalt und ihre Haut liegt so dünn wie Pergament über ihren Knochen, aber ihr Händedruck ist überraschend kräftig.

Sie hält meine Finger einen Moment fest und wendet sich wieder an meine Tante. »Ich komme schon klar.« Ein dürrer schwarzer Kater mit verstümmeltem Ohr schlüpft an ihr vorbei zur Tür hinaus. Um uns macht er vorsichtshalber einen Bogen. »Du solltest dich lieber beeilen, Mr Muggins!«, ruft sie ihm nach und lässt meine Hand los. »Sonst landest du mit Dorothy und Toto in Oz.«

Wir lachen alle drei und Tante Sandy verspricht Jola Anne Poole, nach ihr zu sehen, sobald der Sturm abgezogen ist. Die alte Dame versichert, dass das nicht nötig sei. »Du weißt ja, wie es ist. Die Stürme kommen und eine Weile wird alles von Wasser und Wind beherrscht. Aber dann legt sich der Wind und das Wasser läuft wieder ab. Wir stehen wieder auf und der Boden unter unseren Füßen lässt eine neue Saat aufsprießen. Das ist der Lauf der Dinge. Ich gehe nicht davon aus, dass es bei diesem Sturm anders sein wird.«

Da meine Tante nicht lockerlässt, verspricht Jola ihr, sie nach dem Sturm wenigstens anzurufen und Bescheid zu geben, ob in dem großen weißen Haus alles in Ordnung ist. Wir bieten ihr an, die Sturmläden vor der Tür für sie anzubringen, was sie uns gestattet, nachdem sie Mr Muggins aus dem überwucherten Blumenbeet zurück ins Haus gerufen hat. Während die Angeln quietschen und wir sie in Dunkelheit hüllen, winkt sie uns hinter dem Bleiglasfenster zu. Dann hasten wir zum Auto zurück. Wir haben unser Glück beinahe überstrapaziert, stelle ich fest. Das Unwetter kommt immer näher.

Der Wind zerrt am Jeep, während wir zu Tante Sandys Haus zurückfahren. Als wir dort ankommen und den Jeep auf einem der Flachbettanhänger parken, die die Fahrzeuge und verschiedene Maschinen vor den Fängen des Wassers schützen sollen, spüre ich, dass der Sturm nun wirklich ernst macht. Meiner Mutter geht es genauso. Sie ist ein einziges Nervenbündel.

Daraus kann ich ihr keinen Vorwurf machen. Mir geht es nicht viel anders.

Kapitel 7

Der Sturm wütet seit Stunden. Er ist viel schlimmer, als vorhergesagt wurde. Auf seinem Weg in Richtung Norden trifft er Hatteras ziemlich schwer, auch wenn das Auge des Sturms draußen über dem Meer bleibt. Wir haben unsere Matratzen und ein Sofa in Tante Sandys Esszimmer geschleppt, um so weit wie möglich von den Außenmauern entfernt zu sein. Es gibt immer wieder Momente, in denen ich befürchte, dass das Dach jeden Augenblick davonfliegt.

Vor den Fenstern klappern die Sturmläden und das Haus wird von einer Windböe nach der anderen gebeutelt. Der Regen fließt in Sturzbächen und wird mit jeder neuen Sturmwelle kurzfristig noch einmal stärker. Dabei ist er schon so unglaublich intensiv. Einen derartigen Regen habe ich noch nie erlebt. Das Prasseln auf dem Dach von Tante Sandys kleinem Fischerhaus ist ohrenbetäubend.

Der Sturm will sich seinen Weg ins Innere erkämpfen. Er ist wie ein Dämon. Entschlossen. Unerbittlich. Auf der Suche nach den kleinsten Schwachstellen, um die Mauern zu bezwingen und in unsere Festung einzudringen. Während der kurzen Sturmpausen eilen wir durchs Haus und ersetzen die Handtücher und Bettlaken, die wir an die nassen Stellen um die Fenster und Türschwellen gestopft haben. Die Abdichtungen sind diesem wütenden Ungeheuer nicht gewachsen.

Ich kann meine Mutter und Tante Sandy wirklich nur bewundern. Sie sind ein effizientes Team. Zwei Generäle, die es gewohnt sind, das Kommando zu haben, und sich vorübergehend zusammenschließen, um einen größeren Feind zu bekämpfen. Es war definitiv die richtige Entscheidung hierzubleiben.

Während einer kurzen Sturmpause hören wir ein rhythmisches *Klangklangklang* unter dem Haus.

Tante Sandy reibt sich den Nasenrücken und schließt die Augen. Zum ersten Mal fällt mir auf, wie gerötet ihr Gesicht ist. »Das Wasser steigt. Das Boot liegt nicht mehr auf dem Anhänger, sondern treibt auf dem Wasser.«

Plötzlich ergibt der Lärm einen Sinn. Draußen lag ein kleines Aluminium-Flachboot. Bevor es zu regnen anfing, haben wir die Seile, die es an den Anhänger banden, gelöst und es stattdessen am Pfeiler des Hauses festgebunden. Jetzt verstehe ich, warum Tante Sandy das gemacht hat.

Ihre Worte klingen zwar sachlich-nüchtern, aber ich ahne, dass dies kein gutes Zeichen ist. Wenn dieses Boot schwimmt, muss das Wasser schon mindestens einen halben Meter hoch im Garten stehen. Der Wetterkanal bringt bereits seit einer ganzen Weile Meldungen von Überschwemmungen und unsere Zufluchtsstätte hat sich in eine Insel verwandelt.

»Jetzt gibt es keinen anderen Ausweg mehr als durch den Sturm hindurch.« Tante Sandy setzt sich neben mich aufs Sofa und tätschelt mein Knie. Dabei sieht sie mich vielsagend an. Offenbar hofft sie, dass ich die tiefere Bedeutung dieser Worte begreife. »Spätestens jetzt bereust du wahrscheinlich, dass du nicht nach Hause gefahren bist, solange das noch möglich war.«

»Nein«, erwidere ich. Das ist teilweise wahr, teilweise nicht.

Ich erwarte, dass sie mich fragt, warum ich so aufgelöst war, als sie mich heute in den Dünen gefunden hat, aber das tut sie nicht. Stattdessen legt sie einen Arm um mich und zieht meinen Kopf an ihre Schulter.

»Es gibt keinen anderen Ausweg als durch den Sturm hindurch«, wiederholt sie flüsternd. »Aber wir sind nicht allein.« Sie kämmt ihre Finger durch mein Haar und ich schließe die Augen und entspanne mich an ihrer Schulter. »Wir sind nie allein.«

Ich weiß, wovon sie spricht. Sie ist eine Frau mit einem starken Glauben. Ich nicke weder zustimmend noch widerspreche ich ihr. Während das Boot unten wie eine Kirchenglocke läutet, döse ich ein.

Eine kurze Weile herrscht Frieden, doch dann bin ich wieder

im Wald. Ich kämpfe mich durch dichtes Gestrüpp und ignoriere die Dornen, die durch meine Kleidung stechen und meine Haut aufreißen. Ich höre etwas in der Ferne. Musik. Menschen, die singen. Ein Chor.

Ich schiebe das Gestrüpp zurück und haste auf das Geräusch zu, bis ich Licht sehe. Da vorne muss eine Lichtung sein. Der Gesang ist jetzt so laut, dass er alles übertönt.

Dann bin ich in der Talmulde und stehe vor einem Beerdigungszelt. Ich sehe einen winzigen weißen Sarg. Ein Keuchen kommt über meine Lippen und ich presse mir entsetzt die Hand auf den Mund. Alle Trauernden drehen sich mit anklagender Miene in meine Richtung. Emilys Mutter deutet auf das Grab, starrt mich jedoch unverwandt an.

Dann stehe ich am Rand des Lochs und schaue auf den Sarg hinab. In dem Sarg liegt nicht Emily, sondern Jessica. Meine Tochter! Sie liegt auf weißem Satin, ist nur vier oder fünf Jahre alt, ihr Gesicht weich, pausbäckig und blass. Leblos.

Die Trauergäste fangen an, mit den Händen Erde auf den Sarg zu werfen. Ein Schrei kommt aus meiner Kehle und ich versuche, Jessica gegen die Erde abzuschirmen, aber jemand hält mich zurück.

Männer beginnen, mit Schaufeln Erde auf den Sarg zu werfen. Ich schreie wieder. Dann rüttelt Tante Sandy mich wach.

Benommen komme ich zu mir. Ich liege auf dem Sofa und versuche, mich aus der Quiltdecke zu befreien.

Es dauert einen Moment, bis ich merke, dass der Sturm jetzt anders klingt.

»Das Auge des Sturms ist draußen auf dem Meer vorübergezogen. Der Wind schaukelt sich jetzt in die andere Richtung auf. Das bedeutet, das Wasser auf der Lagunenseite wird noch höher steigen. Der Wetterdienst meldet Überschwemmungen auf beiden Seiten der Insel«, erklärt Tante Sandy. Sie sieht aus, als habe sie selbst auch gedöst. Meine Mutter setzt sich auf ihrer Matratze auf und sieht mich fragend an. Mir wird bewusst, dass ich beide geweckt habe.

Tante Sandy schaltet die batteriebetriebene Laterne ein, dann klopft sie auf meine Beine, damit ich mich so umdrehe, dass sie sich neben mich setzen kann.

»Liebes«, sagt sie, als sie mein Gesicht sieht, »was ist los?«

Meine Augen brennen und Tränen brechen sich Bahn. Plötzlich bin ich wie dieses alte Haus. Ich kann den Sturm nicht länger abwehren. Er bahnt sich gewaltsam einen Weg durch die Ritzen.

Mom steht von ihrer Matratze auf und setzt sich zu uns aufs Sofa. Ich erzähle die ganze Geschichte: dass Emily verschwunden ist, dass ich den Notruf entgegengenommen habe, dass ich die Suche verbockt habe. Von dem Gefühl, dass mich in letzter Zeit einfach alles überfordert. Dass mit mir irgendetwas nicht stimmt. Ich weiß nicht einmal mehr, wer ich bin.

Während der Sturm wieder an Intensität zulegt, beuge ich mich über meine Knie und vergrabe den Kopf in meinen Händen. Mom und Tante Sandy umgeben mich wie ein Bollwerk.

»Elizabeth, du darfst dir nicht die Schuld dafür geben«, beharrt Mom. »Erstens ist es nicht deine Schuld, dass diese Frau mit ihrem kleinen Mädchen mitten in der Nacht aus dem Haus gegangen ist und das Kind allein im Auto gelassen hat. Zweitens weißt du noch gar nicht, was überhaupt passiert ist und *wann* es passiert ist. Vielleicht sind die Angaben der Frau, wie lange sie vom Auto weg war, auch gelogen. Du weißt nicht, ob du irgendetwas hättest tun können, um einen anderen Ausgang herbeizuführen.« Genau solche Worte erwartet man von einer Mutter. Genau das Gleiche würde ich sagen, wenn jemand versuchen würde, Jessica oder Micha die Schuld für den traurigen Ausgang der Suche nach Emily zu geben. Ich würde auch sofort in die Verteidigung gehen und erst später Fragen stellen.

Tante Sandy reibt meinen Rücken. »Liebes, ich kann dir nicht sagen, warum das passiert ist. Es ist schrecklich. Du kannst dich pausenlos fragen, warum es passiert ist, und dir darüber das Hirn zermartern, bis du den Verstand verlierst. Aber ich weiß, dass du noch hier bist und dass es dafür einen Grund gibt, selbst wenn es noch so sehr schmerzt. Vielleicht fühlst du es im Moment nicht.

Es ist okay, dass du trauerst. Aber es ist nicht okay, dass du dein Leben aufgibst. Du hast immer noch Kinder, die dich brauchen, und eine Familie, um die du dich kümmern musst, und Arbeit, die auf dich wartet. Ich weiß, dass deine Kinder an einem Punkt in ihrem Leben sind, an dem es so aussieht, als bräuchten sie dich nicht mehr. Aber das stimmt nicht. Sie brauchen dich. Vor dir liegen nur ein paar schwere Jahre, in denen sich alles verändert, in denen die Kinder flügge werden. Aber danach wird es besser. Versprochen.«

»So ist es«, bestätigt meine Mutter leise. »Warte nur ab, Elizabeth. In ein paar Jahren ist das Mädchen, das dich jetzt in den Wahnsinn treibt, eine Frau, auf die du unbeschreiblich stolz bist, und wenn du sie ansiehst, hältst du es kaum für möglich, dass du einen Menschen großgezogen hast, der so vieles schaffen kann.«

Sie legen die Arme um mich und wir schaukeln zu dritt vor und zurück, miteinander verbunden, Schwestern, die es mit jedem Sturm aufnehmen.

Kapitel 8

Die Sonne kommt durch und das Wasser fließt immer weiter ab, als Tante Sandy den Jeep vom Anhänger fährt, auf dem der Wagen vor der Brühe aus Brackwasser, Abflusswasser und angeschwemmtem Treibgut geschützt war. An den Stützpfählen unter dem Haus hat die Flut auf einer Höhe von fast einem Meter eine gut sichtbare Linie hinterlassen. Das verheißt definitiv nichts Gutes für den Muschelladen. Das Haus steht viel höher.

Wir haben fast achtundvierzig Stunden warten müssen, bis der Sturm vorübergezogen und das Wasser allmählich zurückgegangen ist. Da in Tante Sandys Wohnviertel der Strom ausgefallen ist, haben wir uns über das batteriebetriebene Radio Berichte des Wetterdienstes angehört und über Onkel Georges Funkgerät vom Hurrikan-Beobachtungsdienst Informationen über den Zustand weiter im Norden bekommen. Auf den gesamten Banks gibt es Überschwemmungen und Sturmschäden. Dort, wo der Sturm an der Küste von Jersey das Ufer getroffen hat, ist der Schaden verheerend. Häuser und Geschäfte wurden zerstört. Todesopfer sind zu beklagen.

In Tante Sandys Haus ist bis auf das Wasser, das an den Fenstern eingedrungen ist und das wir aufgesaugt und weggewischt haben, alles unbeschädigt und trocken geblieben. Der Generator auf der Terrasse liefert gerade genug Strom für die Grundversorgung, aber es wird damit gerechnet, dass die Stromleitungen bald repariert werden. Selbst die Lebensmittel im Kühlschrank verderben nicht. Um das Benzin in den Kanistern draußen zu sparen, haben wir uns während des Sturms auf das Nötigste beschränkt und den Kühlschrank nicht aufgemacht.

Jetzt müssen wir von Überlebensmodus auf Bestandsaufnahme und Schadensbehebung umschalten. Diesen Prozess kenne ich. Er liest sich wie ein Kapitel in einem Notfallhandbuch. Zuerst Lebensrettung, dann Schadenskontrolle.

Tante Sandy weist meine Mutter an, im Haus zu bleiben, und fordert mich auf, sie bei ihrer Aufklärungstour zum Muschelladen zu begleiten.

Mom fügt sich den Anordnungen ihrer Schwester bereitwillig. Die Aussicht, sich durch die Sturmschäden und Sandhaufen zu kämpfen, die nach dem Rückzug der Sturmwellen zurückgeblieben sind, ist ihr zu abenteuerlich. Dennoch scheint sie es nicht zu bereuen, dass wir während des Sturms hiergeblieben sind, auch wenn der North Carolina Highway 12, die einzige Straße, auf der man nach Hatteras Island kommt, bei Rodanthe und Mirlo Beach aus den Verankerungen gerissen wurde und nun in sich verdreht ist. Und auch die Brücke am Pea Island Inlet ist unbefahrbar. Zwar werden die Fähren bald ihren Notfahrplan starten, um eine Verbindung zwischen Hatteras und dem Festland herzustellen, aber es wird eine Weile dauern, bis der normale Verkehr wieder aufgenommen werden kann. Bis dahin sind wir einfach hier genau wie alle anderen, die den Sturm auf den Inseln ausgesessen haben.

»Behalte sie im Auge«, fordert mich Mom leise auf und beugt sich näher zu mir, während Tante Sandy den Jeep spritzend durch das zwanzig Zentimeter hohe Wasser in ihrer Auffahrt lenkt. »Sie darf sich nicht übernehmen. Was auch immer der Sturm in diesem Laden angerichtet hat, es ist passiert. Daran kann sie jetzt nichts mehr ändern.«

»Mache ich.«

»Lass nicht zu, dass sie anfängt, Sachen aus dem Laden zu schleppen, und was ihr sonst noch einfällt«, schiebt Mom eindringlich nach. »Sie wäre heute Morgen auf dem Flur beinahe gestürzt. Ich weiß, dass sie Schwindelanfälle hat. Ich habe gesehen, wie sie sich an der Wand entlanggetastet hat.«

Mir ist auch das eine oder andere aufgefallen, doch das erzähle ich meiner Mutter lieber nicht. Ich habe vor, heute mit Tante Sandy zu sprechen. Vielleicht hört sie ja auf mich. Außerdem will ich Onkel George heimlich anrufen, vorausgesetzt, das Festnetztelefon im Muschelladen funktioniert. Das Mobilfunknetz ist aufgrund eines beschädigten Glasfaserkabels weiter oben auf der Insel außer Betrieb. Tante Sandy wird über meine Einmischung nicht begeistert sein, aber ihr Mann muss wissen, was vor sich geht.

»Mach dir keine Sorgen«, sage ich und küsse meine Mutter auf die Wange. Seit der Sturmnacht herrscht ein neues Zusammengehörigkeitsgefühl zwischen uns drei Frauen.

Während der Fahrt über die Insel, bei der wir abgebrochenen Ästen und schief stehenden Telefonmasten ausweichen, die mit einem Absperrband markiert wurden, spricht Tante Sandy über völlig alltägliche Dinge. Ich starre währenddessen Strandhäuser an, die mitten im Wasser stehen, vom Sturm beschädigte Autos, die halb unter Sand begraben sind, herausgerissene Asphaltstücke, weggewehte Terrassenmöbel und Trümmer von beschädigten Häusern.

Tante Sandy will mir klarmachen, dass es nicht das Ende der Welt bedeutet, wenn die Kinder ausziehen. Dass das, was ich durchmache, normal ist. Selbst die Entfremdung zwischen Robert und mir. »Das ist einfach der Übergang von einer Lebensphase zur nächsten«, versichert sie mir. »Genauso wie damals, als ihr plötzlich kein junges Ehepaar mehr wart, sondern Eltern. Erinnerst du dich noch daran, wie schwer das war? Erinnerst du dich an die Momente, als dir bewusst wurde, dass du nie wieder einfach so ins Auto steigen und irgendwohin fahren kannst? Dass dein Leben jetzt immer von dieser neuen Verantwortung bestimmt wird? Aber gleichzeitig hat etwas Neues angefangen. Es war der Anfang des großen Abenteuers, eine Familie zu haben. Dieses Abenteuer ist nun seit vielen Jahren der Mittelpunkt deines Lebens. Es ist normal, dass du dich verloren fühlst, wenn dir plötzlich bewusst wird, dass sich das bald ändert. Es ist normal, um eine Lebensphase zu trauern, die du geliebt hast.«

Ich nicke, bin aber immer noch von dem abgelenkt, was ich sehe. Ich male mir aus, was diese Menschen durchgemacht haben, und komme mir albern vor. Meine Probleme wirken hier völlig fehl am Platz.

Eine Brise salziger Luft weht in den Jeep und versucht, meiner Tante ihre Baseballkappe zu entreißen. Sie hält die Kappe eisern fest und zieht sie tiefer in ihre Stirn. Die Strasssteine, mit denen das Wort *Strandparadies* auf die Kappe geschrieben ist, glitzern in der Sonne. »Es geht darum«, sagt sie, »dass du einen neuen Traum für deinen nächsten Lebensabschnitt findest. Dann ist der Auszug der Kinder ein Anfang und kein Ende.«

»Ich weiß.« Ich versuche, das Thema zu beenden. »Aber jetzt will ich erst mal dieses Jahr mit den Abschlussprüfungen und allem anderen gut überstehen. Danach mache ich mir dann Gedanken darüber, wie es für mich weitergehen soll.«

Tante Sandy wirft mir einen strengen Blick zu. »Das ist zu spät. Glaubst du, deine Kinder wollen eine Mutter, die bei jedem ihrer kleinen Meilensteine in diesem Jahr Rotz und Wasser heult? Sie wollen, dass du mit ihnen feierst, Elizabeth. Die Kinder haben genug eigene Sorgen. Sie wollen sich nicht auch noch um dich Sorgen machen müssen. Für sie ist es wichtig zu wissen, dass es dir gut geht, wenn sie nicht mehr zu Hause wohnen. Dass Robert und du euch genauso auf ein neues Abenteuer freut wie sie.«

Ich versuche, es aus dieser Sicht zu betrachten. Und ich versuche, mir vorzustellen, dass Robert und ich wieder etwas gemeinsam unternehmen, nur wir beide. Vielleicht in den Nordwald fahren und Zeit in der Blockhütte verbringen?

Doch dann frage ich mich, ob er das überhaupt wollen würde. Das kann ich Tante Sandy natürlich nicht sagen.

»Bei George und mir war es ähnlich, als wir hierherkamen.« Sie holt tief Luft und ich sehe ihr an, dass sie zu einer ausführlichen Geschichte ansetzt. Sie erzählt mir von ihrem ersten Besuch auf den Outer Banks – einer Urlaubsreise, die Onkel George bei einem Verkaufswettbewerb auf der Arbeit gewonnen hatte. Tante Sandy gesteht, dass sie sich während der ganzen Fahrt von Michigan bis ans Meer gestritten haben. »Aber weißt du was? Dieser Urlaub hat uns einen neuen Traum geschenkt. Einen Traum, der es uns beiden angetan hat. Wir sahen dieses alte Haus nahe dem Hafen in Hatteras Village und wussten beide: Hier einen Laden aufzubauen, ist unsere Zukunft. Es klingt vielleicht verrückt, aber genau das brauchten wir. Wir haben nie zurückgeblickt und wir haben es nie bereut. Dieser Teil unseres Lebens gehört eindeutig zu unseren besten Jahren! Der Laden, die Besuche unserer Enkel, unser Haus mit dem kurzen Fußweg zum Strand … Wir haben völlig neue Erfahrungen gemacht, statt herumzusitzen und um das zu trauern, was hinter uns lag. Ich bin einfach …«

Ich bemerke neben uns eine Bewegung und blende den Rest ihres Satzes aus. Eine Frau läuft aus einem Strandhaus. Sie watet spritzend durch das Wasser in ihrem Garten und hat etwas in den Armen. Da wir schon an dem Haus vorbeigefahren sind, beuge ich mich nach unten und blicke in den Seitenspiegel. Irgendetwas stimmt da nicht …

»Stopp! Halt an!« Ich packe Tante Sandy am Arm und drehe mich so weit herum, wie es mein Sicherheitsgurt erlaubt, um besser hinter mich blicken zu können. »Dreh um! Dort hinten braucht jemand Hilfe.«

Tante Sandy reißt das Lenkrad herum und umrundet einen mit Sand bedeckten Treibguthaufen am Straßenrand. Einen Moment ist unsere Sicht versperrt, doch dann sehen wir die Frau wieder. Sie ist jetzt auf der Straße und rennt. In ihren Armen hält sie ein Baby. Es rührt sich nicht. Mein Puls rast, mein Verstand arbeitet auf Hochtouren und einen Moment lang frage ich mich, ob das alles ein Traum ist. Liege ich in Wirklichkeit in Tante Sandys Haus und schlafe?

Aber es ist echt. Es muss echt sein.

Tante Sandy lenkt den Jeep mit quietschenden Reifen in Richtung Seitenstreifen. Er kracht gegen eine Sandwehe, kommt schlingernd zum Stehen und wirft mich so heftig gegen den Sicherheitsgurt, dass ich einen Moment ganz benommen bin. Hastig löse ich den Gurt, springe aus dem Wagen und laufe zu der Frau.

Sie hat ein Kleinkind auf den Armen, ein kleines Mädchen.

Das blonde Haar klebt nass und matschverschmiert an ihrem Kopf. Mir stockt der Atem. Erneut frage ich mich, ob ich nur von Emily träume. Aber dieses Kind ist jünger.

»Sie ist gestürzt!«, schreit die Frau. Ihr Gesicht ist gerötet und mit Sand und Tränen übersät. »Sie ist von der Terrasse ins Wasser gefallen. Ich habe sie nur eine Minute aus den Augen gelassen. Oh, guter Gott, bitte rette mein Kind! Sie atmet nicht. Sie atmet nicht! Helfen Sie meiner Tochter!«

Für den Bruchteil einer Sekunde befürchte ich, vor Panik zu erstarren, doch ich erstarre nicht. Stattdessen breitet sich eine plötzliche Ruhe in mir aus. Mein Kopf ist ganz klar. Mein Verstand schaltet auf das Schritt-für-Schritt-Prozedere um, das ich jahrelang eingeübt habe. »Wie lange?«

Ich nehme der Mutter das Mädchen aus den Armen, lege es auf den Sand neben der Straße und rüttle es, um zu sehen, ob ich eine Reaktion hervorrufen kann, aber das Kind reagiert nicht.

Ein Pick-up hält auf der Straße und zwei Männer kommen angelaufen, aber ich nehme sie kaum wahr. Ich habe das Handbuch im Kopf. Und nicht nur das Handbuch, sondern auch die Ersthelferausbildung, die ich als Mitarbeiterin der Rettungsleitstelle absolviert habe.

Solange man eine solche Situation nicht tatsächlich erlebt, fragt man sich immer, ob man im Ernstfall einen klaren Kopf behalten und die eingeübten Schritte umsetzen kann. Jetzt fühlt es sich völlig selbstverständlich an. »Suchen Sie einen Festnetzanschluss und wählen Sie den Notruf!«, fordere ich die Neuankömmlinge auf. Dann kontrolliere ich die Atemwege der Kleinen, blase Luft in ihren Mund, überprüfe, ob sich ihr Brustkorb hebt und senkt. Ich versuche noch einmal, eine Reaktion zu stimulieren, während die Männer in ihrem Pick-up zur Feuerwache rasen, die ganz in der Nähe ist, wie sie sagten.

Dann fange ich mit der Herzdruckmassage an, zähle bis dreißig, beatme sie zweimal. Sie reagiert nicht.

Komm schon, komm schon, denke ich.

Neben mir ist Tante Sandy auf die Knie gegangen und betet.

Die Mutter des Kindes weint und ruft immer wieder: »Sarah, Sarah, Sarah! Wach auf, Liebes! Wach auf! Bitte wach auf!«

Ich wiederhole den Vorgang. Auch nach dem zweiten Zyklus keine Reaktion. Dieses Kind wird nicht hier am Straßenrand sterben! Es darf nicht sterben. Dieses kleine Mädchen hat sein ganzes Leben noch vor sich. Es wird Sandburgen bauen, Geburtstage feiern, Ostereier suchen und an seinem ersten Schultag sein Lieblingskleid tragen.

Bitte, Gott ... bitte. Das darf nicht passieren ...

Ich beginne einen dritten Zyklus, dann einen vierten. In der Ferne höre ich eine Sirene. Hilfe ist auf dem Weg, hoffe ich.

Endlich ... endlich ... ein dünner Puls. Ein kleines Lebenszeichen. Und dann ein schwaches Husten. Es ist das schönste Geräusch, das ich mir vorstellen kann.

»Gelobt sei Gott!« Tante Sandy hebt die Hände zum Himmel.

Ich drehe Sarah auf die Seite und stütze ihren Kopf, während sie eine Mischung aus Wasser und Mageninhalt erbricht. Als nichts mehr kommt und ich versuche, ihren Mund auszuwischen, wehrt sie sich. Dann blinzelt sie und schaut uns mit großen blauen Augen an. Wie zu erwarten, ist sie verwirrt und desorientiert. Ihre Unterlippe zittert und sie beginnt zu weinen. Nachdem ich sie vorsichtig aufgesetzt habe, drückt ihre Mutter sie so fest an sich, dass kein Blatt zwischen die beiden passen würde.

»Danke«, seufzt die Mutter mit tränenüberströmten Wangen. »Danke. Vielen Dank.«

Ich höre Applaus und merke erst jetzt, dass Menschen um uns herumstehen. Ein Rettungssanitäter kommt mit einem Notfallkoffer angelaufen. Mindestens ein halbes Dutzend Passanten bildet einen Kreis um uns. Ich habe keine Ahnung, wo diese Leute hergekommen sind.

Als ich aufstehe, zittere ich und will mich nur in den Jeep setzen. Luft holen. Ich kann kaum glauben, was gerade passiert ist. Wir sehen zu, wie die Sanitäter das Kind untersuchen und die Menge anfängt, sich aufzulösen. Dann verlassen wir zusammen mit allen anderen diesen Ort.

Während wir unsere Fahrt zum Muschelladen fortsetzen, kommt mir das alles vollkommen unwirklich vor. Ich sitze im Jeep, schaue auf meine Hände und denke: *Habe ich das tatsächlich getan? Ist das alles wirklich passiert?*

»Wenn du nicht gewesen wärst, wäre dieses kleine Mädchen jetzt wahrscheinlich tot«, konstatiert Tante Sandy, während wir einer umgestürzten Plakatwand unweit des Muschelladenparkplatzes ausweichen.

Das Gelände um den Laden herum ist ein einziger Sumpf. Die Parkplätze sind immer noch überflutet und auch im Garten steht das Wasser bestimmt dreißig bis sechzig Zentimeter hoch fast bis zur Veranda. Die Hochwasserlinie am Gebäude lässt uns erahnen, was passiert ist, noch ehe wir hineingehen. Als das Auge des Hurrikans vorbeigezogen ist und der Wind die Richtung geändert hat, war die Überschwemmung hier so hoch, dass das Wasser die Veranda geflutet und auf halber Höhe der langen Panoramafenster gestanden hat.

Keine von uns spricht ein Wort, während wir durch das wadenhohe Wasser waten und dann die Stufen zur Veranda hinaufsteigen. Die fröhlichen Bernstein-, Blau- und Gelbtöne des Schildes über der Haustür wirken völlig fehl am Platz. Die goldenen Buchstaben verkünden:

SANDYS MUSCHELLADEN
Ein Ozean an Möglichkeiten

»Ich hoffe, dieses Teil hat seinen Dienst getan.« Tante Sandy deutet auf Onkel Georges selbst gebautes Schleusentor, während sie einen Hammer und einen Schraubendreher aus dem altmodischen Blechbriefkasten holt. »Aber selbst wenn das Schleusentor dicht gehalten hat, ist das Wasser vermutlich durch die Fenster eingedrungen.« Sie wirft einen Blick auf das nächstgelegene Fenster, das eindeutig unterhalb der schmutzigen Linie liegt, die das Wasser hinterlassen hat.

Trotzdem wirkt sie optimistisch. Das liebe ich so an meiner

Tante: Sie gibt nie auf, selbst wenn die Prognose düster ist. Irgendwie weiß ich, dass sie sich auch diesmal nicht unterkriegen lassen wird, egal was wir im Inneren dieses alten gelben Hauses vorfinden werden. Und vielleicht empfindet sie nach dem, was wir auf dem Weg zum Laden erlebt haben, ja auch dasselbe wie ich: Dieser Tag ist großartig, ganz egal, was jetzt noch kommt.

Trotzdem lässt sich nicht leugnen, dass der Sturm viel schlimmer war, als alle erwartet hatten. Der Hurrikan hat eine gefühlte Ewigkeit über der Insel gewütet und alles überschwemmt. Ja, es sind nur Sachschäden und Sachen lassen sich ersetzen, aber ich weiß, dass Tante Sandy ihr Land in Michigan nicht verkaufen würde, wenn sie und Onkel George nicht nach dem letzten Sturm schon alle Reserven aufgebraucht hätten.

Ich helfe meiner Tante, das Treibgut vor der Eingangstür wegzuräumen. Wir stapeln es neben den Verandastufen. Der Haufen sieht fast wie ein Kunstwerk aus, wenn man außer Acht lässt, wieso er dort liegt.

Der Geruch, der aus dem Gebäude dringt, bestätigt unseren unausgesprochenen Verdacht, noch bevor wir die letzten Riegel aufschieben und den Schutzschild von der Tür entfernen. Er erinnert mich an den unserer Waschmaschine, wenn eines der Kinder die nasse Wäsche zwei Tage hat darin liegen lassen. Schlagartig frage ich mich, ob zu Hause jemand das Wäschewaschen übernommen hat. Wie kommen sie ohne mich zurecht? Werde ich wirklich so wenig gebraucht, wie mir mein Gefühl in letzter Zeit sagt? Wahrscheinlich nicht.

Ich denke über das nach, was Tante Sandy im Jeep zu mir gesagt hat: dass ich an der Tür zu einer neuen Lebensphase stehe und dass alles Teil eines Plans ist. Kindererziehung ist vermutlich der einzige Beruf, bei dem man umso schneller arbeitslos wird, je besser man seinen Job macht.

Das muss ich Carol erzählen, wenn ich wieder zur Arbeit gehe. Dieser Gedanke entlockt mir ungefähr eine halbe Sekunde lang ein Lächeln, doch dann werfe ich einen Blick durch die Glastür in Sandys Muschelladen.

Meine Tante holt tief Luft und atmet dann durch geschürzte Lippen wieder aus. Bevor sie die Hand auf den Türgriff legt, schiebt sie die Schultern zurück. »Es hat keinen Sinn, die Augen vor den Tatsachen zu verschließen. Es ist, wie es ist.«

Als sie die Tür aufschieben will, bleibt sie an einer vollgesogenen Fußmatte hängen, die wir vor dem Sturm hier vergessen haben. Nachdem Tante Sandy es geschafft hat, sich halb in den Raum zu quetschen, hebt sie sie auf. Die Matte trieft wie ein Wasserfall, als Tante Sandy sie mir reicht und mich auffordert, sie übers Verandageländer zu werfen. »Irgendwo müssen wir ja anfangen. Anders kommt man aus dem Chaos nicht heraus. Man muss anfangen aufzuräumen. Stück für Stück.«

Im Inneren des Ladens riecht es bereits nach Schimmel und es herrscht absolutes Chaos. Das Wasser stand tatsächlich über einen halben Meter hoch und ist in die alten Bodendielen und Vertäfelungen im unteren Teil der Wände eingedrungen. Auch in die Rigipsplatten über der Holzvertäfelung ist die Nässe gezogen und hat ungleichmäßige Gebirgsformationen in schmutzigen Braun- und Grautönen gezeichnet.

»Wir hatten das alles gerade erst renoviert.« Tränen glänzen in Tante Sandys Augen, doch sie blinzelt schnell, um sie vor mir zu verbergen. »Eine Saison. *Eine einzige Saison!* Das ist alles, was uns nach den Renovierungsarbeiten, in die wir so viel Geld gesteckt haben, vergönnt war, bevor der nächste Sturm zuschlug. Das ist irgendwie nicht fair, oder?«

»Nein, das ist nicht fair.«

Sie atmet wieder tief ein, dann spitzt sie die Lippen und lässt die Luft langsam aus ihrem Mund entweichen. »Andererseits ist dieser Tag bereits jetzt ein Segen.« Während sie den Gedanken laut ausspricht, den ich auch schon hatte, zieht ein Lächeln über ihr Gesicht. Auf ihren runden Wangen bilden sich Grübchen und erneut treten Tränen in ihre Augen. Doch diesmal sind es Freudentränen. »Du hast heute ein Leben gerettet.«

»*Wir* haben heute ein Leben gerettet.« Inmitten des ganzen Chaos und des modrigen Schimmelgeruchs und der Waren, die auf den Boden gefallen und von Schlick bedeckt sind, berührt mich ein unbeschreibliches Licht.

»Göttliche Vorsehung.« Tante Sandy gibt den Ereignissen einen Namen und nennt den Urheber.

Sie hebt einen matschbedeckten Glaskasten hoch, der auf unerklärliche Weise mitten auf dem Boden stehen geblieben ist. Wir lächeln einander an, während sie über die Leuchtturmverzierungen auf der Oberseite des Glaskastens streicht. Der Moment könnte nicht vollkommener sein. Es ist sonderbar, wenn ich an die Ereignisse der letzten anderthalb Wochen zurückdenke – die unvorhersehbare, aufwühlende Kette an Ereignissen, die mit dem panischen Anruf wegen des Verschwindens der kleinen Emily begann und uns schließlich heute hierhergeführt hat. Die erfolglosen Sucheinsätze, die Albträume, die Fahrt auf die Outer Banks, der Sturm, die Frau, die heute mit ihrer leblosen Tochter in den Armen zur Straße lief …

Der Schatten des Bösen und das Licht des Guten – vielleicht ist jedes Leben von beidem erfüllt. Vielleicht hat man immer die Wahl und muss sich zwischen der Dunkelheit des einen und der rettenden Gnade des anderen entscheiden.

Ich hänge diesen Gedanken nach, während ich versuche, Tante Sandy davon abzuhalten, sich zu übernehmen. Aber natürlich lässt sie sich ihren Plan, mit den Aufräumarbeiten zu beginnen, nicht ausreden. Mir bleibt keine andere Wahl, als mit anzupacken und zu versuchen, ihr die anstrengenderen Arbeiten abzunehmen. Wir entfernen die Sturmläden, öffnen die Fenster und lösen die Schleusentore von den Hintertüren, damit wir die Böden putzen und nasse, schmutzige Trümmer auf die Terrasse bringen können. Das Wasser steht unterhalb der Terrassenbretter und verwandelt die Terrasse in einen Kai, der sich nur knapp dreißig Zentimeter über das neu entstandene Meer erhebt, das bis zum Pamlico Sound reicht. Tante Sandys Werkstatt steht auch unter Wasser. Aber das bereitet ihr weniger Kopfzerbrechen. Die wichtigsten Dinge hat sie hochgestellt oder anderswo untergebracht und das alte Kutschhaus ist schon vor Jahren auf ein solides Betonfundament gestellt worden, um das historische Bauwerk zu schützen.

Wir putzen den Boden, wischen die Sachen ab, tun unser Möglichstes. Zwischendurch tauschen wir uns mit den Nachbarn und Ladenbesitzern aus, die uns besuchen kommen. Ich sorge dafür, dass Tante Sandy sich so viel wie möglich mit den Leuten unterhält, damit sie sich ein wenig ausruht. Zwei Männer in Kajaks paddeln im Pamlico Sound vorbei. Vielleicht sind sie auch in Tante Sandys Garten, das lässt sich unmöglich sagen. Sie winken und scheinen das bizarre Nachspiel des Sturms fast zu genießen.

Ein Reporter vom *Charlotte Observer*, der an einem Artikel über den Hurrikan arbeitet, kommt vorbei. »Dieser Artikel wird auch in der *Washington Post* erscheinen«, erzählt er uns, während er mit Tante Sandy auf die hintere Terrasse hinausgeht, um ein Foto von ihr inmitten der Trümmer, die jetzt in der Sonne trocknen, zu schießen. »Wir tun unser Möglichstes, damit die Leute angesichts der verheerenden Schäden in New York City und an der Küste von Jersey nicht vergessen, dass es die Menschen hier auf den Outer Banks auch schwer getroffen hat.«

Während ich versuche, im Laden einige der Aufräumarbeiten zu Ende zu bringen, die laut Tante Sandy *unbedingt* erledigt werden müssen, bevor wir zurückfahren können, höre ich Bruchstücke des Interviews, aber hauptsächlich denke ich: *Meine Mutter bringt uns um, wenn wir nach Hause kommen!* Es überrascht mich, dass Mom sich noch nicht von jemandem zum Laden hat fahren lassen. Sie hatte sich darauf eingestellt, dass wir nicht lange fortbleiben, sondern nur kurz nachsehen, wie schlimm der Sturm den Muschelladen getroffen hat.

Draußen schwelgt meine Tante in Erinnerungen und erzählt dem Reporter von den Herausforderungen, die ein Leben auf einer Sandbank mit sich bringt. Dann folgt die Geschichte, wie Onkel George und sie das Haus gekauft und es zu Sandys Muschelladen umgebaut haben. »Man könnte den Laden wahrscheinlich meinen Midlife-Crisis-Laden nennen«, lacht sie. Ihr Lachen klingt genauso fröhlich wie das Klingeln der winzigen Messingglocken, die sie unten an ihre Sonnenfänger gehängt und sie damit auch noch zu Windfängern gemacht hat. »Aber ich würde es mir nicht anders wünschen. Das Leben hier draußen auf den Outer Banks ist wirklich atemberaubend. Einfach unvergleichlich.«

Bevor der Reporter sich verabschiedet, kommt er noch einmal in den Laden. Als er sieht, wie ich auf Händen und Knien den Dreck hinter die Kaffeetheke wegwische, knipst er ein Foto. Ich bin entsetzt. Ich kann mir gut vorstellen, welches Bild ich abgebe. »Drucken Sie dieses Foto nicht!«

Er runzelt enttäuscht die Stirn. »Wirklich nicht?«

Ich setze mich auf die Fersen zurück und wische mir mit dem Handrücken den Schweiß von der Stirn. Es ist kühl heute, aber ich schwitze wie ein Schwein im August. Vielleicht die Hormonveränderungen, vor denen Carol mich gewarnt hat. »Nein, ist schon okay.«

Der Reporter fragt nach meiner Sturmgeschichte und ich erzähle sie ihm. Die Sicht einer Außenstehenden auf einen Sturm mit historischen Ausmaßen, weil er ein ungewöhnlich großes geografisches Gebiet getroffen hat. *Der perfekte Sturm* wird er genannt.

Der Reporter steckt gerade die Linsenabdeckung auf seine Kamera, als ich draußen die Stimme meiner Tante höre. »Nein! Nein! Nein! *Nein!*« Sie klingt panisch und ich fahre besorgt herum.

Der Reporter folgt mir, als ich zur Hintertür hinaus auf die Terrasse stürme. Tante Sandy steht in ihrem Garten hüfttief im Wasser, ziemlich weit draußen in Richtung Pamlico Sound, und versucht, etwas zu erwischen, das an ihr vorbeitreibt und wie ein Spielzeugauto aussieht. Ein rotes Spielzeugauto. Es schwimmt wie ein kleines Boot auf dem Wasser.

Die Kamera des Reporters klickt, während ich die Stufen hinabeile und durch das Wasser wate. *Falls Mom das irgendwann sieht, reißt sie mir jedes Haar einzeln aus,* schießt es mir durch den Kopf. Warum in aller Welt watet Tante Sandy durch diese trübe Dreckbrühe, um ein dämliches Spielzeugauto zu retten?

Hier ist alles voller Müll. Außerdem weiß man nicht, was unter der Wasseroberfläche lauert. Meine Tante könnte jeden Moment über etwas stolpern und stürzen. Zumal sie zurzeit ohnehin nicht besonders sicher auf den Beinen ist.

»Tante Sandy!« Das Wasser leistet hartnäckigen Widerstand, als ich mich wie eine Aquajoggerin auf Steroiden weiterkämpfe. »Was *machst* du da?«

Sie erwischt das Auto und greift nach etwas, das sich darin befindet, während ich immer noch fünf Meter von ihr entfernt bin.

Das Spielzeugauto treibt weiter und Tante Sandy dreht sich zu mir um. Als sie näher kommt, sehe ich, dass sie etwas Kleines, Schwarz-Weißes, Zitterndes in den Händen hält. Eine kleine Bulldogge! Der Hund schleckt in wilder Dankbarkeit ihr Gesicht ab, während sie versucht, seinen Kopf wegzuschieben.

»Hör auf! Halt still, du kleiner Schlingel. Hör endlich auf, so herumzuzappeln.«

Die Kamera des Reporters läuft heiß, während Tante Sandy zu mir watet und mir den Hund hinhält, für den sie sich in die Fluten gestürzt hat. »Schau dir diesen kleinen Haiköder an. Ich habe ihn in dem Spielzeugauto herantreiben sehen. Keine Ahnung, wie er es geschafft hat, da hineinzugelangen.« Sie schwankt und ich befürchte schon, dass sie und der Hund jeden Moment im Wasser untertauchen. Doch dann findet sie das Gleichgewicht wieder und streckt mir lachend die Hand hin. »So wie es aussieht, hat heute jede von uns ein Leben gerettet.«

»Hey, süßer Hund!«, ruft der Reporter und ich bin mir ziemlich sicher, dass der kleine Muschelladen-Schiffbrüchige soeben Teil seines Artikels geworden ist.

Kapitel 9

»Ich weiß nicht recht.« Mit einer halb zusammengelegten Bluse in den Händen blickt Mom von ihrem Koffer auf. Ich verstehe nicht, warum sie ihre Sachen so ordentlich zusammenlegt. Sie sind schmutzig. Unsere ganze Kleidung ist schmutzig. Im Moment können wir weder Wasser noch Energie für das Waschen von Wäsche vergeuden.

»Mom, es wird Zeit.« Die letzten Tage sind nahtlos ineinander übergegangen. Sind es drei Tage? Vier Tage? Pausenlos haben wir durchnässte Sachen aus dem Laden geschleppt, Wasser und Lebensmittel von der Verteilstelle des Roten Kreuzes geholt, die Sachen auf der Insel verteilt, Tante Sandys betagte Freunde besucht und, soweit ich konnte, Erste Hilfe geleistet.

Mom wirft besorgt einen Blick aus dem Fenster. Draußen fährt Tante Sandy in ihrem Jeep gerade los, um noch einmal nach Jola Anne Poole in Fairhope zu sehen. Die schiffbrüchige Bulldogge nimmt die Verfolgung auf und springt wie ein Hase hinter ihr her, wobei der weiße Fleck unter ihrem Stummelschwanz aufblitzt.

»Ich glaube, Tante Sandy versucht, ihn abzuhängen.« Ich deute zum Fenster und lache, als der Jeep schließlich doch mit quietschenden Reifen stehen bleibt. Meine Tante steigt aus und stemmt die Hände in die Seiten. Vornübergebeugt wie ein Profiringer, der seinen Gegner einschüchtern will, stapft sie auf den Hund zu.

Sie hasst diesen Hund. Er kratzt jeden Abend jaulend und bellend an ihrer Tür und hört erst auf, wenn sie nachgibt und ihn hineinlässt. Und dann schnarcht er. Entsetzlich. Tante Sandy hat angefangen, ihn *Chum* zu nennen, nicht im Sinne von Kumpel, sondern im Sinne von Haiköder. Sie betont immer wieder, dass das kein offizieller Name sei, und sucht überall nach dem Besitzer des Hundes oder wenigstens nach jemandem, der bereit ist, ihn bei sich aufzunehmen, bis der Besitzer sich meldet. Doch obwohl die Geschichte von Chums Rettung es tatsächlich in die Zeitung geschafft hat, hat sich bisher niemand gemeldet und Besitzansprüche geltend gemacht.

Nicht einmal Mom kann der Szene vor dem Fenster widerstehen. Kichernd verfolgen wir gemeinsam, wie Tante Sandy und der Hund ihren Tanz aufführen. Wenn wir ihn nicht daran hindern, schiebt Chum jedes Mal die Fliegengittertür auf, wenn seine neue Lieblingsfreundin wegfahren will.

»Ich denke, ich sollte hier bei ihr bleiben, bis George zurückkommt.« Moms Lächeln verblasst und ihre Besorgnis kehrt zurück, während Tante Sandy Chum endlich auf den Beifahrersitz lässt. Gemeinsam rollen sie die Straße hinunter und biegen um die Ecke, wo sie hinter einer struppigen Gagelstrauchhecke aus unserem Blickfeld verschwinden.

Ich stopfe meine restlichen schmutzigen, verknitterten Klamotten, die eigentlich nur für zwei Tage reichen sollten, in meine Reisetasche. »Er kommt doch morgen nach Hause, Mom. Es ist also nur eine einzige Nacht. Wenn du nicht mit mir heimfährst, müsstest du versuchen, einen Flug zurück nach Michigan zu bekommen, und das könnte bei dem ganzen Chaos seit dem Sturm ein echtes Problem darstellen.« In Wirklichkeit hat mir Onkel George gesagt, dass er es für besser hält, wenn wir jetzt heimfahren. Tante Sandy kümmert sich nicht nur um alle anderen auf der Insel, sie fühlt sich auch noch verpflichtet, Mom und mich wie Gäste zu behandeln. Wir haben versucht, ihr das auszureden, aber dieser Frau kann man nichts ausreden. Sie ist wie der Wert von Pi. Sie ist einfach so.

Onkel Georges Hauptmotiv ist jedoch die Hoffnung, dass Tante Sandy offener auf ein Gespräch über ihre Gesundheit reagieren wird, wenn sie bei seiner Heimkehr allein ist und sie dieses Gespräch in aller Ruhe und unter vier Augen führen können. Daher besteht mein Auftrag heute darin, meine Mutter dazu zu bewegen, mit mir heimzufahren und sich nicht länger in Tante Sandys Leben einzumischen.

»Mom, niemand weiß, wann die nächste Schlechtwetterfront

aufzieht und der Fährbetrieb erneut eingestellt werden muss. Wir müssen abreisen, solange wir noch von hier wegkommen.« Ich will nicht egoistisch klingen, aber ich vermisse meine Familie. Abgesehen von einigen kurzen Gesprächen über das Festnetztelefon im Muschelladen haben wir keinen Kontakt. Ich habe das Gefühl, gar nicht mehr zu wissen, was zu Hause los ist. Auch wenn Robert bestimmt alles im Griff hat.

Mom blickt aus dem Fenster und Tränen treten in ihre Augen.

»Mom …«

»Ich vermisse meine Schwester.« Ihre Stimme zittert und versagt dann. »Ich verstehe nicht, wie ich jahrelang so stur sein konnte. Ich verstehe nicht, warum ich nicht längst auf die Insel gekommen bin und Zeit mit ihr verbracht habe … nur weil … ich sauer war, dass sie weggezogen ist.«

»Wenn alles wieder normal läuft, kannst du sie doch jederzeit besuchen kommen. Du bist jetzt pensioniert und könntest dir in der Nebensaison sogar ein Ferienhaus hier mieten und … jedes Jahr monatelang hierbleiben, wenn du willst.« Zu spät merke ich, dass ich mich mit diesen Worten eindeutig positioniert habe: Ich finde, die Familie muss unbedingt aufhören, Tante Sandy unter Druck zu setzen. Das hier ist ihr Leben, ihr Abenteuer für die zweite Lebenshälfte.

»Es wird etwas passieren. Das weiß ich einfach.«

»Wenn es dich beruhigt, könnten wir eine ihrer Freundinnen aus den anderen Läden bitten, heute Nacht bei ihr zu bleiben. Vielleicht Teresa.«

»Ich will einfach …

Draußen ertönt plötzlich lautes Gebell. Wir werden hellhörig und drehen uns gleichzeitig zum Fenster herum. Es ist ein aufgeregtes, hohes Bellen.

Ich beuge mich vor. »Was hat er denn?«

Chum rast wie ein Wilder aufs Grundstück, aber nicht hasenähnlich, wie er normalerweise springt, sondern schnell und zielstrebig.

Ich eile aus dem Zimmer und trete auf die Veranda hinaus.

Auf der obersten Treppenstufe bleibe ich stehen und rufe Chum. Er rast bellend zu meinen Füßen, aber als ich mich zu ihm hinabbücken will, läuft er wieder weg. Ich steige die Stufen hinab und versuche es erneut. Er rennt so schwungvoll durch den matschigen Vorgarten, dass das Wasser in den Pfützen spritzt. Dann kommt er zu mir zurück, lässt sich aber wieder nicht festhalten, sondern stürmt die Auffahrt hinab. Am Ende des Grundstücks bleibt er stehen und sieht sich um, als wollte er nachschauen, ob ich ihm folge. Ich gehe einige Schritte hinter ihm her und rufe ihn erneut. Eine Minute lang benehmen wir uns wie in einer Szene aus *Lassie*.

Inzwischen ist meine Mutter mir in den Garten gefolgt. Wir stehen da und schauen den Hund fragend an. »Irgendetwas stimmt nicht.« Mom runzelt die Stirn. Ihre Besorgnis ist nicht zu übersehen. »Sandy würde den Hund nicht einfach aus dem Jeep springen und allein durch die Straßen laufen lassen. Sie käme zurück, um sich zu vergewissern, dass ihm nichts passiert ist. Sie hat es vielleicht satt, dass er jede Nacht darum bettelt, in ihr Zimmer zu dürfen, aber ich weiß, dass sie den kleinen Kerl insgeheim mag.«

Chum bellt dreimal und stürmt dann auf die Straße, als habe er gemerkt, dass wir endlich begriffen haben, was er uns sagen will.

»Ich hole die Autoschlüssel!« Mom dreht sich um und läuft ins Haus zurück. Zum Glück haben wir ihr Auto gestern schon vom Anhänger gerollt und in die Einfahrt gestellt, damit für unsere Abreise alles bereit ist.

»Sie kann nicht weit sein.« Ich renne hinter dem Hund her die Einfahrt hinab und die Straße entlang, aber die hohe Luftfeuchtigkeit und der Gestank des Brackwassers machen mir das Atmen schwer.

Ein paar Straßenblocks weiter entdecke ich den Jeep. Er steht völlig schief im Straßengraben und ist gegen einen Baum geprallt. Trotzdem läuft der Motor noch. Die Abgase, die aus dem Auspuff strömen, vermischen sich mit dem Morgendunst zu einer einzigen diesigen Suppe.

Mom und ich kommen fast gleichzeitig an. Tante Sandy ist über dem Lenkrad zusammengesackt, ihr Arm hängt in einer steifen, unnatürlichen Haltung aus dem Fenster. Als ich versuche, die Tür zu öffnen, stellt sich heraus, dass sie klemmt. Ich hänge mich mit meinem ganzen Gewicht an den Griff, ziehe, so fest ich kann, und taumle nach hinten, als die Tür endlich nachgibt.

Die Haut meiner Tante ist mit Schweißperlen übersät. Ich lehne sie auf dem Sitz zurück und schalte den Motor ab. Dabei fällt ein Blutstropfen auf die Manschette meiner Jacke und hinterlässt einen kleinen, runden Fleck. Sie hat sich beim Aufprall den Kopf aufgeschlagen.

Tante Sandys Gesicht verzieht sich zu einer verkrampften Grimasse. Sie stöhnt. Das Geräusch setzt tief in ihrer Kehle ein und steigt langsam auf. Sie atmet, aber ich befürchte, das, was wir alle verhindern wollten, ist eingetroffen.

Alles sieht nach einem Herzinfarkt aus. Einem sehr schweren Herzinfarkt.

»Tante Sandy! Tante Sandy, kannst du mich hören?«

»N-n-nicht taub …« Es sieht so aus, als versuche sie, sich zu einem Lächeln zu zwingen, aber es versiegt in einem Stöhnen, das so schmerzerfüllt ist, dass ich innerlich mitleide.

»Hast du Schmerzen im Arm? In der Brust?« Wieder gehe ich im Geiste ruhig und sachlich das Handbuch durch. Ich habe das am Telefon in der Rettungsleitstelle schon so oft gemacht.

»Ich … habe … keine Zeit … fff… für einen … Herzinfarkt«, erklärt sie. Wenn die Situation nicht so ernst wäre, würde ich entweder lachen oder weinen. Meine Tante ist noch bei uns, aber es geht ihr sehr schlecht. Bis ein Rettungshubschrauber hier sein und sie ins Krankenhaus bringen kann, wird es garantiert eine ganze Weile dauern, zumal die Zustände infolge des Sturms weiterhin chaotisch sind.

Mom drängt sich neben mich und greift nach der Hand ihrer Schwester. Tränen landen neben dem Blutfleck. »Tu das nicht! Tu das auf keinen Fall, hörst du mich, Sandra Kay?«

Ich schiebe meine Mutter zur Seite. »Mom, fahr zu den Nachbarn. Die Nachbarn, deren Festnetztelefon Tante Sandy neulich benutzt hat. Wähl den Notruf. Sag, dass wir einen akuten Herzinfarkt haben. Sie sollen einen Rettungshubschrauber schicken. Jetzt sofort. Die Patientin ist im Moment bei Bewusstsein und ansprechbar. Nenn ihnen ihr Alter, ihr Gewicht und die Adresse.«

»N-n-nicht … das … das Gewicht«, stöhnt Tante Sandy.

»Schon deine Kräfte. Du musst nicht versuchen, uns aufzuheitern, okay?« Ich streiche ihr das Haar aus dem Gesicht und untersuche die Platzwunde auf ihrer Stirn. »Wir sind da. Wir helfen dir.«

Mom zieht etwas aus ihrer Jackentasche und drückt es mir in die Hand. Etwas Kleines aus Alu. »Hier. Sie soll eine kauen. Ich komme so schnell wie möglich zurück.«

Ich werfe einen Blick auf das Alupäckchen. Es erscheint mir im Moment wie ein Wunder. »Aspirin?«

»Ich habe immer welches bei mir.« Mit dem Autoschlüssel in der Hand dreht Mom sich um, um zum Wagen zurückzulaufen. »Für eine Rektorin sind sie unverzichtbar. Bei all den Lehrern, die ständig unter Druck stehen und mit ihren Schülern kämpfen, weiß man nie, wann man sie braucht.«

»Welcher … Ge-schmack?«, hustet Tante Sandy und verkrampft sich nach diesem Versuch, einen Scherz zu machen.

»Halt den Mund, Sandra Kay. *Sofort.*« Meine Mutter kehrt um und legt die Stirn an die Stirn ihrer Schwester, während ich mit dem Alublister kämpfe. »Du musst wieder gesund werden, hörst du? Du bist meine Schwester und ich liebe dich. Wir haben noch einiges zusammen vor. Du hast es mir versprochen. Wir gehen gemeinsam am Strand spazieren und entwerfen Schmuck aus Strandglas. Und du zeigst mir, wie man diese Kolibri-Sonnenfänger macht. Es ist noch nicht so weit. Jetzt noch nicht.«

Meine Tante antwortet nicht. Ich weiß nicht, ob sie langsam das Bewusstsein verliert oder ausnahmsweise einfach mal ihrer großen Schwester gehorcht. Eine Träne rollt über ihre Wange.

Als meine Mutter zum Wagen laufen will, halte ich sie zurück. »Hilf mir bitte erst noch schnell, sie aus dem Jeep zu heben.«

Dies ist nicht das Ende der Strandglasschwestern! Nicht wenn ich es irgendwie verhindern kann.

Kapitel 10

Im Fährhafen wimmelt es vor Menschen. Wagen des Roten Kreuzes und der Nationalgarde und Mitarbeiter verschiedenster Hilfsorganisationen in entsprechenden Westen oder T-Shirts strömen in Scharen von der Fähre. Gleichzeitig drängen Besucher, die den Sturm unterschätzt haben, und Inselbewohner, die beschlossen haben, aufs Festland überzusiedeln, bis sich die Lage beruhigt hat, aufs Schiff. Die Mitarbeiter der Fährgesellschaft ermahnen alle zur Geduld. Die Fähre verkehrt aktuell zwar nach dem Notfahrplan, läuft aber in regelmäßigen Abständen aus. Da der Sturm zu Sandverwerfungen im Meer geführt hat und jede Menge Treibgut im Wasser schwimmt, dauert die Fahrt allerdings länger als sonst. Und die Fahrtzeit beträgt unter normalen Umständen schon zweieinhalb Stunden! Uns wird sie vermutlich endlos vorkommen. Wir wissen nichts über Tante Sandys Zustand. Inzwischen ist sie hoffentlich im Krankenhaus angekommen und wird dort von Kardiologen versorgt. Die Muschelladenschwestern haben ihre Aufräumarbeiten unterbrochen, um uns zum Fährhafen zu begleiten, zusammen mit Leuten aus Tante Sandys Gemeinde und ihrer Bibelgruppe. Wir haben uns im Kreis zusammengestellt, an den Händen gehalten und gemeinsam gebetet.

Jetzt umarmen wir uns zum Abschied. Der Fährangestellte, der so freundlich war, Mom und mir einen Platz auf dem Schiff zu sichern, begleitet uns an Bord. Für die übrigen Muschelladenschwestern ist kein Platz. Die Fähre ist voll und die Wartezeit beträgt im Moment mehrere Stunden.

»Gebt uns Bescheid, sobald ihr etwas hört!«, ruft Teresa uns hinterher.

Wir versprechen es und dann werden wir von der Menge aus müden, erschöpften Menschen mitgezogen. Plötzlich wird mir bewusst, wie ähnlich wir uns in diesem Zustand sind. Wie sehr die Verzweiflung Menschen gleichmachen kann.

Wahrscheinlich dauert es mindestens zwei Stunden, bis wir dem Festland nahe genug sind, um in den Sendebereich eines funktionierenden Mobilfunkmasts zu gelangen und mehr über den Rettungshubschraubereinsatz und Tante Sandys Zustand zu erfahren. Wir können dankbar sein, dass alles gut geklappt hat und sie so schnell von der Insel gebracht werden konnte, aber trotz der schnellen Hilfe bleibt ein hohes Risiko. Das wissen wir. Tante Sandys Puls war extrem schwach und sie hat immer wieder das Bewusstsein verloren. Sie brauchte wirklich dringend die Versorgung durch ein erfahrenes Kardiologenteam.

Mom setzt sich, als ein Mann seinen Platz an der Kajütenwand aufgibt, aber ich kann nicht sitzen. Stattdessen beuge ich mich über die Reling und hoffe, dass das Gefühl, mich übergeben zu müssen, durch die Seeluft ausgelöscht wird. Nicht weit von uns kreisen Pelikane über der mit Treibgut durchsetzten Gischt und genießen das Buffet aus schwimmenden Leckerbissen, die der Sturm an die Oberfläche gespült hat. Ihr Anblick scheint zu versprechen, dass alles irgendwann wieder normal wird. Die Vögel haben ein Festessen. Selbst aus den schlimmsten Umständen entsteht etwas Gutes.

Ist das möglich?, frage ich mich.

Während ich zuschaue, wie das Wasser an der Fähre vorbeiströmt, tue ich das, wofür ich mir in den letzten Jahren viel zu selten Zeit genommen habe, weil ich Angst hatte, sonst alles andere nicht zu schaffen. Ich bete und bete und bete …

Allmählich verliere ich jedes Zeitgefühl. Vielleicht döse ich auch im Stehen ein. Ich weiß es nicht genau. Das Adrenalin in meinem Körper ist versiegt und ich fühle mich furchtbar kraftlos und müde.

Ein Mann, den ich noch nie zuvor gesehen habe, reicht mir einen Proteinriegel und eine Wasserflasche. »Hier«, sagt er und lächelt mich an. Er kann nicht viel älter als zwanzig sein. Nicht viel älter als meine eigenen Kinder. Er wirkt wie einer dieser tiefenentspannten Strandtypen. »Das wurde von der Ladefläche eines Lieferwagens verteilt. Ich habe die Sachen mitgenommen und mir gedacht, dass ich bestimmt jemanden treffe, der sie brauchen kann. So läuft es doch, oder?«

Ich nicke, danke ihm und nehme das Geschenk an.

Ich habe die Sachen mitgenommen und mir gedacht, dass ich bestimmt jemanden treffe, der sie brauchen kann. Die Weisheit dieser Worte berührt mich.

Ich denke an die Wochenendfortbildungen in Notfallmedizin, die ich im Laufe der Jahre auf Staatskosten absolviert habe. An die Verwandten und Freunde, die sich um meine Kinder gekümmert haben, damit ich daran teilnehmen konnte. An den ehrenamtlichen Mitarbeiter vom Roten Kreuz, der die Kurse gegeben hat. An meinen Lehrer in Gesundheitslehre vor langer Zeit, der unsere Klasse getestet hat, um herauszufinden, wer im Krisenfall einen ruhigen Kopf bewahren kann. Dieser Lehrer hatte mich ermutigt, einen medizinischen Beruf zu ergreifen, vielleicht sogar Ärztin zu werden. Als Robert und ich am Abend des Abschlussballs eine unreife Entscheidung trafen und infolgedessen mit einer Schwangerschaft, überstürzten Heirat und finanziellen Problemen fertigwerden mussten, verhalf mir dieser Lehrer zu einem Platz im Ausbildungsprogramm der Rettungsleitstelle. Aus großen Träumen wurden kleine Träume und das Leben ging weiter.

Ich rutsche an der Reling nach unten, lehne den Kopf zurück und denke an Tante Sandys Rat, in meiner zweiten Lebenshälfte ein neues Abenteuer zu beginnen. Er kommt jetzt zurück, dieser frühere Traum, Ärztin zu werden. Trüb und algenbewachsen wie etwas, das jahrelang im Meeresboden begraben war, treibt er langsam an die Oberfläche. Ich ziehe ihn heraus, wische ihn ab, betrachte ihn aus verschiedenen Blickwinkeln und denke: *Vielleicht …*

Könnte jetzt die Zeit dafür sein? Ist jetzt die Zeit, mich neu zu finden?

Geht es beim Überleben manchmal um Tod und Neugeburt?

Wie bei der Entwicklung vom Ei zur Raupe, zur Puppe, zum Schmetterling? Ist dieses Ende unserer Familie, wie ich sie kenne, vielleicht gar keine Zeit des Sterbens, sondern vielmehr die Zeit, um mich in einen Schmetterling zu verwandeln?

Wenn aus einer Frau, die nie zuvor einen Laden besessen oder am Meer gelebt hat, Sandy von *Sandys Muschelladen* werden kann, was kann aus mir dann werden?

Falls … *wenn* Tante Sandy diesen Herzinfarkt überlebt, werde ich nicht mehr versuchen, sie dazu zu überreden, den Muschelladen aufzugeben und nach Hause zurückzukehren, wo die Familie auf sie aufpassen, sie kontrollieren und bemuttern kann. Ein Schmetterling sollte so lange wie möglich in seinem natürlichen Habitat leben. Dieser Ort aus Sand und Wasser, aus Jahreszeiten und Stürmen und Herausforderungen ist meiner Tante in Fleisch und Blut übergegangen und hat sie zu der Frau gemacht, die sie heute ist.

All diese Gedanken arbeiten in mir, durchdringen mich, wie Wasser durch gemahlene Kaffeebohnen sickert und dabei etwas Neues mit einem unglaublich berauschenden Duft erzeugt. Was würde Robert sagen, wenn ich ihm von diesen Überlegungen erzählte? Was würden die Kinder davon halten? *Ihr seid nicht die Einzigen, die an die Uni gehen. Eure Mom hat auch Pläne …*

Ich schließe die Augen und lasse den Gedanken wie ein Floß einfach dorthin treiben, wohin die Strömung ihn führt. Ich döse ein und wache auf und fühle, wie sehr das Wasser unter mir schaukelt.

Als ich mich schließlich wieder auf die Beine kämpfe, stelle ich überrascht fest, dass das Festland schon in Sichtweite ist. Mein erster Gedanke gilt meinem Handy und ich ziehe es aus meiner Tasche. Doch beim Umdrehen erhasche ich einen Blick auf Mom, die auf ihrer Sitzbank steht. Sie hat ihr Telefon am Ohr, strahlt mich an und hebt den Daumen.

Ich atme tief aus. Offenbar hat sie gute Nachrichten.

Mein Handy piept, während die Nachrichten der letzten Tage ankommen. Jessica auf einem Cheerleaderfoto, auf dem sie neben der Freundin lächelt, mit der sie sich gestritten hatte. *Vermisse dich, Mom!*, hat sie unter das Foto geschrieben. Micha berichtet, dass er in seinem ersten Mathetest eine Zwei geschrieben hat. Robert muss ihn aufgefordert haben, mir das zu schreiben. Von sich aus würde Micha das nie machen. Es folgt eine Nachricht von Robert, in der er sämtliche Geschehnisse der letzten Tage auflistet. *Ich weiß doch, dass du das wissen willst*, hat er dazugeschrieben.

Eine weitere Nachricht stammt von Onkel Butch. Sie ist mehrere Tage alt. Er macht sich Sorgen, wie es seinen Schwestern im Sturm ergangen ist. Er will genauere Informationen. Wie kann das Mobilfunknetz es wagen, einfach auszufallen? Das ist doch lächerlich. Er will doch nur wissen, ob es allen gut geht, Himmeldonnerwetter noch mal!

Darunter eine Nachricht von Carol, in jener Nacht geschrieben, in der meine Mutter, Tante Sandy und ich eng aneinandergedrückt den Sturm ausgesessen haben. Sie bringt mich auf den neuesten Stand der Ermittlungen: *Todeszeitpunkt 6 Std. vor Anruf. Täter: Mutter und Freund. Dachte, das solltest du wissen.*

Ich schließe die Augen und atme tief ein. Die Luft riecht nach Salz, Sand und Treibholz, auf das die Sonne scheint. Tränen brechen sich Bahn und laufen mir übers Gesicht, aber die Brise kühlt den brennenden Schmerz. Die kleine Emily war schon seit sechs Stunden tot, als ihre Mutter in der Rettungsleitstelle anrief. Vielleicht ein Konflikt vor dem Zubettgehen – während dieser anstrengenden Stunde am Abend, in der in gefährdeten Familien oft unsägliche Dinge passieren. Und danach haben die Mutter und ihr Freund dann beschlossen, eine Entführung zu inszenieren, um ihre Tat zu tarnen. Kleine Mädchen sollten auf dieser Welt, in ihren Familien sicher sein, aber es ist eine traurige Tatsache, dass sie das nicht immer sind. Inzwischen wurden die Mutter und ihr Freund in Gewahrsam genommen. Das Baby, das in jener Nacht in Tristas Auto angeschnallt war, ist bei Pflegeeltern untergebracht worden und in Sicherheit. Auch wenn mir Carols Neuigkeiten wehtun, gibt es so vieles, für das ich dankbar bin.

Auch Emily ist jetzt in Sicherheit. Das weiß ich. Ihr ist nicht kalt, sie ist nicht allein oder hat Hunger. Sie irrt nicht durch den Wald und läuft panisch zwischen den Bäumen umher wie in meinen Träumen. Sie sucht keine Rettung.

Sie ist zu Hause.

Und rundum von Liebe umgeben.

Eine Hand berührt meine Schulter und ich zucke zusammen. Doch dann begreife ich, dass es Mom ist. Sie hat sich einen Weg durch die Menge zu mir gebahnt. Die Falten um ihre Augen haben sich ein wenig geglättet genauso wie die auf ihrer Stirn. »Sie ist gut angekommen. Die Ärzte konnten die Verengungen mit einer Angioplastie und Stents beheben. Vielleicht bekommt sie später noch einen Bypass, wenn sie sich von der Notoperation erholt hat, aber sie ist jetzt stabil und auf dem Weg der Besserung.«

Meine Mutter schließt mich in die Arme und wir weinen und wiegen uns und atmen. Ich schließe nicht die Augen, sondern blicke mit Freudentränen in die Sonne. Trotz des umherschwimmenden Treibguts ist der Pamlico Sound heute schön. In der Ferne spielt eine Delfinschule. Die Tiere wirken fröhlich und ausgelassen, als wollten sie sagen: *Welcher Sturm? Er ist vorbei. Lass ihn los. Wir wollen das Leben feiern.*

Schließlich löst sich Mom aus unserer Umarmung und schaut mich ernst an. »Ich fahre nicht mit nach Hause. Ich bleibe hier. Ich weiß noch nicht, für wie lange. George habe ich bereits angerufen und mit ihm darüber gesprochen. Sandy braucht jemanden, der darauf achtet, dass sie sich schont, wenigstens bis sie wieder ganz bei Kräften ist.« Etwas in ihrer Stimme verrät mir, dass dieser Aufenthalt nicht nur vorübergehend sein könnte.

Die bevorstehende Trennung versetzt mir einen Stich. Obwohl wir uns mit unseren rauen Kanten immer wieder aneinander wund gerieben haben, waren meine Mutter und ich seit jenen Kokosnuss-Jahren nie weiter als wenige Kilometer voneinander entfernt. Künftig werden 1.500 Kilometer zwischen uns liegen.

Ich schlucke das Gefühl der Unsicherheit hinunter, das plötzlich in mir aufsteigt, und verdränge den traurigen, aber egoistischen Gedanken, dass sie sämtliche Höhepunkte im letzten Schuljahr ihrer Enkel verpassen wird.

»Das finde ich gut.« Ich muss mich zu diesen Worten zwingen.

»Aber zu den Festen der Kinder komme ich nach Hause. Ich will so viele miterleben, wie ich kann.« Wie das bei Müttern und Töchtern oft der Fall ist, kann sie meine Gedanken lesen. »Ich habe Bonusflugmeilen.«

»Die Schule wird dein ehrenamtliches Engagement sehr vermissen.« Bewusst spreche ich ein harmloseres Thema an, das nicht noch mehr Gefühle aufwühlt. Ich weiß, dass diese Entscheidung richtig ist, und will meiner Mutter nicht die Freude verderben.

Sie macht eine wegwerfende Handbewegung und schlägt dabei versehentlich einen Mann, der neben ihr steht. Nachdem sie sich entschuldigt hat, wendet sie sich wieder mir zu. »Vergiss die Schule! Die hätten mich zu schätzen wissen sollen, solange sie mich hatten.«

Ihre Antwort verblüfft mich. Es ist das erste Mal, dass sie loslässt und nicht sofort all die Gründe aufzählt, warum es falsch ist, Personalentscheidungen aufgrund des Alters oder Geschlechts zu treffen, anstatt jahrelange Berufserfahrung einzubeziehen.

Ein weiterer wichtiger Schritt. Vielleicht breiten wir beide gerade unsere Flügel aus. Vielleicht ist für uns beide Schmetterlingszeit.

Vielleicht geschieht diese Neugeburt von einem Stadium zum nächsten mehrmals im Leben. Vielleicht ist das Leben eine Aneinanderreihung von kleinen Toden und Neugeburten, von Übergängen und Übergangsriten, in denen Gott uns lehrt, uns nicht länger an eine Sache zu klammern, damit wir eine andere ergreifen können.

Wenn wir etwas krampfhaft festhalten, sind unsere Hände nicht frei für Neues.

Ich denke an die kleine Frau in dem großen weißen Haus in Fairhope. Tante Sandys Freundin, Jola Anne Poole. Sie ist einundneunzig Jahre alt und lebt trotzdem immer noch gern auf dieser unsteten Sandbank.

Während ich jetzt Schulter an Schulter neben meiner Mutter stehe und die Delfine beobachte, die sich im sonnenbeschienenen Wasser tummeln, begreife ich den tiefen Sinn von Jola Annes Worten: *Die Stürme kommen und eine Weile wird alles von Wasser und Wind beherrscht. Aber dann legt sich der Wind und das Wasser läuft wieder ab. Wir stehen wieder auf und der Boden unter unseren Füßen lässt eine neue Saat aufsprießen. Das ist der Lauf der Dinge.*

Die Gezeitenschwestern

Kapitel 1

Er kommt im Sommer, wenn die Luft still ist und die Ochsenfrösche im Riedgras quaken und die Ziegenmelker pausenlos ihre abgehackten Rufe ausstoßen: *Tschak-will-willo, tschak-will-willo …*

Mit dem Vogelgesang tanzt er federleicht über dem Nebel. Jung und stark ist er, wie ein Krieger, der über die schottischen Moore und Heidelandschaften zieht, aber der Morgendunst riecht nach dem Pamlico Sound und nach Schlickgras und Dschungelmoos, das überall wie ein endloser zerrissener Spitzenschleier hängt.

Er bringt den Geruch von alledem mit sich – von der Carolina-Lagune, von den erdigen Böden unter den Weiden und von den schwindelerregenden Höhen der Scheunendächer. Er trägt den geschmolzenen Asphalt alter Landstraßen an den Sohlen seiner langen, schlanken Füße und seine Fingerkuppen sind von den Maulbeeren verfärbt.

So habe ich ihn in Erinnerung. Immer nur in der Maulbeerzeit.

Die Maulbeerflecken verraten mir, dass er nicht echt ist. Sie verraten mir auch, dass er nur ein Fantasiegebilde ist, das durch schmerzliches Wunschdenken entsteht, durch Dinge, die nicht gesagt wurden, und Hoffnungen, die nicht in Erfüllung gegangen sind. Im Himmel gibt es keine Landstraßen, die unter der Sonne schmelzen, keine Maulbeerflecken. Nur in meinem Traum ist er zurückgekehrt.

Etwas in mir glaubt immer noch, es müsse eine Möglichkeit geben, das, was passiert ist, zu ändern. Etwas in mir, der Teil von mir, der schon Mitte dreißig ist, weiß, wie albern und kindisch das ist.

Aber die erste Liebe vergisst man nie, egal wie viel Zeit vergeht. Man hört nie ganz auf, sich zu fragen: *Was wäre gewesen, wenn …?*

Er lächelt und einen kurzen Moment lang erscheint er mir eher wie ein Junge als wie eine Nebelgestalt – sechzehn, selbstsicher, albern, süß, unverwüstlich. Er flüstert meinen Namen und ich höre seine Stimme.

Tandi … Hey, Tandi Jo … Tandi Jo aus Kokomo … Während er den Kopf ein wenig zurücklegt, funkeln seine leuchtend blauen Augen und sein langer Körper ist schlaksig und zäh. Er ist kein Junge mehr. Aber auch noch kein Mann. Gerade erst hat er den Führerschein gemacht und ist voller Tatendrang. Seit unserem letzten Sommerbesuch auf der Farm meiner Großeltern hat sich alles verändert: der Nachbarjunge und ich mich auch.

Ich strecke die Hände nach ihm aus und will eigentlich sagen: *Ich dachte, du wärst tot. Ich dachte, du wärst vor vielen Jahren gestorben.*

Plötzlich bin ich wieder das dreizehnjährige Mädchen, das, versteckt zwischen den Maulbeerbäumen und den Muskatellerreben, hoffnungslos verliebt war. Hoffnungslos, unschuldig, unerschütterlich. *Es ist echt,* flüstert mein Verstand. *Alles andere war nur ein Traum, ein langer, sonderbarer Traum.*

Tandi, sagt er wieder, nun mit tieferer Stimme. Das Lachen ist immer noch da, aber es klingt jetzt ganz anders.

Ich strecke die Hand aus, packe ihn an diesem alten, labberigen T-Shirt, das er so mag. Ich will mich an ihm festhalten wie damals, als wir im Sumpf am Bachufer herumgeklettert sind, von seiner Kraft und Wendigkeit zehren und ihn als Schleppleine benutzen.

Dann fühle ich, wie sich seine Hand über meine legt und sie zu einem Kuss an den Mund führt. »Auch hallo«, sagt er. »Wie ich sehe, hast du mich vermisst.«

Ich wache abrupt auf, blicke hoch und schaue in Augen, die nicht blau sind, sondern hellbraun. Die Haare sind keine seidigen goldenen Locken, sondern rotbraun. Die Haut ist nicht sonnengebräunt, sondern sommersprossig mit einem leichten Sonnenbrand auf der Nasenspitze.

»Paul!« Ich keuche seinen Namen, als wäre ich überrascht, dass er es ist.

Eine Falte gräbt sich in seine Stirn, eine Augenbraue zieht sich hoch, die andere nach unten. »Du hast jemand anderen erwartet?«

Ich setze mich auf, blicke mich blinzelnd um und stelle fest, dass ich in einem Schaukelstuhl auf der Veranda von Jola Anne Pooles weißem Herrenhaus sitze – das Haus, in dem sie Erinnerungsstücke an viele Jahrzehnte des Benoit-Transport-Imperiums sowie einundachtzig Schachteln mit Gebetsbriefen hinterlassen hat, in denen sie die Geschichte ihres langen Lebens hier auf Hatteras Island erzählt. Die Briefe in diesen Schachteln haben alles verändert. Sie sind der Grund, warum ich auf dieser Veranda sitze.

»Den Elektriker«, antworte ich, stehe aber mit einem Fuß immer noch in meinem Traum. Es ist ein sonderbares Gefühl, in diesem Erwachsenenkörper aufzuwachen. Luke Townley ist seit über zwanzig Jahren tot und die alte Farm meiner Großeltern auf der anderen Seite des Pamlico Sound in der Carolina-Lagune gibt es längst nicht mehr. Die klebrige Landstraße aus Teer und Schotter wurde inzwischen wahrscheinlich mit einem besseren Belag überzogen. Aber plötzlich fühle ich ihre klebrige Wärme an meinen Füßen. »Ich habe auf den Elektriker gewartet.«

»Und du wolltest nicht im Cottage warten?« Paul wirft einen fragenden Blick zum Hausmeister-Cottage, in dem die Kinder und ich seit über einem Jahr wohnen, während ich die Renovierungsarbeiten am Herrenhaus organisiere und überwache. Das Cottage wird bald in ein Büro und einen Souvenirladen umfunktioniert und das Haupthaus in ein Museum und ein historisches Zentrum für alle, die sich für die lange, farbenfrohe Geschichte der Outer Banks und den Stammbaum ihrer Familien interessieren.

»Der Elektriker hat mich schon dreimal versetzt.« Ich schiebe mich steif auf die Beine, stemme die Hände in die Hüften und blicke zur Auffahrt hinunter. »Dieses Mal bleibe ich bis um fünf Uhr hier auf der Veranda sitzen, wo er mich nicht übersehen kann. Damit er nicht behaupten kann, er wäre hier gewesen und hätte an die Tür geklopft, aber niemand hätte ihm aufgemacht.«

Paul beugt sich vor, schiebt zärtlich die Finger durch mein Haar und lenkt mich einen Moment von meinem Ärger über den Handwerker ab. Dann küsst er meine schmollenden Lippen. Das Benoit-Museum steht kurz vor der Eröffnung und sehr viele Renovierungsarbeiten wurden von Ehrenamtlichen geleistet. Diese Unzuverlässigkeit bei Arbeiten, für die wir tatsächlich Geld *zahlen*, raubt mir den letzten Nerv. Ich muss das alles vor der Hochzeit fertig haben, denn gleich danach brechen Paul und ich zu unserer Traumhochzeitsreise auf.

»Ich kann mir gar nicht vorstellen, dass dich jemand versetzt«, flüstert er mir ins Ohr, bevor er den Kopf zurückzieht und mich ansieht.

»Das sehe ich genauso.« Ich halte meine mit Farbe beklebten Hände hoch und posiere vor ihm. Ich kann mir gut vorstellen, was Paul sieht: eine gestresste Frau mit blutunterlaufenen blauen Augen und braunen Haaren, die aus einem mit Gipsstaub bedeckten, zerzausten Haarknoten gerutscht sind. Seine künftige Braut. Wenn er nicht so ein unglaublicher Mann wäre, hätte er längst das Weite gesucht. *Ich* würde mich im Moment nicht heiraten. »Ich stehe ernsthaft kurz davor, heute jemandem den Hals umzudrehen.«

»Aber nicht mir, okay?« Er tritt einen Schritt zurück und grinst mich verspielt an. In seinem grellen Hawaiihemd und den Shorts, die farblich überhaupt nicht dazu passen, sieht er aus wie einer der Beach Boys am Waschtag. Sein eigenwilliger Modegeschmack ist bei seinen Schülern legendär. Sie schließen Wetten ab, in welchen Klamotten ihr Biolehrer das nächste Mal erscheint. »Ich habe dich erlebt, wenn du auf jemanden so sauer bist, dass du ihm am liebsten den Hals umdrehen willst. Ich weiß, wie gefährlich du dann bist.«

Ich muss unwillkürlich lachen und meine verkrampften Kinnmuskeln entspannen sich ein wenig. Paul schafft es immer, mich zum Lachen zu bringen. Er ist phänomenal gelassen, als müsse er der Welt nichts – aber auch gar nichts – beweisen.

Diese Gelassenheit hätte ich auch gern.

Durch die Fenster meines gemieteten Cottage sehe ich Zoey und J. T., die im Kühlschrank nach etwas zu essen suchen. Nach einem langen Tag, an dem sie mit Paul und den anderen Kindern vom Sommercamp Schildkrötennester im Küstennationalpark markiert haben, haben sie bestimmt einen Bärenhunger. Es gibt nicht viele Aktivitäten, für die sich eine Fünfzehnjährige und ein Zehnjähriger gleichermaßen begeistern können. Sie werden mir ihre Erlebnisse bestimmt ausführlich schildern, wenn wir uns später endlich alle zum Abendessen an den Tisch setzen.

Ich rufe mir ins Gedächtnis, dass es schlimmere Probleme gibt als einen Elektriker, der durch Abwesenheit glänzt. Noch vor etwas über einem Jahr wäre für mich ein solches Leben völlig unvorstellbar gewesen. Da waren wir nämlich auf der Flucht vor einem Mann und ich hatte Angst, dass er uns in jedem Versteck aufspürt. Vor etwas über einem Jahr hätte ich mir all das nicht vorstellen können: einen Mann wie Paul und eine Liebe, die nicht wehtut, und Pläne für eine Strandhochzeit und Traumflitterwochen mit diesem wunderbaren Menschen, der mir das Gefühl gibt, perfekt zu sein, so wie ich bin.

Aber ich kann erst zu den Flitterwochen aufbrechen, wenn das Benoit-Museum eröffnet ist. Das ist das Mindeste, was ich Jola Pooles Gedächtnis schuldig bin. Das bin ich auch den Menschen auf Hatteras Island und in Fairhope schuldig. Nach zwei verheerenden Hurrikans brauchen sie die Einnahmen, die ihnen das Benoit-Museum bringen wird – durch Touristen und die Hochzeiten, Feste und Veranstaltungen, die im großen Ballsaal im Benoit-Haus stattfinden werden. Das Haus ist bereits für die ersten sechs Monate ausgebucht.

Ich muss sicherstellen, dass alles rechtzeitig fertig ist, aber mir läuft die Zeit davon. In acht Tagen ist die große Eröffnung.

Eine Woche später wollen Paul und ich in einem abgelegenen Haus über den Felswänden in den Smoky Mountains sein – eine romantische Hochzeitsreise, aber gleichzeitig eine Forschungsreise für Paul, der an einer Studie über einheimische und invasive Pflanzen arbeitet. Wir freuen uns auf die kühle, frische Luft und die unberührte Natur. Verglichen mit den heißen, hektischen Sommermonaten auf den Outer Banks klingt unsere Hochzeitsreise fernab der Zivilisation paradiesisch.

Die Renovierungsarbeiten am Benoit-Haus *werden* rechtzeitig abgeschlossen sein, selbst wenn ich persönlich über den großen Dachboden im zweiten Stock kriechen und die Leitungen eigenhändig verlegen muss. Im Gegensatz zu einigen ehrenamtlichen Mitarbeitern hier habe ich keine Angst vor dem Dachboden. Dieses Haus ist wie ein alter Freund, der einen in den schlimmsten Momenten in die Arme nimmt und nicht fallen lässt. Trotz der schwierigen und tragischen Anfänge dieses Hauses strahlt es Jola Pooles freundlichen Geist aus und erfüllt jeden stillen Winkel und jede verborgene Nische mit Wärme.

In diesem Moment würde auch sie dem Elektriker wahrscheinlich am liebsten den Hals umdrehen.

»Kann ich irgendetwas tun, um dir zu helfen?«, fragt Paul. In mir regt sich sofort ein eigensinniger Widerstand. Da Paul den Bärenanteil der Kosten für die Hochzeit und die Hochzeitsreise bezahlt und die Frauen aus *Sandys Muschelladen*, wo ich eine Teilzeitstelle habe, mir bei den Planungen, der Dekoration und der Zusammenstellung des Menüs unter die Arme greifen, nehme ich ohnehin schon viel zu viel Hilfe von anderen in Anspruch.

Ich habe immer noch das Gefühl, dass ich das alles gar nicht verdiene. Das ist einfach so. Wenn ich dafür sorgen kann, dass das Benoit-Museum rechtzeitig fertig ist und eröffnet werden kann, bin ich dieser Liebe vielleicht würdig. So fühle ich mich jedenfalls. Auch wenn ich es besser weiß.

Echte Liebe rechnet nicht auf. Sie ist nicht die Reaktion auf meine Leistungen oder irgendetwas anderes. Sie ist ein Geschenk, an das keine Bedingungen geknüpft sind.

Diese Erkenntnis habe ich den Briefen in Jola Pooles Gebetsschachteln entnommen, aber es dauert seine Zeit, bis dieses Wissen aus meinem Kopf in mein Herz vordringt. Vollständig angekommen ist es immer noch nicht.

»Du machst ohnehin schon viel zu viel.« Ich beiße mir auf die Lippe und lächle Paul entschuldigend an.

»Ein Zuviel gibt es nicht.« Als er einen Schritt auf mich zukommt und mich in die Arme nimmt, hüllt mich eine spürbare Liebe honigsüß und warm ein. »Weißt du was? Ich fahre mit den Kindern nach Buxton und wir kaufen etwas für heute Abend. Dann ist das Abendessen gesichert, auch wenn der Elektriker erst später kommt.«

»Du denkst wirklich an alles.«

»Ja, ich weiß. Ich bin gut.« Jetzt nimmt er sich die Zeit, mich richtig zu küssen, und mir wird erneut bewusst, wie sehr ich mich auf unsere Flitterwochen freue. Vielleicht sollte ich das Museum einfach vergessen und mit Paul durchbrennen.

»Und du bist bescheiden«, füge ich neckend hinzu. Ich schaue ihm zu, wie er zum Cottage schlendert und auf halbem Weg bei seinem Pick up stehen bleibt, um sich seinen allgegenwärtigen Fischerhut zu schnappen und aufzusetzen. Er dreht den Kopf zu mir um und zwinkert mir zu. Auf diesen Hut ist er sehr stolz.

Ich winke ihm zu, dann verschränke ich die Arme vor der Brust und verkrampfe sie. Warum sehe ich plötzlich Luke Townley im Licht der Nachmittagssonne vor mir, während Paul über den Rasen geht? Warum taucht er heute so hartnäckig in meinen Gedanken auf?

Warum kommt Luke ausgerechnet jetzt zurück, wo alles so perfekt ist, und lässt mir keine Ruhe?

Ist das einfach die Nervosität vor der Hochzeit? Oder meine Unsicherheit, ob ich für Paul gut genug bin? Frage ich mich, ob ich nach so vielen schlechten Entscheidungen und gescheiterten Beziehungen Paul schützen sollte, indem ich einfach verschwinde? In meinem Kopf sitzt ein Dämon, der mir zuflüstert, dass in mir nichts Wertvolles oder Begehrenswertes steckt. Er klingt wie die Stimme meines Vaters.

Luke Townley hat meinen Vater verabscheut. Vielleicht ist er gekommen, um mir zu helfen, diesen Dämon zu bekämpfen. Unseren gemeinsamen Feind endlich zu besiegen.

Ich schließe die Augen und bete um die Kraft, die Vergangenheit ruhen zu lassen. *Du bist nicht deine Mutter oder dein Vater oder deine Schwester. Du bist du.* Das sagt mir Sandy aus dem Muschelladen immer wieder. Obwohl ich nur an zwei Nachmittagen in der Woche bei ihr arbeite, spürt sie meine innere Unruhe.

Ein Auto biegt aufs Gelände und Paul zögert auf der Veranda des Cottages. Dann dreht er sich zu mir um und schreit über den Rasen: »Hey, vielleicht ist das dein Elektriker?«

Ich halte die Hand als Sonnenschild über die Augen und betrachte das dunkle Fahrzeug, das auf das Herrenhaus zusteuert. Es sieht nicht nach dem Wagen eines Elektrikers aus und eigentlich ist es auch schon viel zu spät, um heute noch mit der Arbeit anzufangen, aber ich gebe die Hoffnung nicht auf. *Vielleicht hat er sich ja den Wagen seiner Frau ausgeliehen? Solange er das nötige Werkzeug dabeihat, kann er meinetwegen auch auf einem Maultier angeritten kommen.*

Als er schnell am Hausmeisterhaus vorbeifährt, so als wisse er, dass er spät dran ist, wächst meine Hoffnung. Aber im Auto sitzt nur ein einziger Mann. Wie will er ohne einen zweiten die Leitungen verlegen? Für diese Arbeit sind mindestens zwei Personen nötig. Jemand muss sich durch die schmalen Winkel zwängen und über den Dachboden kriechen, während ihm eine zweite Person das Material und Werkzeug reicht.

Als der Mann aus dem Auto steigt, zieht sich mein Magen zusammen. Das ungute Gefühl, das mich quält, seit ich aufgewacht bin, brüllt jetzt wie ein Löwe. Er trägt ein weißes Hemd mit Krawatte und darüber eine offiziell aussehende Nylonweste. Ich hoffe, er kommt nicht von der Bezirksverwaltung, um uns den nächsten Knüppel zwischen die Beine zu werfen. Wir mussten schon so viele bürokratische Hürden überwinden.

Paul macht auf der Veranda kehrt und kommt auf mich zu.

Ich gehe die Stufen hinab und schaue den Fremden an. Er hat Papiere in der Hand. Der Schriftzug auf seiner Weste verkündet: *gerichtlicher Zustelldienst.*

Vielleicht ist er hier, um etwas zu verkaufen? Oder das Haus für eine Firmenfeier zu buchen? Oder ein Angebot für die Gartengestaltung abzugeben?

»Sind Sie Tandi Jo Reese?« Sein Auftreten ist sachlich nüchtern und verlangt eine schnelle Antwort. Er ist muskulös gebaut und könnte ein pensionierter Ausbildungsoffizier oder Polizeibeamter sein.

»Ja.« Der Teil von mir, der sich an ein Leben erinnert, in dem ich vor dem Jugendamt, vor Schuldeneintreibern und Drogendealern weggelaufen bin, verkrampft sich instinktiv. Aber ich habe jetzt nichts zu verbergen.

»Ich habe Papiere für Sie.« Er schiebt sie mir so eindringlich hin, dass ich sie reflexartig nehme. Plötzlich habe ich das Gefühl, dass dies alles Teil seines Plans ist.

»Was? … Ich …«, stammle ich völlig überrumpelt. Paul ist jetzt bei uns angekommen und stellt sich neben mich. Er hat die Daumen in seine Hosentaschen gesteckt und legt den Kopf schief, um einen Blick auf die Dokumente zu werfen, die ich jetzt in der Hand habe.

»Sie sind die Tandi Jo Reese, die nebenan im Cottage wohnt?«, fragt der Fremde nach, während er, von Paul eingeschüchtert, einen Schritt zurückweicht.

»Ja.«

»Dann sind diese Papiere für Sie. Eine Empfangsbestätigung ist nicht erforderlich.«

Was ist hier los? Er macht sich vom Acker, noch bevor ich diese Frage aussprechen kann. Der dunkle Wagen wendet überhastet vor Jolas schönem, altem Haus und rast dann auf der mit zerbrochenen Austernschalen bestreuten Einfahrt davon.

»Was hatte das zu bedeuten?« Verständnislos blickt Paul dem Auto nach.

Ich starre die Papiere an und blättere sie dann schnell durch. Seitdem ich das Museumsprojekt leite, hätte ich eigentlich einen Ehrendoktortitel in Jura verdient. Inzwischen verstehe ich das juristische Kauderwelsch so gut, dass ich begreife, was auf diesem

Dokument steht. Das Problem ist aber, dass es immer noch keinen Sinn ergibt.

»Das war ein gerichtlicher Zustelldienst.« Ich schaue Paul an und bin zutiefst erleichtert, als ich in seiner Miene nicht den geringsten Vorwurf oder Argwohn sehe, sondern nur absolute Verblüffung. »Jemand hat mich angezeigt wegen … Vertragsbruchs, vorsätzlichen Betrugs und irgendeiner anderen Sache, die ich nicht verstehe, bei einem … Immobilienverkauf. Aber ich habe noch nie eine Immobilie besessen.«

Kapitel 2

»Also, es sieht so aus, als gäbe es einen Kaufvertrag für dein Grundstück. Jedenfalls wurde eine Anzahlung geleistet und dann sind wohl Probleme wegen einer Steuerpfändung aufgetaucht, weil die vertraglich festgelegte Eigentumsübertragung nicht erfolgt ist. Der Verkäufer – das bist du – hat dann zugesagt, diese Dinge binnen dreißig Tagen in Ordnung zu bringen und klare Besitzverhältnisse zu schaffen. Der Verkäufer – wieder du – hat diese Zusagen aber angeblich nicht eingehalten. Die Käufer wollen nun aber nicht nur ihr Geld zurück, sondern verklagen dich wegen Vertragsbruchs und Behinderung des Eigentumsübergangs und bestehen darauf, dass der Vertrag erfüllt wird. Das heißt, sie wollen dich zwingen, das Eigentumsrecht abzugeben und ihnen das Land zu verkaufen«, sagt Vince und nippt an einem großen Frappé an der Kaffeebar von *Sandys Muschelladen*. Er lehnt sich zurück, legt einen Fuß, an dem ein Flipflop baumelt, über das andere Knie und sieht genauso selbstbewusst aus wie in seinen Werbespots, mit denen er neue Mandanten zu gewinnen versucht. Seit er auf die Outer Banks gezogen ist, gehört er zu Sandys besten Kunden und mir fällt, ehrlich gesagt, niemand sonst ein, den ich fragen könnte. Einen Rechtsanwalt kann ich mir einfach nicht leisten.

»Vince, ich *besitze* kein Grundstück«, beharre ich erneut. »Und ich habe auch von *niemandem* eine Anzahlung ergaunert. Ich habe keine Ahnung, was das alles soll.«

Sandy runzelt die Stirn und ihr kurzes blondes Haar steht ab, während sie sich über das Dokument beugt. Die Fältchen um ihre Augen vertiefen sich bedrohlich in dem Schatten, den das Licht nach Ladenschluss wirft. »Hier handelt es sich offensichtlich um eine Verwechslung. Aber wie werden wir diese Leute wieder los? Wie kommen wir aus dieser Sache heraus?«

Jetzt geht es nicht mehr um *mich*, sondern um *uns*. Muschelladen-Sandy ist kampfbereit und offensichtlich auch ihr kleiner Hund, Chum. Er legt seine Pfoten auf den Tisch und zeigt Vince seine Bulldoggen-Zähne.

Vince hebt abwehrend beide Hände, während die Abendbrise durch die Fliegengittertüren weht und das dünne Haar hochhebt, mit denen er seine kahlen Stellen verdecken will. »Hey, lasst euren Ärger nicht an mir aus. Ich sage euch nur, was hier steht.«

»Also … was ist der nächste Schritt?« Wie üblich ist Paul die Stimme der Vernunft. Ruhig, klug, zuversichtlich. Absolut sicher, dass ich nichts falsch gemacht habe, und das habe ich auch *nicht*. Trotzdem habe ich das Gefühl, dass ich vielleicht irgendetwas übersehe. Ich denke an den Mann, vor dem ich auf der Flucht war, als ich nach Hatteras kam: Trammel Clarke. Zwielichtige Geschäfte waren seine Spezialität. Könnte er hinter dieser Sache stecken?

»Hast du irgendwelche Feinde?« Vince scheint meine Gedanken zu lesen.

»Es handelt sich um eine *Verwechslung*«, wiederholt Sandy hartnäckig. »Du sagst uns, was wir tun müssen, Vince, und ich versorge dich in den nächsten zwanzig Jahren mit Frappés. Dich und Natalie.«

Das Lächeln von Vince wird ein wenig sanfter. Er ist den Muschelladenschwestern dankbar, dass sie seine deutlich jüngere Frau unter ihre Fittiche nehmen, statt sie so zu behandeln, wie es Frauen Mitte zwanzig, die einen wesentlich älteren Mann heiraten, oft erleben.

»Washington County …« Vince nimmt sein iPad. »Soweit ich mich erinnern kann, gibt es da draußen nicht viel. Ich habe dort einmal eine Anklage gegen ein Gasunternehmen geführt, als eine Gasleitung neben dem Haus einer Frau explodiert ist. Wir haben den Prozess gewonnen und sie mussten zahlen.« Der letzte Teil ist ein direktes Zitat aus einem seiner Werbespots. »Dann schauen wir doch einmal, wo sich dieses Grundstück überhaupt befindet.« Er blättert in den Seiten und liest die Beschreibung der besagten Immobilie noch einmal. »Bist du dir sicher, dass du in Washington County niemanden kennst?«

»Absolut.« Aber mein Verstand arbeitet jetzt auf Hochtouren. *Washington County … Washington County …* Ganz vage klingelt bei dem Namen etwas, aber ich komme nicht darauf, was es sein könnte. »Wo ist das denn?«

Vince peilt den Ort auf seinem iPad an. »Einen Moment bitte. Ich muss nur die Koordinaten eingeben.«

Jahrmarkt von Washington County. Es hat bei mir geklingelt.

»Die Koordinaten sind drin. Gleich müsste es kommen«, sagt Vince.

Ich erinnere mich an ein altes Schwarz-Weiß-Foto … einen Schnappschuss von einem Stier, der einen Preis gewonnen hat und mit einem Siegeskranz geschmückt wurde.

»Einen Moment noch …«

Die Stimme von Vince tritt in den Hintergrund, während das Bild in meinem Kopf immer schärfer und deutlicher wird. Neben dem Foto von dem Stier hängt eine Schleife. Früher einmal war sie blau, jetzt ist sie zu einem blassen Violett ausgebleicht. *Beaufort-Washington-Zuchtrinder-Wettbewerb 1968* steht auf der Schleife. *Bester Stier.*

»Mann, ist das Internet heute wieder langsam«, höre ich Vince seufzen. »Okay, da ist es. Wir zoomen die Satellitenansicht näher heran, dann sehen wir, was da unten ist. Also … es sieht aus wie ein Haus … und einige Außengebäude …«

Ich beuge mich über das iPad, aber irgendwie weiß ich bereits, was ich darauf erkennen werde. Die Finger von Vince gleiten über den Bildschirm und vergrößern die Satellitenansicht auf ein altes Haus mit Stall. Im Geiste purzle ich aus der Erdumlaufbahn und immer weiter nach unten, bis ich in der winzigen Welt auf dem Bildschirm lande.

Ich fühle die alten Schindeln auf dem Scheunendach, ich kenne ihre kratzige Oberfläche und das Netz aus spitzen und gewellten Abdrücken, die sie auf meiner Haut hinterlassen, wenn ich aufstehe … wenn Luke Townley meine Hand nimmt und mich auf die Beine zieht und wir die Leiter am Silo herunterklettern und uns dann in seinem Mondschatten verstecken, wo uns niemand sehen kann, nicht einmal wir selbst.

Von der Veranda des Hauses ruft jemand meinen Namen. Luke schmunzelt nur, zieht an meiner Hand und flüstert: *Komm mit. Ich habe eine Idee.*

Als ich zögere, zieht er kräftiger und die unsichtbaren Wurzeln, die meine Füße festhalten, fallen von mir ab und wir fliehen durch den Tau der Nacht aufs Maisfeld, wo uns niemand finden kann. Ich erkenne, dass die rufende Stimme die meiner Schwester ist. *Sie* ruft mich, nicht Mama oder Papa, und meine Angst verfliegt. Denn Gina tut mir nicht weh.

Gina!

Ein lautes Keuchen kommt mir über die Lippen. Sandy, Vince und Paul drehen gleichzeitig den Kopf zu mir.

Vor Schmerzen zieht sich mein Magen zusammen, als mir bewusst wird, dass ich einen Feind habe, besser gesagt eine Feindin.

»Gina«, flüstere ich. Ich massiere mir kräftig die Schläfen, so als könnte ich Gina wie einen Muskelkater wegmassieren. Wenn es nur so leicht ginge! Jedes Mal, wenn mein Leben in geordneten Bahnen verläuft und durch die nächste Katastrophe erschüttert wird, ist meine Schwester irgendwie daran beteiligt. Es ist, als hätte sie für so etwas einen besonderen Radar. Als wüsste sie ganz genau, egal, wo sie sich in der Zwischenzeit herumgetrieben hat, wann sie auftauchen muss, um den größtmöglichen Schaden anzurichten. Irgendwie hat sie wahrscheinlich von unserer bevorstehenden Hochzeit erfahren. Und so wie Gina und ich nach unserer letzten Begegnung auseinandergegangen sind, lechzt sie zweifellos nach Blut. »Das hat mit Gina zu tun.«

Pauls Augen weiten sich unbehaglich und Sandys Brauen ziehen sich bedrohlich zusammen. Vince sieht mich nur verwirrt an. Meine Schwester ist nach ihrem kurzen Besuch auf den Outer Banks wieder verschwunden, bevor Vince und Natalie nach Hatteras Village gezogen sind. Vince hat keine Ahnung, womit wir es hier zu tun haben.

»Falls sich diese Person Hatteras auch nur auf hundert Meter nähert, packe ich sie an ihrem blonden Pferdeschwanz und schleudere sie durch die Luft, bis ihr die Augen heraustreten.« Sandys Lippen verziehen sich zu einer finsteren Miene.

Irgendwie schmerzt mich ihre Meinung von meiner Schwester, auch wenn meine Reaktion völlig unlogisch ist. Werde ich mich je ganz von diesen bizarren Familienbindungen befreien können? Gina ist meine letzte noch lebende Blutsverwandte, das stimmt, aber was muss sie noch alles machen, bis ich sie nicht mehr als meine Schwester betrachte? Bis ich nicht mehr das Gefühl habe, ihr etwas schuldig zu sein?

»Gina? Wieso?«, fragt Paul vorsichtig.

»Das ist die Farm meiner Großeltern.« Ich deute auf den Bildschirm. »Sie befindet sich in der Lagune in der Nähe von Wenona. In Washington County.«

»Das erklärt einiges.« Vince nickt, als würde diese Information irgendwie zur Klärung beitragen.

»Aber meine Großeltern sind schon vor Jahren gestorben. Und die Farm ist auch weg.« Ich starre das Bild an und versuche, irgendwie aus der Sache schlau zu werden. »Meine Großmutter hat sie verkauft, um das Pflegeheim für meinen Großvater zu bezahlen, nachdem er einen Schlaganfall erlitten hatte.« Ich zermartere mir den Kopf, um herauszufinden, woher ich das weiß. Anscheinend habe ich es irgendwann aufgeschnappt, während ich als Jugendliche bei Pflegeeltern gewohnt habe. Vielleicht hat es Gina auch bei einem Geschwisterbesuch erzählt.

»Eine Immobilie, die dir gar nicht gehört, kannst du auch nicht verkaufen«, stellt Vince klar.

»Du kennst meine Schwester nicht.«

»Ihr ist alles zuzutrauen«, gibt mir Sandy recht.

Vince reicht mir die Dokumente. »Ich muss bis Montag warten, dann arbeiten die Behörden wieder. Vorher kann ich keine weiteren Details erfahren, aber in dieser Klage steht kein zweiter Name. Nur deiner. Vielleicht wurde gegen deine Schwester eine getrennte Klage erhoben.«

»Ich kann nicht glauben, dass Gina meinen Namen bei irgendeinem … Betrugsversuch benutzt. Von Immobilien hat sie überhaupt keine Ahnung.« Aber Tatsache ist, dass Gina sehr erfinderisch ist, wenn sie wütend oder verzweifelt genug ist.

»Jedenfalls müssen wir diese Klage abschmettern. Etwas anderes bleibt uns nicht übrig.« Sandy hat ihr Pokerface aufgesetzt. »Wir alle können bezeugen, dass Tandi im vergangenen Jahr nicht einmal in der Nähe von Washington County war. Sie ist die ganze Zeit bei uns auf Hatteras gewesen und hat gearbeitet.«

»Wie ist in diesem Fall das Prozedere?«, fragt Paul. »Wie lange wird die Sache ungefähr dauern?«

Ich sehe seinen Blick und weiß, was er denkt. Sofort denke ich das Gleiche. Unsere Hochzeit. Unsere Hochzeitsreise. Heute in zwei Wochen wollen wir bei Sonnenuntergang am Strand vor einem Pfarrer stehen. Wir sollten über Blumen und Fingerfood und die süßen kleinen Seestern- und Strandglas-Serviettenringe sprechen, die Sandy auf den Tischen verteilen will. Stattdessen müssen wir uns mit Immobilienbetrug herumschlagen.

Ich sollte auf Wolke sieben schweben, aber stattdessen bewege ich mich wie auf Rasierklingen. Die Erkenntnis kommt plötzlich und brutal: Während wir die Serviettenringe gebastelt und Pläne geschmiedet und Überlegungen angestellt haben, habe ich nie wirklich daran geglaubt, dass diese Hochzeit tatsächlich stattfinden wird. Tief in meinem Herzen weiß ich schon die ganze Zeit, dass so etwas – eine Traumhochzeit, Freunde, die mir näherstehen als eine Familie, ein Mann wie Paul Chastain – Leuten wie mir verwehrt ist.

Du hältst dich wohl für etwas Besseres! Diese Stimmen sind zwar alt, aber sie sind immer noch da und immer noch laut. Meine Mutter, mein Vater, meine Schwester, meine Tante Marney. *Du meinst wohl, du wärst etwas ganz Besonderes? Für Leute wie uns gibt es so etwas nicht.*

Meine Schuldgefühle ersticken mich fast und ich drücke die Finger noch fester auf meine Schläfen. Ich habe Paul und die Muschelladenschwestern ungewollt in diese Sache mit hineingezogen, weil ich nicht verhindert habe, dass sie mich in ihr Herz geschlossen haben. Weil ich zugelassen habe, dass sich Paul in mich verliebt hat. Weil ich mich in ihn verliebt habe. Er ist ein normaler Mann aus einer normalen Familie und hat keine Ahnung, wie kaputt manche Familien sein können.

»Ich kümmere mich darum.« Entschlossen nehme ich meine Handtasche vom Tisch und marschiere auf die Tür zu. Der lähmende Schock und die entsetzliche Fassungslosigkeit verwandeln sich sekundenschnell in einen Kampfanzug aus glühend heißem Zorn.

Wie kann Gina es wagen!

Wie kann sie es wagen, meinen Namen zu benutzen! Wie kann sie es wagen, den Ort, an dem wir immer geliebt und beschützt und liebevoll versorgt wurden, zu beschmutzen! Diese Farm in der Lagune ist heiliger Boden.

»Warte einen Moment!« Als Paul aufsteht, kratzt sein Stuhl über die unebenen Bodendielen.

»Wo willst du hin?«, ruft Sandy mir nach.

»Das weiß ich noch nicht.« Aber das stimmt nicht. Ich weiß ganz genau, wo ich hinwill.

Und ich weiß auch: Es war kein Zufall, dass ich erst vor wenigen Stunden aus einem Traum von der Mulberry Road und Luke Townley aufgewacht bin.

Kapitel 3

Die Mulberry Road hat sich nicht verändert. Der Straßenbelag besteht immer noch aus klebrigem schwarzem Teer, der unter den Reifen einsinkt. Die unscheinbaren Bauernhäuser, die alten Scheunen und Mobilheime der Farmarbeiter sehen so aus, als hätten sie ihre beste Zeit schon lange hinter sich. Die Felder mit dem reifen Tabak, den hohen Muskateller- und Scuppernong-Reben und den Maispflanzen, die alles überragen, bilden ein Patchwork aus Sommereindrücken, die vom Morgentau überzogen sind – klein, groß, Blätter, Fransen, Blüten, unzählige Grünschattierungen.

Briefkästen klammern sich an schiefe Pfosten. Stromleitungen hängen träge durch. Die Kanäle, die von den Bauern regelmäßig gereinigt werden, sind stellenweise immer noch von den Spuren von Rinderhufen und Kinderfahrrädern durchzogen. Als ich über eine Brücke fahre, die es schon gab, bevor meine Mutter hier geboren wurde, verlangsame ich mein Tempo, schaue zu dem Graben hinab und erinnere mich, wie ich mit ganzer Kraft in die Pedale getreten und darauf zugesteuert bin. In letzter Sekunde habe ich dann die Füße von den Pedalen genommen und gewartet, dass das alte Kinderrad einen kurzen Augenblick flog, vom Rand abhob, den Hang hinabschlingerte und auf der anderen Seite wieder nach oben rollte.

Heutzutage sind solche Fahrräder, wie wir sie in Opas Scheune fanden, in Sendungen wie *Bares für Rares* heiß begehrt. Was wurde wohl aus ihnen? Gab es eine Haushaltsauflösung mit Flohmarkt, als meine Großmutter die Farm einem neuen Eigentümer überschrieb, oder wurde das Anwesen mitsamt dem Inventar verkauft? Wer wohnt jetzt dort?

Einen kurzen Moment träume ich davon, dass die Fahrräder immer noch in der Scheune sind, wo wir sie in jenem letzten

Sommer bei unserer eiligen Abreise zurückgelassen haben. Ich male mir aus, sie lehnen an der Wand einer ehemaligen Pferdebox, in der früher Ackergäule untergebracht waren.

Plötzlich will ich nicht zurückkehren und feststellen müssen, dass sie fort sind, dass in dem Haus eine neue Familie wohnt und von damals nichts geblieben ist außer den Geistern der Vergangenheit, die immer noch in den verborgenen Winkeln auftauchen. Aber ich weiß, dass ich zurückkehren muss – zur Farm, zu dem, was war, zu den Geistern.

Früher oder später kehrt die Zukunft immer in die Vergangenheit zurück.

Ich bin wieder da, wo vieles angefangen hat. Allein. Gegen Pauls ausdrücklichen Wunsch und trotz Sandys Protest und einer Warnung von Vince, dass ich keinen Fuß auf das Land setzen soll, um das es bei diesem Rechtsstreit geht, und mit niemandem über die Anklage sprechen soll, bevor er morgen, wenn die Ämter wieder geöffnet haben, mit den zuständigen Stellen telefonieren kann. Bis dahin will er so viel wie möglich in Erfahrung bringen, hat er versprochen. Ich habe Paul überredet, bei den Kindern zu bleiben, und Sandy, sich um die laufenden Hochzeitsvorbereitungen zu kümmern. Und Vince habe ich erklärt, dass ich nicht im Traum daran denken würde, ihn zu bitten, mich kostenlos in die Lagune zu begleiten.

Fakt ist, dass ich diese Fahrt allein unternehmen muss. Ich muss verhindern, dass die Vergangenheit noch mehr Schatten auf meine Gegenwart wirft. Dafür bin ich zu allem bereit. Ich stelle mich sogar den Geistern der Vergangenheit. Und meiner Schwester.

Falls ich sie finden kann. Diesen betrügerischen Immobilienverkauf kann sie auch aus der Ferne durchgezogen haben. Sie könnte inzwischen wieder in Texas sein, obwohl ich das bezweifle. Ich habe eher das Gefühl, dass sie diese Sache vor Ort ausgeheckt hat.

Ich lasse ein Kiefernwäldchen hinter mir, das ein früheres Doppelsilo eines Nachbarn umgibt, und sehe es vor mir: das alte weiße Haus mit seinen drei hohen Giebeln. Dahinter steht die Scheune mit dem Walmdach, die immer rot gestrichen war. Jetzt hat sie die graue Farbe von verwittertem Holz. Als ich näher komme, stelle ich fest, dass Bretter fehlen. An einigen Stellen kann ich bis zum Himmel auf der anderen Seite durchschauen. An der einen Seite hängt das Dach über der Veranda schief, die um das ganze Haus herumführt, und ein Pfosten fehlt. Die Zufahrt wird offensichtlich noch benutzt. Eine Schotterschicht bedeckt die schwarze Erde und zwei breite Fahrrillen, zwischen denen das Gras hoch gewachsen ist, sind gut zu erkennen.

Der Obstgarten hinter dem Haus ist völlig verwildert, aber ich sehe hier und da Obstbäume – Birnen, Datteln, Feigen, die kleinen grünen Äpfel, die Oma im Herbst immer zu Apfelbutter verarbeitet hat.

Ich wende in der Einfahrt und überlege, ob es immer noch den Maulbeerhain hinter dem alten Obstgarten gibt. Einige Maulbeerbäume sind entlang des Zauns am Rand des Hofes wild gewachsen, da Vögel auf dem Zaun gesessen und die Samen fallen gelassen haben. Opa hätte die Schösslinge ausgegraben. Dieser Hof wurde immer genauso ordentlich geführt wie die Kassenbücher eines Buchhalters. Alles hatte seinen Platz. Alles war repariert und funktionsfähig. Nichts wurde weggeworfen. Die Geräte und die Möbel wurden instandgesetzt, neu gestrichen, aufgepolstert und weiter benutzt.

Jetzt ist von der Farm, wie sie früher war, kaum noch etwas zu erkennen. Sie wirkt wie eine traurige Fremde, als ich aus dem Auto steige, mir die Hand über die Augen lege und zu den Giebeln hinaufblicke. Es ist, wie wenn man einen Obdachlosen am Straßenrand sieht und einen Moment lang glaubt, sein Gesicht zu erkennen. Könnte er ein alter Freund sein, den man vor langer Zeit aus den Augen verloren hat? Ein Teil von dir will einfach weitergehen, will das gar nicht wissen.

Hinter den welligen Fenstern sehe ich im Geiste Oma in unserem rosa gestrichenen Zimmer stehen. *Heute wird ein herrlicher Tag, ein richtig schöner Tag. Steh auf, Kind. Der Hahn hat schon gekräht und die Hühner legen schon seit Stunden ihre Eier …* Ihr typischer Dialekt aus den Blue Ridge Mountains hüllt mich wie Musik ein, während ich meine dürren Arme strecke und das Quietschen von Opas altem Stuhl unten höre. Er hat sich auf eine Seite gedreht, die Zeitung weggelegt und bereitet den kleinen, warmen Platz vor, an den ich mich kuschle, wenn ich ins Wohnzimmer laufe. Gemeinsam lesen wir dann die Seiten mit den Witzen, während der Duft von gebratenem Speck, Spiegeleiern und Waffeln aus der Küche weht.

Wir genießen diese goldene Morgenstunde, während meine Schwester noch schläft. Ich schmiege mich an Opas breite, starke Brust und wünsche mir, diese Zeit würde nie vergehen, obwohl ich genau weiß, dass sie unweigerlich zu Ende geht. Früher oder später werden meine Mutter und mein Vater ihren Streit beilegen, der sie dazu veranlasst hat, uns wieder einmal hier abzuladen. Dann holen sie uns und erzählen zum x-ten Mal, dass wir irgendwo neu anfangen. Wir quetschen uns alle in den Wagen und sind für eine Weile fort. Dann holpert und poltert das Leben ungeordnet weiter, bis es erneut aus der Bahn geworfen wird.

Die Erinnerung an diese Morgenstunden hinterlässt einen bittersüßen Geschmack, als ich bei den Verandastufen ankomme. Die Stufen sind intakt, aber die Bodenbretter auf der Veranda wurden entfernt und nur die Querbalken sind noch da. Aber sie sind schon viel zu lange der Witterung ausgesetzt und totes Gras und abgestorbene Blätter haben sich darauf angesammelt. Entweder hat jemand irgendwann begonnen, diese Veranda zu reparieren, und die Arbeit nicht zu Ende geführt oder das Haus wird möglicherweise Stück für Stück abgetragen.

Bei der zweiten Möglichkeit winde ich mich unbehaglich. Vielleicht wäre es wirklich besser, es nicht zu wissen …

»Hallo?«, rufe ich, auch wenn das albern ist. Wer sollte in einem Haus wohnen, vor dessen Haustür es erst einmal zwei Meter in die Tiefe geht? »Ist hier jemand?«

Ich steige zwei weitere Stufen hinauf und verdrehe den Hals, um durch die schmutzigen Fenster etwas zu erkennen. Ich würde fast schwören, dass ich die Umrisse von Opas brauner Liege im Wohnzimmer sehe. Aber sie kann natürlich nicht mehr hier stehen. Das Haus wurde seit damals zweifellos von einer anderen Familie bewohnt, auch wenn es offenbar in den letzten Jahren leer stand.

»Hallo?« Ein unheimliches Gefühl überkommt mich. Auf der obersten Stufe bleibe ich stehen, betrachte den Hof, die Zufahrt, das Feld, das fast erntereif ist. Die Felder werden nach wie vor bearbeitet.

Etwas quietscht rhythmisch. Ich hebe den Kopf und entdecke die Wetterfahne, die sich ächzend dreht. An dieses Geräusch erinnere ich mich.

Ich balanciere wie eine Turnerin auf einem Schwebebalken und breite die Arme aus wie früher, wenn wir auf den durchhängenden Brückengeländern der Landstraßen hier in der Nähe balanciert sind. Je höher die Brücke, umso größer die Mutprobe.

Auch jetzt fühle ich mich so wie bei einer Mutprobe. Das Herz schlägt mir bis zum Hals. Mein Puls rast. *Geh wieder!*, fleht mein gesunder Menschenverstand mich an. *Mach das nicht! Du brauchst nicht noch mehr Probleme. Hier kannst du nur verlieren.*

Aber ich kann mich des Gefühls nicht erwehren, dass die Antworten auf meine Fragen in diesem Haus liegen.

Vielleicht weiß ich auch einfach nicht, wo ich sonst suchen sollte.

Ich klopfe an die Tür, lausche, klopfe lauter. Natürlich antwortet mir niemand.

Der eiserne Türgriff sträubt sich, als ich versuche, ihn zu drehen. Abgeschlossen. Fast ohne nachzudenken, taste ich mit der Hand die Oberseite der Verandalampe ab. Der Schlüssel liegt tatsächlich da, wo er immer lag.

Ein eisiger Schauer läuft mir über den Rücken, als ich ihn ins Schloss stecke, umdrehe und die Tür langsam aufschiebe. Das ist Einbruch und unbefugtes Betreten. Ich habe nicht das Recht, hier zu sein. Aber ich kann nicht anders. Ich muss einfach wissen, was von früher übrig geblieben ist. Schließlich bleibe ich ja auch nicht lange.

Als ich über die Türschwelle trete, bin ich froh, dass die Fußböden im Haus intakt sind, aber das olivgrüne Linoleum sackt unter meinen Füßen ein, als wollte der Boden nachgeben. Ich schaue einen Moment nach unten und teste seine Tragfähigkeit, dann lasse ich meinen Blick durch die Garderobe und danach die Treppe hinaufwandern und betrachte die Bilder, die noch an den Wänden hängen.

Aus verschnörkelten Bilderrahmen beobachten mich Vorfahren – ein Farmer, der mit seinem Heuwagen posiert, mein Großvater in seiner Militäruniform, meine Mutter als Zwei- oder Dreijährige, die Familie meines Großvaters auf ihrem Krabbenkutter vor den Outer Banks. Die Verwandten meiner Großmutter vor einer Berghütte bei einer Familienhochzeit. Wie oft habe ich sie gebeten, diesen Bilderrahmen abzuhängen und mir noch einmal zu erzählen, wem diese streng aussehenden Gesichter gehören? Auf dem Foto ist meine Großmutter das kleine, dunkelhaarige Mädchen, das die Hand auf dem Stuhl seines Großvaters liegen hat.

Auch ein Babyfoto von mir hängt an der Wand und eines von Gina.

Ich blinzle, lasse meinen Blick über die Bilder wandern und blinzle wieder in der Erwartung, dass sie dann alle verschwunden sind. Wie ist das nach so vielen Jahren möglich?

Es kostet mich meine ganze Selbstbeherrschung, nicht wie wild durchs ganze Haus zu laufen, um zu sehen, was sonst noch übrig ist. Stattdessen gehe ich schnell von einem Zimmer ins andere, wirble Wollmäuse auf, muss bei dem modrigen Geruch niesen und betrachte verwirrt den Wirrwarr an Gegenständen, der noch im Haus ist. Die meisten wertvolleren Antiquitäten sind fort. Die alte Kaminuhr, das schmiedeeiserne Bettgestell im Schlafzimmer meiner Großeltern, der schöne Garderobenständer, den Gina und ich als Prinzessinnenthron benutzt haben – alles ist fort. Das Sonntagsporzellan und die Kristallgläser meiner Großmutter aus der Vitrine im Esszimmer fehlen. Die Kiste mit dem Silberbesteck ist fort. Ihre Schmuckschatulle ist nirgends zu sehen.

Das Haus wurde ausgeplündert, geht es mir durch den Kopf.

Vielleicht brauchte Oma Geld, nachdem sie Opa im Pflegeheim untergebracht hatte? Vielleicht hat sie jemanden hierhergeschickt, um Wertgegenstände zu holen und sie zu verkaufen?

Bei diesem Gedanken befallen mich eine tiefe Traurigkeit und quälende Schuldgefühle. Sie folgen mir, als ich die Treppe hochgehe. Ich war damals zwar noch ein Teenager, aber ich hätte ihr trotzdem helfen können. Ich hätte ihnen beiden helfen können, wenn meine Mutter nicht diese furchtbaren Lügen erfunden hätte, damit meine Großeltern auf keinen Fall die Vormundschaft für uns bekamen.

Omas Nähzimmer oben auf der Treppe wurde offenbar nicht angerührt. Hier riecht es nach altem Stoff und die Luft ist warm und stickig, aber das getrübte Licht, das vom bewölkten Himmel durchs Fenster fällt, ist weich und einladend. Die Regale biegen sich unter dem Gewicht von Omas Stoffen und Notizen. Die Drucke auf den Stoffballen, die jetzt an den Kanten ausgebleicht sind, lesen sich wie ein Modezeitstrahl von 1930 bis in die 1980er, als sie sich zur Ruhe gesetzt und aufgehört hat, für Nachbarn Änderungen an Kleidungsstücken vorzunehmen und maßangefertigte Kleider für Abschlussbälle und Brautjungfern zu entwerfen. Ich habe zugesehen, wie manch eine junge Frau zur Anprobe in dieses Zimmer kam. Die Stoffreste hat Oma immer behalten und so gab es jedes Mal, wenn wir hierherkamen, für Gina und mich neue Kleider.

Ich bewege mich um die Regale herum, betrete vorsichtig prüfend die durchhängenden Stellen auf dem staubigen Boden, streiche mit dem Finger über einen Brautschleier, der an der Kante ihrer Pinnwand hängt. Bei den Notizen und Bildern darauf muss ich lächeln – Babys, für die sie kunstvolle Taufkleider genäht hat, Mädchen, die von ihr Kleider für die Erstkommunion und für Partys bekommen haben, Bräute in ihren schönen Brautkleidern.

Ich sehe Bücher und Kartons und Stapel mit Musterbögen in den Regalen, die die Wände säumen. Ich will jeden Gegenstand in die Hand nehmen, öffnen, hineinsehen, um eine Verbindung zu meiner Großmutter herzustellen, aber mein gesunder Menschenverstand sagt mir, dass dies alles ein langer, sonderbarer Traum ist. Nach so vielen Jahren kann das Haus nicht mehr hier stehen – eine perfekte Zeitkapsel an einigen Stellen, aber an anderen Stellen gierig ausgeplündert.

Eine alte Tabakdose, die oben im Regal steht, fällt mir ins Auge. Sie hat ungefähr die Größe einer Schuhschachtel und geht zwischen den ganzen anderen Sachen fast unter, aber ich erinnere mich an diese Dose. Ich weiß noch, wie ich sie irgendwann in einer Schublade entdeckt und dann versucht habe, die Finger unter den Deckel zu schieben, um sie zu öffnen.

Mich hat damals das Bild von der schönen Frau auf der Vorderseite fasziniert. In schwarzen und roten Linien gezeichnet, die Hände hinter den Kopf gelegt, lächelt sie immer noch, frei von allen Sorgen dieser Welt. Neben ihr zerstört das Wort *Pfeifentabak* die Romantik ein wenig, aber ich erinnere mich, dass ich die Dose wollte und mich gefragt habe, was sich wohl darin befindet. Oma hat mich damit ertappt und sie mir weggenommen. *Oh, Zuckerschote, das ist nicht zum Spielen,* hat sie sanft gesagt. *Wenn du groß bist, gehört sie dir.* Dann hat sie die Dose ganz oben ins Regal gestellt. Offenbar hat diese Tabakdose die ganzen Jahre zwischen einem Stapel Schnittmusterbögen und einem Pappkarton halb versteckt hier gestanden.

Als ich mich danach ausstrecke, nehme ich aus dem Augenwinkel eine schemenhafte Bewegung wahr. Ich keuche, schlage mir mit der Hand auf die Brust und fahre so schnell herum, dass ich schwören könnte, der Boden habe unter meinen Füßen wie ein Paddelbrett auf den Wellen geschaukelt. Da ist ein kleiner Junge in der Einfahrt. Er steht nur da und starrt zum Haus herauf. Die Arme lässt er locker nach unten hängen und der Sonnenschein spiegelt sich auf seiner honigbraunen Haut. Seine viel zu große Jeans streift über seinen nackten Füßen auf dem Boden und sein blaues geknöpftes Hemd hängt schief. Er sieht aus wie aus *Die Früchte des Zorns.* Vor Jahren hat die Familie eines Landarbeiters in einer Hütte weiter unten an der Straße gewohnt. Der

Großvater hat sein kleines Gartengrundstück mit einem Maultier bearbeitet. Uns wurde immer verboten, mit diesen Kindern zu spielen. Könnte es sein, dass die Familie immer noch dort lebt?

Vielleicht bilde ich mir den Jungen aber auch nur ein, weil die Erinnerungen so lebendig sind.

Er scheint mich durch das Fenster anzusehen.

Neben ihm liegt ein Fahrrad im Straßengraben. Es ist modern genug, um mich aus meiner Benommenheit zu reißen. Ich wurde soeben an einem Ort erwischt, an dem ich nichts zu suchen habe.

Schnell gehe ich die Treppe hinunter und frage mich, ob er immer noch da steht, wenn ich zur Tür komme. Er ist da und sieht mit fragender Miene dabei zu, wie ich über die frei liegenden Balken auf der Veranda balanciere und die Stufen herunterkomme.

»Sie dürfen da nicht hineingehen«, sagt er und seine Direktheit überrascht mich. Er ist erst neun oder zehn, ungefähr im gleichen Alter wie mein J. T., aber er sieht mich unverwandt an und schiebt dabei die Unterlippe vor.

»Meine Großeltern haben früher hier gewohnt«, versuche ich, mich herauszureden, und bemühe mich, ruhig zu klingen, aber die Stimme der Vernunft tadelt mich: *Oh, Mann, Tandi, was hast du dir nur dabei gedacht? Dafür könntest du verhaftet werden.*

Aber ich will diese Tabakdose und die anderen Sachen, die ich im Haus entdeckt habe …

Der Junge sieht mich zweifelnd an. Daraus kann ich ihm keinen Vorwurf machen.

»Weißt du, wem diese Farm gehört?« Diese Frage kann nicht schaden, denke ich, da ich ohnehin schon in Schwierigkeiten stecke. Ich habe ein wenig Geld gespart und hatte eigentlich nicht vor, es für einen Rechtsanwalt auszugeben.

»Mein Papa bearbeitet die Felder. Das heißt, bis sie ihn vertreiben. Sind Sie eine von denen?«

Ich habe keine Ahnung, von wem er spricht. »Nein. Bin ich nicht. Glaubst du, ich könnte mit deinem Papa sprechen? Oder mit deiner Mutter? Ich würde gern wissen, wem diese Farm jetzt gehört.« Das wäre eine hilfreiche Information, da ich angezeigt wurde, weil ich angeblich in betrügerischer Absicht versucht habe, das Land zu verkaufen und jemandes Anzahlung zu stehlen, und nebenbei auch noch versäumt habe, die Grundsteuer zu zahlen.

»Kann schon sein«, sagt der Junge. So leicht lässt er sich nicht aus der Reserve locken. Bedächtig schlendert er zu seinem Fahrrad. »Wir wohnen da oben. Ist nicht sehr weit, wir können zu Fuß hingehen. Denn zu Fremden darf ich nicht ins Auto steigen.« Er deutet in die Richtung, in die ich bis jetzt absichtlich nicht geblickt habe und um die ich einen weiten Bogen machen wollte. Luke Townley hat ungefähr einen halben Kilometer bergauf an dieser Straße gewohnt; das Haus ist hinter einer Baumreihe aus Virginischen Traubenkirschbäumen und Magnolien versteckt. Eigentlich will ich gar nicht wissen, ob es noch steht, sondern es lieber so in Erinnerung behalten, wie es war, bevor das Leben in jenem letzten Sommer hier vor rund zwanzig Jahren eine schmerzliche Wende nahm.

»Gerne. Das klingt gut.« Der Fußmarsch wird mir Zeit geben, Stück für Stück die Veränderungen an der alten Landstraße auf mich wirken zu lassen.

Du musst irgendwann aufhören, dich zu etwas zu flüchten oder vor etwas wegzulaufen, und akzeptieren, wo du bist. Sonst wirst du nie etwas annehmen können. Das ist eine der Lektionen, die ich aus den Briefen in Jola Anne Pooles weißem Herrenhaus gelernt habe. Diese Ermahnung hat mich bei meinen Bemühungen, mit Mitte dreißig endlich Boden unter den Füßen zu bekommen und zu erkennen, wer ich wirklich bin, ständig begleitet.

Ich hole meine Handtasche aus dem Auto und wir marschieren los. Der Junge schiebt sein Fahrrad zwischen uns und hält einen deutlichen Sicherheitsabstand, um nötigenfalls schnell Reißaus zu nehmen, falls ich unlautere Absichten haben sollte. Er verrät mir, dass er Bean heißt, eine Kurzform von Beaudean, erklärt er. Während wir die Straße entlangschlendern, erzähle ich ihm von Zoey und J. T. und dass sie in diesem Sommer viel über Meeresschildkröten lernen. Ich erwähne, dass J. T. ungefähr in Beans Alter ist.

»Er kann ja irgendwann mal zu uns kommen«, schlägt Bean vor. »Wir haben normalerweise viele Kinder hier. Auf eines mehr kommt es da nicht an.«

»Das würde J. T. bestimmt gefallen.« Was genau meint er mit *Wir haben normalerweise viele Kinder hier?* Ich denke über diese Frage nach und lausche auf den Wind, der das lange Gras am Straßenrand raschelnd bewegt. Dieses Geräusch ist schmerzlich vertraut, genauso wie jeder Schritt auf dieser Straße. Alles fühlt sich immer noch ganz genauso an wie früher.

»Ich würde diese großen Schildkröten gern sehen.« Bean wirft mir einen hoffnungsvollen Blick zu.

»Vielleicht kannst du irgendwann auf die Outer Banks kommen.«

»Ich war noch nie am Meer.«

Ich bin versucht zu sagen: *Dann komm uns doch besuchen. J. T. kann mit dir zum Hafen gehen und ihr könnt den Booten zusehen.* Aber als Mutter bin ich klug genug, keine solche Einladung auszusprechen. Kinder machen sich sonst zu große Hoffnungen und ich kenne Beans Eltern ja nicht einmal. Trotzdem finde ich, dass jedes Kind einmal das Meer erlebt haben sollte.

»Falls du irgendwann auf Hatteras bist, kannst du uns gerne besuchen kommen«, sage ich unverbindlich. »Zoey und J. T. könnten dir dann das Surfen beibringen.«

Bean schürzt die Lippen. Schließlich nickt er. »Das mache ich vielleicht. Ja, vielleicht mache ich das tatsächlich.«

»Wenn du auf Hatteras bist, dann geh in *Sandys Muschelladen* in Hatteras Village und frage nach Tandi. Dort kann man dir sagen, wo du uns findest.«

Wir gehen ein Stück weiter die Straße hinauf und trotz des bewölkten Tages bereue ich bei der Hitze, die der Asphalt ausstrahlt, dass ich nicht mit dem Auto gefahren bin. Der Asphalt schmilzt förmlich unter meinen Sportschuhen. Ich kann gar nicht verstehen, wie Bean das barfuß aushält, aber ihm scheint die Hitze nichts auszumachen. Ich muss unwillkürlich an Luke Townley denken. Seine Fußsohlen waren immer wie Leder. Schuhe hat er nur im tiefsten Winter getragen. Seine Schwester, Laura, war genauso und ich war immer beeindruckt davon, wie abgehärtet die Townley-Kinder waren. Zäh und wild und bereit, einfach alles auszuprobieren. Mein Großvater hat oft kritisiert, dass im Wortschatz ihrer Mutter das Wort *Nein* nicht vorkam. Er bezeichnete die Townley-Kinder meistens als *Rabauken*. Opa gefiel nicht, dass ihre Eltern früher Hippies gewesen waren und ihre Farm ein Chaos aus frei laufenden Ziegen, zusammengeschweißter Metallkunst und kaputten Geräten.

Jetzt taucht der Hof vor uns auf und ich stelle fest, dass er sich nicht allzu sehr verändert hat, nur die Metallfiguren sind verschwunden. Er wird es wohl nicht auf das Titelblatt einer dieser Hochglanzmagazine über das Landleben schaffen, aber die Pflanzen sehen gesund aus und auf den Feldern ist eine Erntemaschine in Betrieb. Es überrascht mich ein wenig, als Bean in diese Richtung abbiegt und über den Hof marschiert. Ich hatte erwartet, er würde mich zu einem anderen Haus weiter oben an der Straße führen.

Am Graben nimmt Bean Anlauf, rennt mit dem Rad die Böschung herunter und schiebt es schwungvoll auf der anderen Seite nach oben. »Kommen Sie! Es ist nicht nass.«

Ich folge ihm, auch wenn ich ein wenig unsicher bin. Schließlich will ich diese Leute nicht überrumpeln oder bei der Arbeit stören, aber ich brauche alle Informationen, die ich über die ehemalige Farm meiner Großeltern in Erfahrung bringen kann. Ich kann nur hoffen, dass ich nicht ungelegen komme.

Außerdem wäre es von Vorteil, wenn Beans Eltern nicht die Leute sind, die Gina um die Anzahlung geprellt hat.

Bei diesem Gedanken zieht sich mein Magen zu einem schmerzhaften Knoten zusammen, während Bean lautstark unsere Anwesenheit verkündet und über den Hof schreit: »Mama! Ich habe eine Frau getroffen. Sie will mit dir reden.«

Die Türen und Fenster sind natürlich alle geschlossen, da um diese Jahreszeit jeder, der nicht bettelarm ist, die Klimaanlage laufen hat. Im Sommer ist es in der Lagune glühend heiß, feucht und schwül und es wimmelt von Mücken. Heute ist es ungewöhnlich mild, sonst wäre ich in Opas altem Haus bei lebendigem Leib gebraten worden.

Bean schreit weiter, während er zur Veranda hinaufstapft. Schließlich tritt eine Frau aus der Tür und sieht sich mit großen Augen um. Sie hat ein Kleinkind auf dem Arm, ein Mädchen mit gelocktem blondem Haar, das nicht die geringste Ähnlichkeit mit Bean hat. Genauso wenig wie seine Mutter. Sie sieht dem kleinen Mädchen ähnlich. »Bean, um Himmels willen, was ist denn los? Du hast mich mit deinem Geschrei zu Tode erschreckt.« Sie hält die Fliegengittertür immer noch in der Hand, während sie stehen bleibt, sich im Hof umschaut und mich bemerkt.

»Ich habe eine Frau getroffen«, wiederholt Bean und präsentiert mich als Beweisstück A.

»Oh.« Sie blinzelt. »Oh …« Ihr Gang schaukelt leicht, als sie ganz auf die Veranda tritt und die Tür hinter sich zufallen lässt. Wir starren uns an und erleben einen ungewöhnlichen, stillen Moment, in dem unser Verstand in den vergilbten Seiten der Vergangenheit blättert. Funken der Erinnerung fliegen zwischen uns hin und her und bringen langsam etwas Licht ins Dunkel.

Ich erkenne die Augen, den Mund und das dichte blonde Haar, das ähnlich gewellt ist wie Luke Townleys. Trotz der vielen Jahre, die vergangen sind, weiß ich sofort, dass sie seine kleine Schwester ist. »Laura?« Sie weiß, dass sie mich kennt, kann mich aber nicht einordnen, das sehe ich ihr an. »Ich bin Tandi«, helfe ich ihr auf die Sprünge. »Tandi Reese?«

Ihre Augen blinzeln, dann blinzeln sie noch einmal und werden mit jedem Mal größer. »Nein!« Ihr fällt die Kinnlade herunter. »Das glaube ich jetzt nicht!«

Ihre Lippen verziehen sich zu einem breiten Lächeln und ich werde an den Schabernack erinnert, den wir als Kinder im Laufe der Jahre ausgeheckt haben. Ich erinnere mich aber auch, dass ich Lauras Namen das letzte Mal gehört habe, als sie auf der Intensivstation lag. Es hieß, sie würde nie wieder laufen können, aber jetzt steht sie vor mir und ich ertappe mich dabei, dass mein Blick zu ihren Füßen wandert.

»Titan«, erklärt sie. Sie beugt sich nach unten und klopft unterhalb ihres Knies an ihr Bein, bevor sie sich das kleine Mädchen wieder auf die Hüfte schiebt. »Als ich an die Highschool kam, wollte ich unbedingt wieder laufen können. Dazu mussten meine Beine amputiert und durch Prothesen ersetzt werden.«

»Oh …« Ihre sachlichen Worte vertreiben meine Beklemmung, die jedoch sofort von Schuldgefühlen abgelöst wird. An jenem Nachmittag sollte eigentlich ich bei Luke im Pick-up sitzen, aber meine Mutter, meine Schwester und meine Großeltern hatten den ganzen Tag gestritten. Ich war zu Hause geblieben, damit das Pulverfass nicht erneut explodierte. Die Fahrt in die Eisdiele, in der sie nie angekommen sind, hat dann alles verändert. Laura saß an meiner Stelle auf dem Beifahrersitz des alten Pick-ups.

»Du siehst so gut aus«, sagt sie und wirkt überrascht. Sie verlagert das Kleinkind auf ihre andere Hüfte und drückt mich von der Seite, als wolle sie mich trösten. Entweder erinnert sie sich nicht daran, dass wir nicht einmal zur Beerdigung ihres Bruders gekommen sind, oder sie macht mir deshalb keine Vorwürfe.

»Du auch.« Mein Atem streift ihre Haare. Sie scheint hier ein gutes Leben zu führen und irgendwie bringt mir diese Beobachtung ein gewisses Gefühl der Erleichterung.

»Wie steht es um deine Gesundheit?«, fragt sie und lässt mich vorsichtig wieder los.

»Mir geht es gut.« Was für eine sonderbare Frage, nachdem wir uns fast zwanzig Jahre nicht gesehen haben. Warum habe ich das Gefühl, dass sie etwas über mich weiß? Dass sie nicht überrascht ist, mich hier anzutreffen? »Sehr gut sogar. Ich lebe jetzt auf den Outer Banks. Seit einem Jahr organisiere ich die Renovierung eines alten viktorianischen Hauses, das ein Museum werden soll.« Ich lade sie beinahe ein, zur Eröffnung zu kommen und Bean mitzubringen, damit er das Meer sehen kann, aber das könnte nach so vielen Jahren vielleicht seltsam klingen.

Bean kommt näher und schlingt die Arme um ihre Taille. Bei der schwungvollen Bewegung bringt er sie leicht aus dem Gleichgewicht und sie braucht einen oder zwei Schritte, um wieder festen Halt zu finden. Sie hält sich am Verandageländer fest, während ich schnell die Hände ausstrecke, um sie zu stützen. »Nicht so stürmisch«, ermahnt sie den Jungen. Dann beugt sie sich nach unten, küsst seine verschwitzten rabenschwarzen Locken und schickt ihn mit dem kleinen Mädchen ins Haus, wo sie sich etwas ansehen dürfen, das gerade im Kinderfernsehen läuft. Ich schließe daraus, dass drinnen noch mehr Kinder vor dem Fernseher sitzen.

»Wir nehmen Pflegekinder auf«, erklärt sie mir und sieht Bean lächelnd nach. »Die Kleine ist meine Tochter. Meine jüngste. Aber wenn sie eine Weile hier sind, sind sie alle meine Kinder.«

»Das ist wunderbar.«

»Mann, ich bin wirklich froh, dass es dir so gut geht.« Als sie mir mit einer Hand über den Arm fährt, merke ich, wie rau und schwielig ihre Finger sind, fast wie Sandpapier auf meiner Haut. Hinter dem Haus ist ein großer Garten angelegt und daneben sehe ich einen umzäunten Hühnerhof mit pickenden Hühnern. Dieser Hof muss viel Arbeit machen. Bearbeitet ihr Mann die Felder oder wohnen ihre Eltern noch hier? »Dann hast du offenbar ein Wunder erlebt?«, fragt sie.

»Ein Wunder?«

»Der Krebs …«

»Der *Was?*«

Unsere Blicke begegnen sich und plötzlich begreifen wir beide, dass wir in Rätseln sprechen. Sie verschränkt die Arme vor der Brust und sieht mich mit zusammengekniffenen Augen an. »Deine Schwester hat gesagt, dass du krank bist. Dass sie sich deshalb die ganzen Jahre allein um das Land gekümmert hat. Dale und ich finden es sehr schade, dass wir das Land nicht länger pachten können. Wir haben zwar mit unseren Pflegekindern und unserer eigenen Farm genug zu tun, aber wir haben auf den Feldern deiner Großeltern schon angesät.«

»*Pachten?*« Mein Verstand läuft auf Hochtouren, dreht sich aber nur im Kreis. Gina erzählt den Leuten, dieses Land würde uns gehören, und kassiert dafür Pacht? Wie kann sie damit durchkommen?

Jahre … Laura hat *Jahre* gesagt.

»Laura, es tut mir leid, aber ich habe nicht die geringste Ahnung, wovon du sprichst.«

Wir stehen da und starren uns an. Keiner sagt ein Wort.

»Aha«, sagt sie schließlich. »Aha! Ich wusste doch, dass irgendetwas nicht stimmt. Ich habe Dale immer gesagt, dass da irgendwas nicht stimmen kann.« Sie deutet zu den verwitterten Metallschaukelstühlen in der Ecke der Veranda. »Wir sollten uns lieber setzen. Ich will nicht, dass du einen Schock bekommst und umkippst.«

Kapitel 4

Wie ein Buschfeuer breiten sich die Flammen unter meiner Haut aus. Es fühlt sich so an, als wäre mein Körper in heiße Melasse getaucht worden und danach wäre ich in ein Ameisennest getreten, aber das Gift treibt mich an. Es ist ein fremder, böser, aber trotzdem irgendwie süßer Schmerz und ich kann ihn nur aushalten, indem ich die Wut weiter entfache, das Lenkrad umklammere und weiterfahre. Bis ich meine Schwester finde und die ganze Wahrheit aus ihr herausprügle. Falls das überhaupt möglich ist.

Aber selbst das würde mir nicht weiterhelfen. Das juristische Chaos ist so verzwickt, dass es Laura auch nicht wirklich durchschaut. Sie konnte mir nur so viel sagen: Sie wurden über den Rechtsstreit informiert und man hat ihnen mitgeteilt, dass sie mit einer Unterlassungsklage rechnen müssen. Das würde bedeuten, dass sie die Saat verlieren, die sie bereits auf den Feldern ausgebracht haben.

Ich saß inmitten von Lauras Kindern an ihrem Tisch und habe sehr viele Informationen bekommen, die jetzt in meinem Kopf schneller herumwirbeln als die Staubwolken hinter meinem Auto, während ich in Richtung Greenville rase, wo nach Lauras Angaben meine Schwester mit dem Eigentümer eines Autohauses liiert ist.

Gina hat es die ganzen Jahre vor mir geheim gehalten: Sie und ich sind seit dem Tod unserer Großeltern *Eigentümer* der Farm. Vor vielen Jahren, als Gina und ich in irgendwelchen Pflegefamilien untergebracht waren, hat meine Großmutter das alles verfügt. Oma, die nie auch nur die Kontoauszüge gelesen hat, hat alles so geregelt, dass mit den Einnahmen durch den langfristigen Pachtvertrag mit Lauras Familie die Steuern gedeckt sind und jedes Jahr ein kleines Einkommen für Gina und mich übrig bleibt.

Meine Großmutter hat Lauras Eltern gesagt, dass sie das Land zwischen uns aufteilen will. Vielleicht hat sie Gina schon damals nicht ganz getraut. Ginas Anteil sollten fünfzig Hektar bewässertes Ackerland in der Lagune sein. An mich sollten dreißig Hektar und das Haus gehen.

Meine Großmutter hat an alles gedacht, nur nicht daran, dass ich bei ihrem Tod noch nicht volljährig sein könnte, während Gina bereits volljährig ist und nicht mehr in einem Heim lebt. Und dass Gina als Einzige von unserem Erbe erfahren würde. Ich habe keine Ahnung, warum mich diese Nachricht nie erreicht hat. In einem überlasteten Sozialsystem laufen die Informationen nicht immer richtig zusammen. Da es nie zur juristischen Teilung des Landes kam, bilden Gina und ich eine Erbengemeinschaft und sie hat es geschafft, die Farm die ganzen Jahre zu verwalten, ohne dass ich auch nur einen blassen Schimmer davon hatte.

Von allem, was Gina mir je angetan hat, einschließlich ihres unerwarteten Eindringens in mein Leben auf Hatteras im letzten Jahr, als sie versuchte, *alles* zu ruinieren, ist dies mit Abstand das Schlimmste.

Sie weiß, dass mir diese Farm mehr bedeutet als irgendein anderer Ort auf der Welt. Sie weiß, dass ich die Sozialarbeiter beim Jugendamt angefleht habe, uns hierherzubringen, statt uns in ein Kinderheim zu stecken, nachdem mein Vater uns hat sitzen lassen und das Jugendamt uns unserer Mutter weggenommen hat. Gina weiß, dass ich dreimal ausgebüxt bin und versucht habe, zu Oma und Opa zurückzukommen. Und dass ich Sozialarbeitern, Richtern, Lehrern immer wieder beteuert habe, dass die schrecklichen Behauptungen meiner Mutter über Opa völlig aus der Luft gegriffen waren. Niemand hat auf mich gehört.

Gina weiß, dass mir die Weinstöcke, die Lorbeerbäume und die Maulbeerbäume die Heilung hätten geben können, die ich gebraucht hätte, nachdem unsere Kindheit endgültig auseinandergebrochen war.

Als mich meine Schwester bei der Familie besucht hat, bei der mein neues Zuhause sein sollte, war ich gerade sechzehn geworden. Damals muss sie bereits gewusst haben, dass wir die Farm geerbt hatten. Doch sie hat es mit keiner Silbe erwähnt. Stattdessen hat sie das Zimmer bestaunt, das mir meine neue Familie eingerichtet hatte. Sie war von den weißen Palisadenzäunen und den großen Pferdeställen beeindruckt, aber trotzdem hat sie versucht, mich zu überreden, das alles aufzugeben und mit ihr zu kommen. Wir sind *Schwestern*, hat sie betont, und Schwestern sollten zusammenhalten.

Als ich nicht mit ihr gehen wollte, hat sie nur gesagt: *Ach ja, übrigens, die Alten sind tot. Er hatte vor zwei Jahren einen Schlaganfall und sie sind beide im Pflegeheim abgekratzt. Nur damit du Bescheid weißt. Man sieht sich. Viel Spaß hier auf der Ponderosa … bis diese Leute von ihrem neuen Spielzeug genug haben, denn so läuft es immer. Niemand will auf Dauer einen Teenager haben, Tandi Jo. Wenn es so weit ist, kannst du ja zu mir kommen. Ich bin in der Nähe …*

Vor meinem geistigen Auge kann ich meine Schwester immer noch vor mir sehen – groß, blond, so hübsch wie die Models auf den Titelblättern der Zeitschriften –, während sie mir mit geheucheltem Mitgefühl diesen Schlag versetzte.

Das Problem bei Schwestern ist, dass sie die empfindlichen Stellen der anderen genau kennen. Gina hat meine wunden Punkte immer zielsicher getroffen.

Ich weiß nicht genau, was ich tun werde, wenn ich sie erwische, aber mir gehen verschiedene Szenarien durch den Kopf. In Gedanken bin ich alles von John Wayne bis zu einem Ninja-Folterkünstler.

Mein Handy klingelt und aus irgendeinem verrückten Grund bilde ich mir ein, es wäre Gina. Und sie wüsste irgendwie, dass ich mit der Geschwindigkeit einer Atomrakete zu ihr unterwegs bin. Ich packe es unwirsch und knurre hinein: »Hallo.«

»Was ist los?«, fragt Paul am anderen Ende. »Geht es dir gut?«

»Ja.« Tief einatmen. *Sag nichts,* flüstert eine Stimme in mir, der tief sitzende Selbstschutzinstinkt. Das Überbleibsel einer Kindheit, in der ich immer wieder die Erfahrung gemacht habe: Wenn ich den Leuten zu viele Schwierigkeiten bereite, gehen sie einfach oder es passiert etwas noch Schlimmeres.

Sag es ihm, ermahne ich mich. *Sei ehrlich. Darum geht es bei der Liebe: alle Barrikaden niederreißen.* Ich weiß, dass Paul mich liebt. Ich weiß, dass ich ihn liebe. Warum ist es dann immer noch so schwer? »Nein«, gebe ich schließlich zu. »Nein, mir geht es nicht gut.«

Die Geschichte – soweit ich sie bis jetzt kenne – sprudelt aus mir heraus und die Wut, die mich angetrieben hat, das Gift, das mich angestachelt hat, versiegt. In ihrem Windschatten folgt ein unglaublicher Schmerz. Ich will eine Schwester, die so etwas nicht macht. Die so etwas nie tun würde.

»Schatz, halt das Auto an, okay?«, unterbricht mich Paul. »Fahr an den Straßenrand, stell den Motor ab und beruhige dich erst einmal. Ich habe Angst, dass du sonst womöglich gegen einen Baum fährst.«

Er hat recht. Ich rase wirklich wie eine Irre über die Landstraße. Daher nehme ich den Fuß vom Gaspedal und fahre bei einer Hofeinfahrt an den Straßenrand. Der Wagen erschauert, als versuche er, in der schwülen Sommerhitze Luft zu holen. »Ich will … ich will ihr im Moment einfach nur den Hals umdrehen.«

»Bist du dir sicher, dass das eine gute Idee ist?«

»Oh, das ist eine sehr gute Idee! Das ist die *beste* Idee.« Meine Finger kneten das Lenkrad wie einen Stressball und bauen Muskeln auf.

»Ich würde zwar kommen und eine Kaution hinterlegen, um dich für die Hochzeit aus dem Gefängnis zu holen, aber …«

Mein Mund verzieht sich zu einem widerstrebenden Schmunzeln und ich stöhne laut. Ich werde daran erinnert, dass ich eigentlich zu Hause sein und mich auf die Hochzeit freuen sollte. Paul und die Muschelladenschwestern tun alles, damit es ein unvergesslicher Tag wird, aber *ich* will diejenige sein, die das macht. Es ist *meine* Hochzeit. Meine Traumhochzeit. »Bring mich nicht zum Lachen, okay? Ich bin einfach so … wütend.«

»Ich weiß, aber bitte nimm dir eine Minute Zeit, um dir alles in Ruhe durch den Kopf gehen zu lassen. Bis jetzt hat Gina wahrscheinlich keine Ahnung, dass du Bescheid weißt. Du hast immer noch das Überraschungsmoment auf deiner Seite. Sobald du sie vorwarnst, wird sie auf Ausweich-und-Flucht-Modus schalten und du *weißt*, was dann kommt.«

Ich atme tief ein, lasse die Luft langsam wieder entweichen, fühle, wie meine vor Wut steifen Glieder wie Gummi werden. »Du hast ja recht.«

»Ja, ich bin einfach gut.«

»Hö-hör auf.« Ich muss erneut schmunzeln. Eigentlich will ich bei Paul zu Hause sein und mich in seine starken Arme schmiegen, aber ich weiß, dass ich jetzt nicht von hier fort kann. Das Farmhaus, der Garten mit den Maulbeerbäumen, die dreißig Hektar Land, das alles gehört mir. *Mir!* Ich will es haben. Ich muss es irgendwie retten. Und dafür muss ich jemandem, der hier das Sagen hat, die Augen öffnen und ihm klarmachen, dass meine Schwester eine Betrügerin ist, und das schon seit vielen Jahren.

Dafür könnte Gina ins Gefängnis kommen. Dieser Gedanke schießt mir plötzlich durch den Kopf. Er meldet sich mit einer sonderbaren Angst. Bin ich bereit, diesen Weg einzuschlagen? Meine Schwester vor Gericht zu bringen?

Ich merke, wie ich vor dieser Möglichkeit zurückweiche, und denke über meine irrsinnige Raserei zu dem Autohaus in Greenville nach. Ich sitze hinter dem Steuer und starre auf ein Feld, während am Himmel eine weitere Wolkenbank aufzieht und tiefe Schatten über das Land wirft. Plötzlich verschwimmen die scharfen Ränder.

»Schatz?« Pauls Stimme dringt zu mir durch. »Bist du noch dran?«

»Ja. Paul, du hast recht. Ich muss in Ruhe über alles nachdenken. Und … und sehen, was ich herausfinden kann. Ich nehme mir hier irgendwo über Nacht ein Zimmer und bleibe hier, bis morgen das Finanzamt, das Gericht und die Anwaltskanzleien geöffnet haben. Okay?«

Eigentlich erwarte ich Widerspruch von ihm, aber er sagt: »Tu, was du für richtig hältst. Weißt du was? Ich bitte Sandy, sich zwei Tage um Zoey und J. T. zu kümmern, und dann komme ich zu dir und …«

»Nein, Paul, ich schaffe das schon. Versprochen.« Paul ist für das Sommerlager verantwortlich, aber abgesehen davon habe ich das Gefühl, dass ich immer noch verzweifelt versuche, mein Leben in den Griff zu bekommen. Zu verhindern, dass meine Vergangenheit das Leben beeinflusst, das Paul und ich uns aufgebaut haben. »Aber könntest du etwas für mich tun? Genauer gesagt habe ich zwei Bitten an dich.«

»Das versteht sich doch von selbst.«

Ich verliebe mich erneut Hals über Kopf in diesen Mann. Mit diesem Gefühl kommt die Erinnerung, dass es bei der Liebe und in einer Familie genau darum gehen sollte: Sie sollte ein Bündnis sein, in dem man sich gegenseitig beschützt, sich umeinander kümmert und immer das Beste für den anderen will. Die Liebe *benutzt* andere Menschen nicht. Sie stiehlt nicht, sie tötet nicht, sie zerstört nicht. Das, was sich jahrelang zwischen meiner Schwester und mir als Liebe getarnt hat, war nie Liebe. Es ist eher wie eine Co-Abhängigkeit.

»Die Nachbarin hat mir erzählt, dass Gina mit einem Mann zusammen ist, dem ein großes Autohaus in Greenville gehört, und dass Gina offenbar auch dort arbeitet. *Merritt Cars.* Es liegt an der Sandpiper Road. Dorthin hat Laura den letzten Scheck für die Pacht geschickt. Könntest du in dem Autohaus anrufen und in Erfahrung bringen, wann Gina arbeitet? Nur für den Fall, dass sie selbst am Telefon ist. Deine Stimme wird sie nicht erkennen. Und könntest du Vince bitten, uns zu sagen, wie die nächsten Schritte aussehen? Was ich tun muss, um diese Sache in Ordnung zu bringen. Und was aus Gina wird, falls ich diesen Weg einschlage. Sie fälscht offenbar seit Jahren meine Unterschrift auf Schecks und offiziellen Dokumenten und erzählt den Leuten, ich hätte Krebs und deshalb verwalte sie auch meinen Anteil. Was wird aus ihr, wenn ich mit dem allen zur Polizei gehe?« Schuldgefühle. Sofort regen sich *Schuldgefühle*. Als wäre ich diejenige, die hier grausam ist.

»Tandi«, ermahnt mich Paul. »Du denkst doch nicht im Ernst daran, ihr das durchgehen zu lassen?«

»Es ist einfach so ... Ich denke an die Hochzeit und die Hochzeitsreise und das alles. Die Museumseröffnung ... Endlich ist alles gut, verstehst du? Ich will uns nicht alles kaputt machen.«

»Uns kann nichts kaputt machen, Tandi. Ich bin bei dir, egal was kommt. Wir halten zusammen.«

»Du sollst einfach nicht das Gefühl haben, du hättest eine Aussätzige in dein friedliches Leben eingeladen.« So. Ich habe es ausgesprochen. Ich habe das getan, was mir Bruder Guilbeau aus der Gemeinde in Fairhope bei unseren Ehevorbereitungsgesprächen geraten hat. Ich habe Paul die hässliche Wahrheit gestanden. Wenigstens einen Teil davon.

Ich habe zwar immer noch Angst, dass ich nie an die Frau heranreiche, die er durch Krebs verloren hat. Mit dieser Frau ist er um die Welt gereist, hat eine Traumliste erstellt und von diesen Träumen so viele wie möglich verwirklicht.

»Dieses Gefühl habe ich nicht«, verspricht er. »Wir bringen alle unser Gepäck mit, Tandi. Du musst zum Beispiel die nächsten dreißig Jahre jeden Donnerstagabend mit meiner Großmutter in der Gemeinde Domino spielen, denn in diesem Punkt wird sie dich nicht vom Haken lassen. Und dann ist da mein fragwürdiger Modegeschmack. Wie viele Frauen wären bereit, sich das anzutun?«

»Das stimmt allerdings.« Es stimmt natürlich nicht, denn er ist gerade einfach nur albern und das weiß er auch. Die Kinder und ich lieben die Dominoabende in der Gemeinde und Pauls Modegeschmack macht ihn zu dem Mann, der er ist. Dafür ist er berühmt.

Nicht *berüchtigt* und ganz gewiss nicht *kriminell*, was zeigt, dass wir beide völlig unterschiedliches Gepäck mitbringen. Aber wir sagen uns, dass wir uns lieben, und gehen nicht weiter darauf ein und er nimmt mir das Versprechen ab, nichts Überstürztes zu tun.

Ich verspreche ihm, dass ich mich nicht unüberlegt in die Konfrontation mit Gina stürzen werde. Noch nicht. Und dass ich ihn später anrufe, wenn ich in meinem Motelzimmer bin.

Aber noch bevor ich das Handy weglege, starre ich bereits in den Rückspiegel, da mir ein Gedanke gekommen ist. Schnell wird der Gedanke zur Tat und das Auto wendet auf der verlassenen Landstraße fast von selbst.

Solange ich kann, will ich noch einmal auf die Farm meiner Großeltern und nachsehen, welche Erinnerungsstücke ich sonst noch finde.

Es könnte ja sein, dass ich später keine Gelegenheit mehr dazu bekomme.

Kapitel 5

Das Haus wirft einen langen Schatten über den Hof, als ich noch einmal in die Einfahrt biege. Ich werfe einen kurzen Blick auf die Straße und überlege, ob ich Laura Bescheid geben sollte, dass ich hier bin. Schließlich will ich niemanden erschrecken, aber ich bezweifle, dass sie mir das Recht absprechen würde, das, was noch da ist, durchzusehen und einige Erinnerungsstücke einzupacken, bevor sie bei einer Zwangsversteigerung unter den Hammer kommen.

Gleichzeitig regt sich eine gewisse Angst in mir. Was mache ich, wenn sie sagt, dass ich lieber nicht ins Haus gehen sollte?

Meine Entscheidung ist gefällt, noch bevor ich aus dem Auto steige. Ein schwarzes Kätzchen, das träge auf dem Verandageländer liegt, beobachtet mich, während ich über die freigelegten Balken balanciere. Aus seinen vorsichtigen bernsteinfarbenen Augen spricht eine gewisse Besorgnis, als ich die Hand auf den Türgriff lege, sie öffne und in die Vergangenheit eintauche.

Falls ich deshalb verhaftet werde, kann Laura wenigstens ehrlich sagen, dass sie nichts damit zu tun hat, rede ich mir ein.

Dieses Mal gehe ich bei meiner Suche systematisch vor. Auf diese Weise erscheint es mir analytischer, weniger wie ein potenzielles Verbrechen. Aber das eigentliche Verbrechen wurde längst begangen. Alles, was Geld bringt, wurde längst aus dem Haus gestohlen. Ich sammle einen kleinen Stapel an Erinnerungsstücken aus der Küche – Dinge, mit denen Oma gekocht hat, die kleinen Salz- und Pfefferstreuer, die Opa und sie während ihrer Hochzeitsreise zum Grand Canyon gekauft haben, einen Teller, auf den mit Serviettentechnik die Einladung zu ihrem fünfzigsten Hochzeitstag geklebt wurde.

Ein Hochzeitsfoto von den beiden befindet sich unter einer Glasur auf der Rückseite des Tellers. Trotz der rissigen, vergilbten Glasur stelle ich staunend fest, wie jung sie sind, wie glücklich sie aussehen, wie hübsch meine Großmutter in ihrem Satinbrautkleid im Stil der 1940er-Jahre ist. Der Stoff schmiegt sich um ihren Körper und fällt wie ein Wasserfall um ihre Füße. *Für immer und ewig* steht auf einem kleinen Messingschild, *Daisy und Othoe.* Ein kleiner silberner Krug liegt umgekippt in dem Regalfach, in dem der Teller stand. Als ich danach greife, huscht eine Maus aus dem Krug, aber ich nehme ihn trotzdem. Dieser kleine Schatz wurde bei der Plünderung übersehen und er kommt mit mir nach Hause.

In den anderen Zimmern im Erdgeschoss sieht meine Ausbeute ähnlich aus. Ich finde hauptsächlich Erinnerungsstücke, die nur einen nostalgischen Wert haben. Eine Decke, an die ich mich erinnere, eine Puppe in einem Kleid, das meine Großmutter gehäkelt hat, eine Schmuckschatulle mit einer Halskette und einem Anhänger aus Glaskristall. Mäusekot. Während die Sonne von den Fenstern auf der Ostseite zu denen auf der Westseite wandert, staple ich in jedem Zimmer kleine Häufchen und überlege, dass ich nachsehen sollte, ob die hintere Veranda noch intakt ist. Ich könnte mit meinem Wagen auf die Rückseite des Hauses fahren und alles einladen. Dabei entdecke ich eine Nachttischlampe, einen Nachttisch und einen Stapel alter gerahmter Bilder, die ich unbedingt mitnehmen will.

Die Haustür klappert im Wind und in der Ferne rollt ein Donner, als ich nach oben gehe. Plötzlich fällt mir die alte Tabakdose im Nähzimmer wieder ein. Die Dose, die ich vorhin aufmachen wollte. Die Dose, die mir eines Tages gehören würde, wie meine Großmutter immer gesagt hat.

Ich begebe mich auf die Suche nach einem Stuhl, auf den ich steigen kann, damit ich an das Fach herankomme, und entdecke einen im Schlafzimmer am Ende des Flurs. Die Möbel sind alle noch da, obwohl die Kommodenschubladen halb offen gelassen wurden. Handgeklöppelte Spitzenbänder hängen wie Dschungelmoosketten aus den Schubladen.

Einen Moment lang stehe ich regungslos da und starre die Spitzen an. Zwei Erinnerungen werden in meinem Kopf wach:

ein Bild von den Händen meiner Großmutter, die die Klöppel gekonnt und schnell hin und her bewegt und aus den Fäden kunstvolle Muster schafft, konkurriert mit einer Erinnerung an meinen Vater, der eine weitere Schlinge um unseren Hals legt: Reisetaschen, Müllbeutel und Pappkartons sind auf dem Bett verstreut und er wirft alles, was wir haben, hinein. Meine Mutter ist unten und schreit meine Großmutter an, die sie anfleht, Gina und mich hierzulassen, bis sie sicher weiß, dass Papa tatsächlich einen neuen Job auf einem Ölfeld in Texas hat.

Lass die Mädchen bei uns, bis ihr euch eingelebt habt. Tandi Jo macht gerade eine so schwere Zeit durch, fleht Oma, und als das nichts hilft, bittet sie Mama, wenigstens zu warten, bis mein Großvater aus dem Krankenhaus zurück ist, wo er die Familie Townley besucht. *Er ist gefahren, um für sie zu beten und seine Hilfe bei der Ernte anzubieten. Er will ihnen Trost spenden, soweit das überhaupt möglich ist, wenn eine hübsche, junge Tochter schwer verletzt im Krankenhaus liegt und ein attraktiver sechzehnjähriger Sohn nie wieder die Augen aufmachen wird.*

Glaubst du, ich wüsste nicht, dass du versuchst, mir meine Kinder zu stehlen? Mama kreischt so laut, dass ich ihre Stimme auch oben deutlich höre, wo sie in meine Taubheit, meinen Schmerz, die tiefe quälende Traurigkeit eindringt, die mich im Griff hat, seit die Nachricht vom Unfall der Townley-Kinder in der Mulberry Road die Runde gemacht hat.

Du kannst auch bleiben, schlägt Oma verzweifelt vor, auch wenn die Anwesenheit meiner Mutter jedes Mal, wenn wir hier landen, dieses Haus durcheinanderwirbelt, wie ein Mixer, der auf höchster Stufe läuft. *Gütiger Himmel, denk doch nur daran, was den Townley-Kindern zugestoßen ist. Das hätte dir und den Mädchen genauso leicht passieren können. Trinkt Wade etwa wieder? Will er deshalb so plötzlich weg?*

Ich wende mich von der Klöppelarbeit meiner Großmutter ab und wische diese Erinnerung wie alte Spinnweben beiseite. Es hat keinen Sinn, das Drama unseres letzten Tages in diesem Haus Revue passieren zu lassen.

Als ich an ihrer Kommode vorbeigehe, schnappe ich mir ein Stück von Omas handgearbeiteten Spitzen und stecke es mir in die Hosentasche. Sie hat meterlange Spitzen geklöppelt, die sie nie alle benutzen konnte, aber ihre Hände haben keinen Moment geruht, wenn sie abends vor dem Fernseher saß und *Familienbande* oder *Unsere kleine Farm* geschaut hat. Wenn ich alle anderen Zimmer durchgesehen habe und mir noch etwas Zeit bleibt, gehe ich vielleicht die Schubladen durch, rette noch ein paar Spitzen und suche ihre Klöppelschiffchen. Sie wären ein nettes Ausstellungsstück im Benoit-Museum, zusammen mit Informationen, wie die Frauen in der Lagune von North Carolina ihre Zeit verbrachten, während die eisigen Winterniederschläge und die heulenden Nordoststürme über das Land zogen.

Dieser befriedigende Gedanke gefällt mir und erfüllt mich mit einem spürbaren Frieden. Dass Oma und ihre Klöppelarbeiten im Museum bewahrt werden, halte ich für eine angemessene Ehrung. Vielleicht kann ich sogar ein Foto finden, das sie auf ihrem Stuhl oder in ihrem Nähzimmer bei der Arbeit zeigt. Ich brauche eine Woche in diesem Haus, nicht nur ein paar Stunden. Ich brauche Zeit, um die Schätze zu sichten, die den achtlos wühlenden, gierigen Fingern meiner Schwester entgangen sind.

Aber im Moment interessiert mich vor allem die Tabakdose. Ich trage den Stuhl zu den Regalen mit den Nähsachen, ignoriere das Stöhnen und Ächzen des alten Holzes, als ich daraufsteige, und hole die Blechdose und den Karton, der daneben steht, herunter. Ein Aufkleber auf der Blechdose verkündet: *Für Tandi Jo.*

Auf dem Pappkarton entdecke ich ebenfalls einen Aufkleber. *Für Gina Marie.* Galle steigt in meiner Kehle auf und meine Wut kehrt schlagartig zurück. Wenn Oma wüsste, was aus ihrem Haus geworden ist, würde es ihr das Herz brechen.

Ich lehne mich ans Regal, stelle die Tabakdose auf meinen Schoß, atme tief ein und wieder aus und versuche, Gina aus dem Raum zu verbannen. Dieser Moment gehört nur meiner Großmutter und mir, so als würde sie mir den geheimnisvollen Schatz persönlich überreichen. Ich stelle mir vor, dass sie vom Himmel aus zusieht, wie ich den Deckel öffne. Ich kann sie förmlich bei mir fühlen, wie sie lächelt, die Hände vor ihrer Backschürze faltet und ihre strahlend blauen Augen von ihrer geröteten Haut abstechen.

In der Dose finde ich einen Gegenstand, der wie eine Halskette aus geschnitzten Elfenbeinperlen aussieht, einen abgerundeten Anhänger, ein Stück Spitze, das so alt und vergilbt ist, dass es fast karamellfarben ist, einen filigranen Goldring mit einer Art Wappen darauf und einen Brief, der die Handschrift meiner Großmutter trägt.

Ich nehme zuerst den Brief heraus und lege ihn beiseite. Drunter verbirgt sich ein kleines goldenes Medaillon, dessen Kette in den Spitzen fast versinkt. Ich glaube, mich daran zu erinnern, es zwischen den Schmuckstücken gesehen zu haben, die ich in Omas kleiner herzförmigen Schmuckschatulle immer so bewundert habe. Sie hat mir die Geschichten zu den verschiedenen Erinnerungsstücken, die sie darin aufbewahrte, erzählt. Ich glaube, dass Opa ihr dieses Medaillon gekauft hat.

Die anderen Dinge in der Tabakdose sind mir fremd. Ich habe nie etwas gesehen, das auch nur annähernd so aussah. Die Perlen erinnern mich ein wenig an die Beinschnitzereien, die wir bald im Benoit-Museum ausstellen werden. Auf dem Dachboden haben wir eine Sammlung dieser Schnitzereien gefunden, die von Seeleuten aus Walrosszähnen und Walknochen geschnitzt wurden. Vielleicht hat die Familie Benoit sie von Kapitänen ihres Transportimperiums bekommen oder die Benoits haben sie bei ihren Seereisen selbst gesammelt. Aber die Arbeit an den Perlen, die ich jetzt in Händen halte, ist viel detaillierter und filigraner. Sie wurden behutsam zu Land- und Meerestieren geformt. Ein Kolibri, eine Meeresschildkröte, ein Fisch. In zwei ovale Perlen wurden Delfine und Bootsruder eingraviert.

Der große Anhänger ist tränenförmig und oben, wo er an der Kette befestigt ist, ist er mit etwas versehen, das wie ein kunstvoller Flaschenstöpsel aussieht. Ich würde diesen Gegenstand für eine Schnupftabakdose halten – bei der Durchsicht möglicher

Spenden für das Museum habe ich einige filigrane Exemplare gesehen –, aber vorne ist ein schönes Malteserkreuz eingraviert. Ich bezweifle, dass dieser Gegenstand je für Schnupftabak verwendet wurde, aber er ist so gestaltet, dass *etwas* darin aufbewahrt werden kann. Ich untersuche ihn gründlich und entdecke ein kleines Scharnier. Ein winziger Messingstift wurde so abgewandelt, dass er als Schnappverschluss dient. Trotz seines unübersehbaren Alters lässt er sich mit überraschender Leichtigkeit öffnen.

Der Behälter ist leer, aber ich sitze da und staune über eine hübsche Schnitzarbeit, die eine Kompassrose darstellt. Erneut versuche ich, mir vorzustellen, wer diese Schnitzarbeit angefertigt haben könnte. Hat jemand diese Arbeit geschaffen, während er weit draußen auf dem Meer in seiner Koje lag und das Schiff schaukelnd und ächzend von der alten Welt in die neue Welt schipperte? Hat er es einer Ehefrau, einem Sohn oder einer Tochter mitgebracht, während die auf seine Rückkehr warteten? Oder hat er es irgendwo in einem fremden Hafen verkauft, um seine Heuer aufzubessern? Ich hatte schon immer eine Schwäche für alte Dinge, aber die letzten Monate, in denen ich damit beschäftigt war, das Benoit-Haus in ein Museum zu verwandeln, haben in mir eine neue Leidenschaft für die Geschichte alter Gegenstände geweckt.

Nachdem ich das Stück vorsichtig in die Dose zurückgelegt habe, nehme ich Omas Brief wieder zur Hand. Wie in aller Welt kam sie zu dieser ungewöhnlichen Sammlung? Wusste sie etwas über die Herkunft dieser Dinge?

Der Brief verrät mir sofort, dass es nicht so leicht sein wird, das herauszufinden. Oma gibt mir keine Antworten. Sie löst nur weitere Fragen aus.

Tandi Jo,

du warst immer diejenige, die mich nach den alten Sachen auf der Farm gefragt hat. Deshalb sollst du diese Schmuckstücke bekommen. Sie gehörten meiner Familie, so lange irgendjemand zurückdenken kann. Sie wurden unter den Frauen immer an die nächste Generation weitergegeben. Meine Oma hat sie mir gegeben, als ich geheiratet habe und aus den Blue Ridge Mountains weggezogen bin, aber sie konnte mir ihre Geschichte nur bruchstückhaft erzählen. Sie vermutete, dass sie per Schiff aus der alten Welt herüberkamen. Das würde bedeuten, dass sie ziemlich alt sind. Meine Oma hat immer gesagt, wenn sie gewollt hätte, hätte sie neben den eingebildeten Schnöseln einen Platz in der historischen Gesellschaft haben können.

Ich habe nie versucht, mehr darüber herauszufinden. Irgendwie war immer etwas Wichtigeres zu tun. Wahrscheinlich war ich mein ganzes Leben lang immer eher ein praktischer Typ. Ich weiß, dass der Schleier Mantilla genannt wird und dass er für den Tag bestimmt ist, an dem du den richtigen Mann findest, der dich dein Leben lang liebt, und ihn heiratest. Meine Oma hat ihn an dem Tag, an dem sie geheiratet hat, getragen, und ich auch an meinem großen Tag. Meine Oma hat mir erzählt, dass er auch alle Bräute in der Familie vor ihr geschmückt hat.

Ich habe immer gehofft, ich könnte ihn dir an deinem Hochzeitstag geben. Aber unsere Gebete werden nicht immer so erhört, wie wir es gern hätten. Ich kann wirklich nicht sagen, warum wir mit deiner Mama immer so große Probleme hatten. Du sollst wissen, dass wir wirklich unser Bestes für sie getan haben. Sie war ein gutes Mädchen, bis sie Kontakt zu den falschen Leuten bekam und deinen Papa kennenlernte. Danach konnten wir tun, was wir wollten, aber es half nichts.

Sei klug bei der Wahl des Mannes, den du heiratest, Liebes. Vergewissere dich, dass er ein guter Mann ist wie dein Opa. Gib dich nicht mit weniger zufrieden.

Opa und ich haben euch Mädchen immer bis ans Ende des Ozeans und zurück geliebt.

Oma

PS: Das Medaillon ist das erste Geschenk, das ich von deinem Opa bekommen habe. Er hat es mir zu unserem ersten gemeinsamen Weihnachtsfest geschenkt. Es ist nicht besonders wertvoll, aber es bedeutet mir sehr viel. Deshalb will ich, dass du es hast.

Weil auf dem Brief kein Datum steht, kann ich nicht herausfinden, ob sie ihn geschrieben hat, nachdem meine Eltern uns nach Texas mitgenommen haben, oder einige Jahre später, als mein Großvater einen Schlaganfall erlitt, der sie beide zum Umzug in ein Pflegeheim zwang.

Aber eigentlich spielt das keine Rolle. Für mich zählt, dass sie nie aufgehört haben, an uns zu denken und uns nur das Beste zu wünschen. Nachdem ich die ersten fünfzehn Jahre meines Lebens als Erwachsene ziemlich in den Sand gesetzt habe, führe ich jetzt endlich ein Leben, auf das sie stolz wären.

Irgendwie bin ich froh, dass ich diesen Brief nicht schon früher entdeckt habe. Ich wäre noch nicht dafür bereit gewesen. Aber in weniger als zwei Wochen werde ich mit einem Mann vor den Traualtar treten, der mich auf eine Weise liebt, die ich nie für möglich gehalten hätte. Jetzt werde ich an diesem Tag etwas aus meiner Familiengeschichte tragen, ein Bindeglied zu meinen Vorfahren, einen Segen von meinen Großeltern.

Das empfinde ich als unbeschreibliches Geschenk.

Als ich den Karton betrachte, auf dem Ginas Name steht, kehrt die Wut zurück. Bevor ich Zeit habe, es mir anders zu überlegen, hebe ich den Deckel vorsichtig hoch und achte darauf, dass kein Staub hineinfällt. Der Inhalt ist in ein verblasstes blaues Seidenpapier gewickelt und das, was ich vorfinde, lässt meine Wut noch mehr auflodern. Ein Hochzeitsfoto von meinen Großeltern und das Brautkleid meiner Großmutter. Der Satinstoff hat in den vielen Jahren einen warmen Eierschalenton angenommen und die zarten Perlen um den drapierten Kragen glänzen in einem tiefen Karamellton. Aber das Kleid ist erstaunlich gut erhalten. Auf dem Foto kann ich erkennen, dass es schlicht und figurbetont geschnitten ist, ohne Unterröcke und Rüschen. Daneben entdecke ich eine Perlenkette, einen gefalteten Brief für Gina und Opas Mundharmonika. Gina war immer die Musikalische in der Familie, die Opas schöne Gesangsstimme geerbt hat. Sie hat immer erzählt, sie werde eines Tages ein großer Star sein und ein großes Haus für uns alle kaufen.

Den Brief an sie öffne ich nicht, aber ich kann nicht widerstehen, das Kleid herauszunehmen. Als ich mich aufrichte, entfaltet es sich und ich achte darauf, es so zu halten, dass es nicht mit dem staubigen Boden in Berührung kommt. Aber ich werde vor Eifersucht ganz grün und befürchte fast, das Grün könnte auf das Kleid abfärben. Ich habe mir für meine bevorstehende Hochzeit ein schlichtes Kleid ausgesucht, aber ich wünschte, meine Großmutter hätte *mir* dieses ganz besondere Erinnerungsstück vermacht. Es scheint sogar die richtige Größe zu haben.

Jetzt erinnere ich mich, dass meine Großmutter das Kleid selbst genäht hat. Sie hat mir erzählt, wie sie den Stoff ausgewählt und Spitzen und Perlen von einem kaputten Ballkleid gerettet hat, das sie von einer Frau bekommen hatte, für die sie gearbeitet hat.

Ohne nachzudenken, eile ich den Flur entlang ins rosa Zimmer, in dem Gina und ich als Kinder geschlafen haben. Der große ovale Spiegel steht immer noch in der Ecke. Insgesamt scheint in diesem Zimmer kaum etwas verändert worden zu sein. Vielleicht hat meine Schwester ja gedacht, hier drinnen wäre nichts von Wert. Oder vielleicht sind sogar für sie einige Räume heilig.

Ich halte das Kleid meiner Großmutter vor mich, als wäre ich ein kleines Mädchen, das sich verkleidet, lege es mir über die Schultern, beuge mich leicht zurück, drücke es mit einem Arm an meine Taille und drehe mich von einer Seite zur anderen und schaue zu, wie der Satinstoff mitschwingt.

Ich male mir aus, was für eine Überraschung dieses Kleid für Paul, Sandy und sogar die Kinder wäre, wenn ich an meinem Hochzeitstag nicht in dem Sommerkleid mit Tüllrock über die Dünen schreite, sondern in dieser faszinierenden Vintage-Kreation, in diesem Kleid, in dessen Fasern der Glaube an eine lebenslange Liebe steckt.

Gina hätte dieses Kleid längst zur Kleiderspende gegeben, sage ich mir. *Sie will es nicht. Es bedeutet ihr nichts. Außerdem hat sie aus diesem Haus schon viel mehr mitgenommen, als ihr zusteht …*

Ich weiß, dass ich mich herausreden will. Schuldgefühle regen sich. Dieses Kleid hat Großmutter meiner Schwester hinterlassen. Es gehört mir nicht.

Ich kann mein neues Leben nicht mit einer Lüge beginnen, egal, wie kostbar dieses Kleid für mich ist.

Tränen schießen mir in die Augen, als ich einen letzten Blick in den Spiegel werfe und mir ausmale, was hätte sein können.

Ich ziehe mein Handy aus der Tasche und möchte wenigstens ein Erinnerungsfoto davon machen. In diesem Moment klingelt das Telefon in meiner Hand. Paul meldet sich und hat neue Informationen. Er fragt, wie es mir geht. Mein Versuch, fröhlich zu klingen, ist nicht besonders überzeugend. Ich betrachte erneut das Kleid und möchte es haben. Dabei male ich mir aus, dass Zoey es eines Tages zu ihrer Hochzeit trägt.

Ich bin in Gedanken nur halb bei Paul, der mir erklärt, was er herausgefunden hat. »Also, deine Schwester arbeitet von montags bis freitags im Autohaus. Sie fängt immer um zehn an. Du hättest sie heute Nachmittag sowieso nicht angetroffen, selbst wenn du hingefahren wärst. Das Autohaus ist sonntags geschlossen und außer einem Online-Verkäufer, der Anrufe entgegennimmt, ist niemand da. Ich habe versucht, ihm einige Informationen zu entlocken, zum Beispiel wo sie wohnt, aber er hat sich nicht ausfragen lassen. Und ich wollte niemanden hellhörig machen.«

»Das war gut so.« Engel und Teufel tragen auf meinen Schultern einen Kampf aus und zerren an dem Kleid.

»Schatz?«, fragt Paul. »Ist mit dir alles in Ordnung?«

»Ja. Entschuldige.« Ich bin mir nicht sicher, warum ich ihm nicht sage, wo ich bin und was ich gerade mache. Wahrscheinlich schäme ich mich ein wenig. Plötzlich komme ich mir vor wie ein Plünderer, nicht besser als meine Schwester.

»Vince hat versucht herauszufinden, was wir wegen der Leute, die diese Klage eingereicht haben, unternehmen können, aber am Wochenende erreicht er niemanden. Er sagt, du musst unbedingt klarstellen, dass du von dem Vertrag *nichts wusstest*, wenn du morgen früh Anzeige gegen deine Schwester erstattest.«

»Oh, das gefällt mir überhaupt nicht …«

»Vor ein paar Stunden wolltest du sie noch eigenhändig erwürgen.«

Ich seufze schwer. Das Kleid fällt mir von den Schultern und hängt mir über dem Arm. »Ich weiß.«

»Hast du es dir anders überlegt?«

»Ich weiß es nicht.«

Er lacht leise. »Vielleicht solltest du einfach darüber schlafen.«

Ich nicke zustimmend, auch wenn er mich nicht sehen kann, und drehe mich zu den zwei Betten mit den staubbedeckten, rosafarbenen Chenille-Tagesdecken herum. In diesen Betten haben zwei kleine Mädchen eng aneinandergekuschelt geschlafen.

Mir wird ganz schwindelig und plötzlich wird mir bewusst, dass ich den ganzen Tag noch nichts gegessen habe. Ich habe auch Durst und bin erschöpft.

Aber vor allem habe ich absolut keine Ahnung, wie ich jetzt vorgehen soll. Soll ich die ganzen Sachen, die ich in Häufchen zusammengetragen habe, ins Auto laden? Soll ich sie lieber hierlassen und sie später holen?

Gina ist erst morgen um zehn auf der Arbeit. Ich könnte am frühen Morgen noch einmal auf die Farm kommen.

»Kannst du Vince sagen, dass ich ihn heute Abend anrufe? Aber ich möchte nichts Offizielles unternehmen, solange ich nicht mit Gina gesprochen habe. Sie …« Ich will schon sagen, dass sie vielleicht eine Erklärung hat, aber diese Worte kann ich mir sparen. Gina hat *definitiv* eine Erklärung. Höchstwahrscheinlich hat sie sogar viele Erklärungen. Und jede ist genauso aalglatt wie das polierte Silber, das aus dem Porzellanschrank unten verschwunden ist.

»Sandy sagt, sie ist bereit, den Knüppel hinter der Ladentheke ihres Muschelladens hervorzuholen und die Sache für dich zu erledigen.« Damit will mich Paul warnen, mich von meiner Schwester nicht einwickeln zu lassen.

»Das kann ich mir gut vorstellen.« Sandy, die ihre eigene Schwester von ganzem Herzen liebt, macht sich bei meiner Schwester keine Illusionen. Ich traue ihr sogar zu, dass sie mit dem Baseballschläger, den sie zur Selbstverteidigung griffbereit im Laden liegen hat, auf Gina losgehen würde. »Ist im Museum alles in Ordnung?«

»Alles bestens. Die Kinder und ich haben heute den Elektriker erwischt. Morgen will er kommen. Ich habe ihm gesagt, wenn er sich nicht endlich in Bewegung setzt und seine Arbeit fertig macht, bringt ihn Vince vor Gericht und er muss die Anzahlung zurückerstatten. Ich glaube nicht, dass er uns noch einmal Schwierigkeiten machen wird. Ansonsten scheint deine Collegepaktikantin ihre Sache ganz gut zu machen.«

Eine spürbare Erleichterung breitet sich in mir aus, aber gleichzeitig erfasst mich ein neuer Schwindelanfall. Plötzlich sieht das schmutzige Bett sehr verlockend aus. Ich muss dringend in die Stadt fahren und mir etwas zu essen besorgen.

Als Paul und ich uns verabschieden, bellt draußen ein Hund. Ich wende mich vom Spiegel ab und werfe einen Blick durch das gewellte, schmutzverschmierte Fenster, während ich immer noch das Hochzeitskleid vor meinen Bauch halte.

Die Kinnlade fällt mir nach unten und ich kann mich einen Moment lang nicht bewegen.

Das ist Boomer! Den schwarzen Labrador würde ich überall erkennen. Ich habe ihm früher schon so oft dabei zugesehen, wie er auf der Ladefläche von Opas Pick-up die Schnauze in die salzige Luft hält, Tunnel in die Dünen gräbt, am Strand Rennkrabben jagt und mit Opa auf dem Traktor fährt. Diesen Hund würde ich überall erkennen.

Eine aufgeregte Begeisterung erfüllt mich, gefolgt von überwältigender Wärme und Freude. Boomer war mein Freund und mein Vertrauter, mein Tröster, wenn sich meine Eltern wieder einmal gestritten hatten und wir hier bei Oma gelandet waren.

Boomer war immer bereit, mit mir in den Maulbeergarten zu laufen, stundenlang auf meinem Schoß zu liegen und meine salzigen Tränen abzuschlecken.

Jetzt steht er dort am Gartenzaun und blickt zum Fenster herauf, als wolle er mich zu sich rufen. *Komm runter und ruh dich aus,* scheint er zu sagen. *Komm und setz dich unter die Maulbeerbäume.*

Dieses Trugbild verschwindet genauso schnell, wie es gekommen ist. Es ist wie eine Seifenblase. Boomer wäre inzwischen uralt. Dieser Hund kann nicht Boomer sein. Vielleicht kann ich vor Hunger nicht mehr klar denken.

Aber er sieht wirklich genauso aus, wie ich ihn in Erinnerung habe. Ich kann sogar den erdnussförmigen, weißen Fleck auf seiner Brust sehen.

Vielleicht habe ich ja Halluzinationen oder bin ohnmächtig geworden. Vielleicht liege ich ja auf dem Boden und träume das alles nur?

Es gibt keinen sauberen Platz, an dem ich das Brautkleid ablegen könnte. Deshalb hängt es immer noch über meinem Arm, als ich auf den Flur hinauseile und die Treppe hinuntergehe.

Die Hintertür klemmt und ich bin mir sicher, dass Boomer ohnehin nur ein Produkt meiner Fantasie ist, aber als es mir endlich gelingt, die Tür aufzumachen, und ich hinausstürme, hat er sich nicht in Luft aufgelöst. Er steht immer noch an derselben Stelle am Rand des Obstgartens und beobachtet mich.

»Boomer?«, flüstere ich.

Er wedelt leicht mit dem Schwanz, als würde er den Namen kennen. Aber wie sollte das sein?

Er hebt den Kopf und dreht sich zur Scheune herum.

Dann höre ich ein Pfeifen. Das Pfeifen eines Mannes. Es hallt vom Haus und den Außengebäuden wider und scheint von überall und nirgends zu kommen.

Plötzlich beginnt mein Herz zu rasen und schlägt mir bis zum Hals.

Der leichte Wind hebt das Brautkleid und legt den Satinstoff um meine Beine, als wollte er mich gegen meinen Willen hier festhalten.

Der Hund und ich blicken in dieselbe Richtung. Das Pfeifen nimmt an Lautstärke zu. Und eine Gestalt taucht aus den Schatten der großen Scheunentür auf. Abgetragene Arbeitsstiefel, an denen Erdklumpen kleben, lange Beine, die in einer Jeans stecken, ein ausgewaschenes blaues Baumwollhemd und ein Gesicht, das unter der Krempe eines Cowboyhuts, der schon bessere Tage gesehen hat, versteckt ist.

Als der Mann aufblickt und das diesige Licht sein Gesicht zeigt, wird mir plötzlich bewusst, dass ich ihn längst an seinem schlaksigen, lässigen Gang erkannt habe.

Aber das kann doch nicht sein. Das ist völlig unmöglich.

Mein Verstand wehrt sich mit ganzer Kraft. Der Hof dreht sich um mich und ich tue etwas, das ich in meinem ganzen Leben noch nie gemacht habe.

Dunkelheit hüllt seine Erscheinung ein und ich lasse mich von ihr in die Tiefe ziehen.

Kapitel 6

Ich werde von einem Hund geweckt, der mir mit seiner Zunge über das Gesicht fährt. Zuerst denke ich, es wäre Chum aus *Sandys Muschelladen*. Wenn Sandy verreist, wohnt er manchmal bei uns. Die Kinder wünschen sich einen eigenen Hund, wenn Paul und ich von unserer Hochzeitsreise zurück sind.

In meinen Gedanken liegt die Hochzeit schon hinter uns und wir sind bei Pauls Großmutter eingezogen und helfen ihr, sich um ihr großes Haus auf Hatteras zu kümmern.

Dann höre ich eine Männerstimme, aber sie gehört nicht Paul.

»Boomer, hör auf damit! Komm her!«

Ich blinzle und blicke in einen weiten, leeren Himmel. Dann sehe ich das Gesicht des Hundes und das des Mannes dicht nebeneinander und meine Gedanken versinken in Raum und Zeit.

Ich bin machtlos und treibe von einem Gedanken zum nächsten. *Bin ich tot? Vielleicht ein Blutgerinnsel oder ein Aneurysma? Ein Herzinfarkt? Etwas, das leise und ohne Vorwarnung tötet?*

Aber der Tag ist heute bewölkt und mild ….

Wer wird es den Kindern sagen? Gott sei Dank haben sie Paul und seine Familie.

Aber ich will meine Kinder selbst großziehen. Ich will leben. *Das ist nicht fair,* schreit mein Verstand. Ich fokussiere meinen Blick wieder auf das Gesicht über mir. Er scheint echt zu sein und ich versuche, mich zu erinnern: Hatten er und sein älterer Bruder so viel Ähnlichkeit? Könnte der Mann, der jetzt über mir kauert und versucht, den Hund mit dem Ellbogen wegzustoßen, sein Bruder sein?

Aber ich weiß, dass man die beiden nie verwechseln konnte. Der ältere Bruder hatte braunes Haar. Die Augen, die jetzt auf mich herabstarren, die gerunzelte Stirn, die blonden Locken, der typisch hochgezogene Mundwinkel …

Das ist Luke. *Mein* Luke!

Vielleicht liege ich immer noch bewusstlos im Gras, irgendwo zwischen Himmel und Erde gefangen.

Luke?, versuche ich zu sagen, aber meine Stimme ist nur ein schwaches Krächzen. Er verzieht den Mund zu diesem breiten Lächeln, das seine weißen Zähne zeigt und früher von stichelnden Bemerkungen begleitet war. Und das mich später dazu brachte, heimlich aus dem Fenster zu steigen und mit ihm die Siloleiter hinaufzuklettern. Oben haben wir uns dann aufs Scheunendach gelegt und die Sterne gezählt oder einen Sturm in der Ferne über dem Meer beobachtet, der mit bedrohlichen Wolken auf das flache Küstengebiet der Lagune zuzog.

»Ich habe mir schon Sorgen um dich gemacht.« Seine Stimme klingt genauso, wie ich sie von jenem letzten Jahr in Erinnerung habe, als sie sich plötzlich in eine Männerstimme verwandelt hatte. Der Mann, der sich jetzt über mich beugt, ist älter und sieht auf eine Art, die ich nicht definieren kann, lebenssatt aus, aber es *ist* Luke.

Ich versuche, mich aufzusetzen. »Ich … denke, ich …«

»Langsam. Lass dir Zeit. Nicht so schnell.« Er legt mir einen Arm unter den Kopf und stützt sanft mein Gewicht ab.

Ich fühle, wie mir das Brautkleid über den Arm rutscht. Dabei muss ich aufpassen, dass es nicht auf der feuchten Erde landet.

Diese Sorge wird schnell durch seinen Anblick verdrängt.

»Du siehst so aus, als hättest du ein Gespenst gesehen«, lacht er, aber es ist nicht lustig. Nichts hier ist lustig und ich merke, wie mir das Blut erneut aus dem Kopf entweicht.

»Ganz ruhig. Lass dir Zeit.«

»Luke?« Endlich spreche ich den Namen aus.

»Hast du etwa den Osterhasen erwartet?« Das ist genau derselbe Spruch, den er in unserem letzten gemeinsamen Sommer gesagt hat, als er sich verändert hatte. Und ich mich auch. Da hatte ich ihn kaum wiedererkannt, weil er dreißig Zentimeter gewachsen und fast ein Mann geworden war.

Niemand sonst würde diesen albernen *Bugs-Bunny*-Spruch zitieren. Niemand auf der ganzen Welt.

»Ich wollte dich nicht erschrecken.« Ein besorgter Blick folgt seiner Entschuldigung. »Als ich vom Eggen zurückkam, hat mir meine Schwester erzählt, dass du hier unten bist.«

»Deine Schwester?« Ich spule das Gespräch mit Laura schnell ab. Wir haben hauptsächlich über die Eigentumsrechte der Farm gesprochen, aber sie hat auch erwähnt, dass ihr Bruder bei der Arbeit auf der Farm hilft. Ich war davon ausgegangen, dass sie ihren älteren Bruder meinte. Wie sollte es auch anders sein?

Das alles muss ein Traum sein. Wahrscheinlich bin ich wieder zu Hause auf Hatteras, liege in meinem Bett und schlafe. Und nichts von alledem – das alte Bauernhaus, die Schätze, die mir Oma in der Tabakdose hinterlassen hat, ihr Brautkleid – ist echt. Alles ist nur ein Fantasieprodukt, hervorgerufen durch meine Hoffnung und Reue. Diese Schlussfolgerung löst eine schmerzliche Enttäuschung aus, aber auch die bewusste Entscheidung, mich darauf einzulassen. Ich will eine Weile in diesem Traum leben und sehen, wohin er führt.

Es gibt vieles, das ich Luke sagen möchte. Tausend Dinge.

»Ich habe dich vermisst.« In einem Traum kann man so etwas zugeben. Aber nach diesem Geständnis regt sich trotzdem eine spürbare Unsicherheit in mir.

Sein Lächeln verblasst und eine fast greifbare Traurigkeit verdunkelt sein Gesicht. Ein gequälter Blick tritt in seine Augen. Der Hund stupst ihn besorgt an. Boomer hatte immer ein Gespür für die emotionale Verfassung von Menschen, den instinktiven Wunsch, sie zu trösten und zu beschützen.

Dieser Gedanke hilft mir, wieder einen klareren Kopf zu bekommen. Ich bemühe mich darum, logische Antworten zu suchen, aber die finde ich beim besten Willen nicht.

Luke krault dem Hund den Kopf, wirft einen Blick zum Obstgarten mit den Maulbeerbäumen, als erinnere er sich an die vielen Male, als wir dort die Bäume zu Ritterburgen erkoren und Robin Hood gespielt haben. Seine blauen Augen sind klar und nachdenklich. »Ich habe mich immer gefragt, ob du je zurückkommen würdest.« Eine leichte Röte stiehlt sich in seine Wangen.

»Deine Schwester habe ich im Laufe der Jahre ein paarmal gesehen … wenn ich zu Hause war. Ich bin viel in der Welt herumgekommen.«

Hat Laura ihm erzählt, dass Ginas Geschichte, ich hätte Leukämie, völlig aus der Luft gegriffen ist? Und dass sie an dieser Lüge jahrelang festgehalten hat?

Ich kehre einen Schritt weiter in die Realität zurück. *Ich habe deine Schwester ein paarmal gesehen …* Tatsächlich?

War Gina hier und hat Luke, *meinen* Luke, gesehen, wie er geht und spricht? Weiß sie, dass er lebt, und hat es mir nie gesagt?

Lebt er tatsächlich? Ist das alles real?

Er sieht mich einen Moment lang an und sucht meinen Blick, als stelle er sich die gleiche Frage. »Du bist ja kreidebleich, Tandi Jo. Was hältst du davon, wenn wir uns eine Minute auf die Veranda setzen, bis du wieder fit bist?«

»Das ist wahrscheinlich eine gute Idee.« Während er mich halb vom Boden hochhebt und zur Veranda führt, gestehe ich ihm, dass ich so sehr damit beschäftigt war nachzusehen, was von meinen Großeltern im Haus übrig geblieben ist, dass ich den ganzen Tag über noch nichts gegessen habe. Er bietet mir an, die Reste des Mittagessens, das ihm seine Schwester eingepackt hat, als er heute Morgen aufs Feld gefahren ist, zu holen, und joggt davon. Am liebsten würde ich ihn aufhalten und nicht in der Scheune verschwinden lassen. Denn ich habe Angst, dass er nicht mehr herauskommt.

Ich lasse die Hand auf dem Hund liegen und hoffe, dass er als Beweis bleibt – etwas, das nicht aus Träumen und Wünschen besteht. Boomer *fühlt* sich echt an. Seine Rippen heben und senken sich unter meiner Hand und sein Herz schlägt spürbar unter meinen Fingern, aber eigentlich müsste er längst tot sein. Ein Teil meines Verstandes beharrt darauf, dass ich mich in einem Traum befinden muss.

Ich bemerke das Brautkleid meiner Großmutter, das im Gras liegt, und taumle hinüber, um es aufzuheben. Dann lege ich es vorsichtig über das Verandageländer, das dank des Windes, der die alten Blätter und den Staub weggeweht hat, relativ sauber ist.

Bestimmt fand Luke es sonderbar, mich mit einem Satinkleid über dem Arm im Hof anzutreffen, aber er hat kein Wort darüber verloren. Jedenfalls muss ich einen seltsamen Anblick geboten haben.

Eine Minute später taucht er wieder auf und schlendert mit langen, lässigen Schritten über den Hof. Genauso wie immer.

Er hat eine Frühstückstüte in der Hand und reicht mir ein Brot, das mit Erdnussbutter und Marmelade bestrichen ist, eine Chipstüte, Bananenkekse und einen Beutel Capri Sonne. »Tut mir leid, aber sie gibt Dale und mir das Gleiche wie den Kindern.«

»Machst du Scherze? Das sieht köstlich aus.« Schweigen legt sich zwischen uns. Normalerweise wäre es mir peinlich, in seiner Gegenwart zu essen, aber mein Hunger ist so groß, dass ich darauf keine Rücksicht nehme. Luke wartet, bis ich das Sandwich verschlungen und den Saft halb leer getrunken habe, bevor er das Gespräch wiederaufnimmt.

»Also … wo warst du die ganzen Jahre?«, fragt er schließlich. Ich spüre deutlich, dass er mich aufmerksam beobachtet, während ich die Kekstüte aufreiße, ein Stück von einem Keks abbreche und es mir in den Mund schiebe. Diese Bananenkekse waren immer Opas Lieblingskekse.

Ich frage mich, ob Opa und Oma irgendwann auch in diesem Traum auftauchen. Ich würde die beiden gern wiedersehen.

»Na ja, ich wohne jetzt auf Hatteras. Im letzten Jahr habe ich die Renovierungsarbeiten an einem der größten historischen Häuser auf der Insel organisiert. Das Benoit-Haus. Die Gemeinde macht es zu einem Museum und man kann dort Hochzeiten feiern und das Haus für Veranstaltungen mieten. Wie es dazu kam, ist eine längere Geschichte. Ich war einfach zur richtigen Zeit am richtigen Ort und habe die nötigen Fähigkeiten mitgebracht. Du weißt ja, dass mein Vater immer Renovierungsarbeiten übernommen hat und ich ihm dabei geholfen habe.« Wir wissen beide, dass *geholfen* die Sache sehr verharmlost. Schon als ich neun oder zehn war, habe ich meinen Vater morgens zu Baustellen und abends wieder nach Hause gefahren, wenn er zu betrunken war, um sich hinters Steuer zu setzen. »Ich kam kurze Zeit nach dem letzten Hurrikan nach Hatteras und irgendwie führte eines zum anderen. Außerdem arbeite ich zwei Tage in der Woche in *Sandys Muschelladen* und verkaufe dort meine Kreationen aus Treibholz. Ich habe eine fünfzehnjährige Tochter und einen Sohn, der zehn ist. Zoey und J. T. Sie sind wunderbare Kinder, auch wenn ich als ihre Mutter natürlich ein wenig voreingenommen bin.« Aus irgendeinem Grund zögere ich hinzuzufügen: *Und in zwei Wochen werde ich heiraten.* Aber Luke füllt die Pause.

»Wow! Kinder …« Er rutscht ein wenig zurück. »Du hast eine Tochter, die fünfzehn ist?«

»Ich bin gleich im ersten Jahr am College schwanger geworden. Die Geschichte ist nicht besonders schön.« So viele Dinge sind nicht schon, aber wenn ich im letzten Jahr etwas gelernt habe, dann eines: Gott ist imstande, aus unseren Fehlern unglaubliche Dinge zu machen. Zoey ist unglaublich. »Genug von mir. Erzähl mir von dir. Wo warst du die ganze Zeit?« Ich versuche, mir auszumalen, was er sagen wird. Wird er den Himmel beschreiben? Oder ist er in diesem Traum losgezogen und hat ein normales Leben geführt? Er hat gesagt, dass er viel herumgekommen ist. Was heißt das?

Eine Wolkenbank verdunkelt die Sonne noch mehr und Luke dreht sich zu mir herum, stützt die Ellbogen auf seine Knie und lässt den Kopf nach vorne fallen.

Am liebsten würde ich ihm eine Hand auf den Rücken legen, aber ich kann nicht einmal sagen, warum. Der Hund geht um mich herum, breitet sich neben Luke der Länge nach aus und legt den Kopf auf die schwarze Erde, die auf Lukes Arbeitsjeans klebt.

»Das ist auch keine besonders schöne Geschichte. Als die Ärzte nach dem Unfall endlich die Dosierung der Medikamente reduzierten und ich aufgewacht bin, saß Laura im Rollstuhl und meine Eltern hatten fast alles, was sie gespart hatten, ausgegeben, um die Krankenhausrechnungen zu bezahlen. Und das war alles meine Schuld. Ich konnte einfach nicht damit umgehen, was ich meiner Familie angetan hatte.«

Ein tiefes, zittriges Seufzen kommt aus seinem Mund. Er streichelt das weiche Fell des Hundes und blickt auf die Felder hinaus. »Ich habe die zweite Chance, die ich im Leben bekam, nicht besonders gut genutzt. Das schafft man einfach nicht, wenn man ständig vor etwas wegläuft. Dann vergeudet man seine ganze Energie mit sinnlosen Dingen. Es bleibt nichts übrig, auf das man aufbauen könnte. Ich bin hierhin und dorthin gezogen, habe auf einem Krabbenkutter angeheuert und einige Jahre in Skigebieten und Nationalparks gearbeitet. Eine Weile war ich Army Ranger und habe mein Leben riskiert. Hin und wieder bin ich nach Hause gekommen und habe auf der Farm geholfen. Ich wollte mein Möglichstes tun, um meine Schuld bei Laura wiedergutzumachen, auch wenn sie das nie verlangt hat. Aber ich habe an jenem Tag am Steuer des Pick-ups gesessen.« Er wirft mir einen traurigen Blick zu, als wolle er verzweifelt wissen, was ich denke, als *müsse* er das wissen. »Ich war immer so froh, dass du nicht bei mir im Wagen gesessen hast.«

In meinem Kopf dreht sich alles so rasant, dass ich ihm nicht einmal antworten kann. Statt langsam und schrittweise zu mir durchzudringen, überrollt mich die Realität wie eine Flutwelle. Ich tauche einen Moment unter und ringe nach Luft. »Sie haben mir gesagt, du wärst gestorben« ist alles, was ich herausbringe.

Seine hellblauen Augen blinzeln, starren mich an und blinzeln wieder. »Sie haben was?!«

»Als wir in jenem Sommer von hier weggegangen sind, hat niemand damit gerechnet, dass du überlebst.« Diese Nachricht hatte in der ganzen Mulberry Road die Runde gemacht. Ich kann immer noch hören, wie traurig meine Großeltern über diese tragische Situation gesprochen haben. »Einige Zeit später hat mir mein Vater gesagt, du wärst gestorben. Meine Eltern haben zu diesem Zeitpunkt mit meinen Großeltern einen Sorgerechtsstreit ausgefochten und mein Vater hat uns nicht einmal zu deiner Beerdigung gehen lassen.«

Seine Augenbrauen ziehen sich nach oben und verharren dort. Ich kann sehen, wie sein Gehirn arbeitet. »Hm. Die Ärzte haben meinen Eltern tatsächlich gesagt, dass sie sich auf das Schlimmste einstellen müssen. Sie haben mit ihnen sogar darüber gesprochen, ob ich als möglicher Organspender infrage kommen könnte. Aber du weißt ja, dass Ärzte nicht immer recht haben. Manchmal kommt es nicht so, wie sie erwarten. Am vierten oder fünften Tag und nach der vierten oder fünften Operation dachten sie, dass ich es doch schaffen könnte.«

Dann beschreibt er, was er als Sechzehnjähriger überlebt hat und was seine Familie durchgemacht hat: Auf zwei Kinder warteten weitere Operationen und Physiotherapie, die sich über Monate und Jahre hinziehen würden. Ich versuche, mir das vorzustellen, als wären es Zoey und J. T., aber es gelingt mir nicht.

Mich lässt der Satz nicht los: *Am vierten oder fünften Tag … dachten sie, dass ich es doch schaffen könnte.*

Mein Vater war damals von meinen Tränen und meinen Liebesbekundungen für Luke genervt und wollte von meinen unablässigen Bitten, auf die Farm zurückzufahren, kein Wort hören. Aber das war wesentlich später als vier oder fünf Tage nach dem Unfall. Sinngemäß hat er damals zu mir gesagt: *Hör endlich auf damit! Der Townley-Junge ist vor zwei Tagen gestorben. Ich habe es dir nicht gesagt, weil ich wusste, dass du dann völlig am Boden zerstört bist. Du bist dreizehn. Du hast von Liebe noch keine Ahnung. Ich will von diesem Townley-Jungen nichts mehr hören, hast du mich verstanden? Vergiss ihn einfach!*

Als Luke seine Geschichte damit abschließt, dass er mit siebzehn von zu Hause weggegangen ist, jagt der Hund dem letzten Bananenkeks hinterher. Ich muss den Keks wohl fallen gelassen haben.

»Boomer«, schimpft Luke. »Bleib weg von …! Zu spät.« Er zuckt mit der Schulter und will offenbar die Schwere unseres Gesprächs von sich abschütteln.

»Boomer?«, wiederhole ich. »Dieser Hund ist aber nicht *der* Boomer?«

»Natürlich nicht. Er wäre jetzt ja ungefähr fünfundzwanzig Jahre alt. Aber der Hund deines Opas ist *weit herumgekommen*, wenn du verstehst, was ich meine. Man könnte sagen, sein Vermächtnis lebt weiter.« Lukes Lippen verziehen sich auf eine Art, die mir so vertraut ist. Plötzlich erinnere ich mich an jenen ersten Kuss im Maulbeergarten. Ich erinnere mich an alles.

Dieser Kuss hat meine Welt erschüttert und verändert, wie das nur erste Küsse können. Als mich Luke Townley geküsst hat, dachte ich, ich wüsste ganz genau, wie meine Zukunft aussieht.

Wir haben gemeinsam alles geplant, während wir nebeneinander unter den Maulbeerbäumen lagen.

Als ich ihn jetzt ansehe, frage ich mich: Erinnert er sich an die Versprechen, die wir uns damals gegeben haben?

Kapitel 7

»So etwas habe ich noch nie gesehen«, sagt Luke, während er den Deckel der Tabakdose schließt und sie mir zurückgibt. Wir stehen neben meinem Wagen im Hof hinter dem Haus.

Er hat mir geholfen, die Sachen aus dem Haus zu tragen und sie dann einzuwickeln, auszupolstern und im Kofferraum zu verstauen. Gemeinsam haben wir die letzten paar Zimmer durchgesehen – und sind in Hunderte verschiedene Erinnerungen eingetaucht. Er hat mich an so viele Momente erinnert, die ich längst vergessen hatte, und ich habe Erlebnisse ausgegraben, von denen er nichts mehr wusste. Unsere Freundschaft als Kinder fühlt sich so real an, als hätten wir uns erst gestern das letzte Mal gesehen. Vielleicht liegt darin der Zauber. Die nebligen, fernen Farbnuancen der Kindheit verleihen allem einen nostalgischen Glanz.

Keiner von uns erwähnt die schlimmen Seiten. Wir sprechen nicht über meinen Vater, der betrunken im Hof herumgebrüllt hat, wenn er und meine Mutter wieder einmal einen Streit hatten und dabei handgreiflich wurden und ihn zum x-ten Mal aufforderten zu verschwinden und Opa mit seinem Gewehr auf die Veranda trat. Wir sprechen nicht darüber, dass wir zusammen Pläne geschmiedet haben, miteinander durchzubrennen, und dass wir uns als Teenager versprochen haben, für immer zusammen zu bleiben, da wir keine Vorstellung davon hatten, wie kompliziert *für immer* sein kann.

Keiner von uns verliert ein Wort über jenen flüchtigen, süßen und am Ende bitteren letzten Sommer. Wir verbringen die letzten Stunden Tageslicht einfach damit, von Zimmer zu Zimmer zu gehen, Dinge auszusortieren, sie zum Auto zu schleppen und in Erinnerungen zu schwelgen. Manchmal müssen wir so heftig lachen, dass uns die Tränen kommen.

Selbst Boomer sieht uns so an, als hätten wir sie nicht mehr alle. Irgendwie stimmt das auch. Wir ignorieren einfach die vielen Jahre, die zwischen uns liegen, den tiefen Schmerz, die ganzen Enttäuschungen und die vielen Erwachsenensorgen, die uns niederdrücken und davon abhalten, uns in die Fantasie zu flüchten.

Einige Male hänge ich in Gedanken der Frage nach *Was wäre, wenn?* Was wäre, wenn meine Eltern mich damals in jener ersten Augustwoche nicht fast gewaltsam von hier weggebracht hätten? Was wäre, wenn mich meine Hoffnungen und die erste Liebe so beflügelt hätten, wie Luke versprochen hatte? Was wäre, wenn Luke, statt vor seinem Schmerz wegzulaufen, ans College gegangen wäre und das geworden wäre, was er immer hatte werden wollen, Tierarzt?

Was wäre, wenn Zoey und J. T. *seine* Kinder wären und wir unser ganzes Leben zusammen in einem kleinen Haus in der Lagune oder an der Küste verbracht hätten?

Aber jedes Mal, wenn sich diese Fragen melden, trete ich in Gedanken auf die Bremse und schließe schnell wieder diese Türen, während wir neben dem Auto stehen und keiner von uns bereit zu sein scheint, sich zu verabschieden. Ich weiß, dass ich gehen sollte. Dass ich hier stehe und solche Gedanken zulasse, ist Paul gegenüber nicht fair. Ich weiß, dass er mich nur noch nicht angerufen hat, weil er denkt, ich läge irgendwo in einem Motelzimmer und würde meinen Schlaf nachholen. Er ist das, was er immer ist: ein Beschützer, ein bester Freund, ein Held, der erste Mensch, der mich nur um meiner selbst willen liebt.

Selbst Lukes Liebe *wollte* damals etwas. Ich habe gehört, wie Opa Gina davor gewarnt hat, was die Liebe eines Jungen wollen könnte, nachdem er sie dabei ertappt hatte, wie sie sich heimlich mit Lukes älterem Bruder getroffen hatte. *Sei bei diesem Townley-Jungen vorsichtig. Zwischen einem jungen Stromer und dem Hofhund ist kein großer Unterschied. Wenn du mit einem Steak auf dem Teller vor ihm stehst, ist er dein bester Freund, solange das Steak auf dem Teller liegt. Wenn du ihm das Steak gegeben hast, lässt er dich stehen, sobald ein anderes Mädchen mit einem vollen Teller des Weges kommt.*

Dieser Vergleich entlockt mir jetzt ein Schmunzeln, aber er macht mich auch nachdenklich. Meinte Luke wirklich alles, was er damals gesagt hat, ehrlich, oder haben nur seine Teenagerhormone aus ihm gesprochen?

Vielleicht ist es Gnade, dass meine Illusionen keine Gelegenheit bekamen, erschüttert zu werden. Vielleicht ist es gut, wenn die erste Liebe das Märchen bleibt, an das man immer glaubt.

Ich öffne die Autotür und stelle die Tabakdose neben den Karton mit Omas Brautkleid auf den Beifahrersitz. Ich plane, meiner Schwester morgen einen persönlichen Besuch abzustatten. Irgendwann vor dieser Begegnung telefoniere ich noch einmal mit Vince, lasse mir von ihm weitere Details geben, was mit Gina passieren könnte, falls ich sie anzeige, und sammle Munition. Ich will, dass es offiziell klingt. Sie soll wissen, dass sie ihre kleine Schwester dieses Mal nicht über den Tisch ziehen kann.

»Er ist immer noch da«, sagt Luke aus heiterem Himmel. Sein Blick wandert über den Hof.

»Wer?«

»Unser Platz.« Seine Lippen verziehen sich verspielt. »Oben auf der Scheune neben dem Silo. Neulich war ich oben. Ich musste plötzlich daran denken, wie oft wir dort gesessen haben.«

Plötzlich fühle ich wieder diese Verbindung zwischen uns. Er erinnert sich auch an diese Zeiten auf dem Dach. Meine Mundwinkel verziehen sich zu einem Lächeln. »Gina hat nie herausgefunden, wo wir waren.«

Dass wir die Siloleiter hinaufgeklettert sind und uns an diesem Platz, an der sich das Scheunendach mit dem des Heubodens trifft, versteckt haben, war unser Geheimnis. Irgendwo hoch oben, wo uns niemand hören konnte, wenn wir uns gegenseitig unsere Gedanken über das Leben und unsere Träume erzählten, unserer Fantasie freien Lauf ließen und unsere Wünsche in bunten Farben ausmalten. Wir schmiedeten tausend Pläne, wie wir meine Eltern überreden könnten, Gina und mich für immer hier auf der Farm zu lassen. Alles von einer plötzlichen undefinierbaren Krankheit bis zu der Idee, eine Arbeitsstelle für meinen Vater in der Lagune zu finden. Als wir irgendwann tatsächlich lange genug hierblieben und auch hier zur Schule gingen, probte ich sogar für eine Aufführung des Schultheaters mit. Aus irgendeinem Grund dachten Luke und ich, meine Eltern könnten mich unmöglich von hier wegbringen, wenn ich eine Rolle im Weihnachtsmusical der fünften Klasse spiele. Die Musiklehrerin, Mrs Vilmer, war eine Kämpferin. Selbst wenn alle Stricke rissen, würde sie das gewiss nie zulassen.

Ich kann es mir nicht verkneifen, Luke an den Plan mit Mrs Vilmer zu erinnern, und wir lehnen uns ans Auto und lachen.

»Kaum zu glauben, dass wir je denken konnten, es wäre so einfach.« Wehmütig schüttelt er den Kopf und deutet mit der Schulter zur Scheune. »Willst du ihn noch einmal sehen? Unseren alten Platz? Schon bald werden am Himmel die ersten Sterne leuchten.« Seine Augen fordern mich heraus, meinen Mut unter Beweis zu stellen, ganz ähnlich wie damals, als ich zum ersten Mal mit neun Jahren und noch viele Male danach meine Höhenangst überwand und die Siloleiter hinaufkletterte.

Aber aus Lukes Gesicht spricht noch etwas Tieferes. Ist es Sehnsucht? So sieht es jedenfalls aus.

Mir ist bewusst, dass ich ihm womöglich falsche Hoffnungen mache. Das ist nicht meine Absicht. Trotzdem habe ich noch kein Wort über meine bevorstehende Hochzeit verloren. Mein Gewissen meldet sich und holt mich in die Realität zurück. Ich kann keine Zeitreise machen und an die Vergangenheit anknüpfen, als wäre seitdem nichts geschehen, selbst wenn ich das wollte.

»Lieber nicht.«

Seine Enttäuschung ist unübersehbar, aber er scheint meine Reaktion auch zu verstehen. »Du musst vermutlich weg.« Diese Aussage verrät, dass er mich doch nicht versteht. Er versucht nicht, mich zu überreden, sondern wirkt eher traurig.

»Ich sollte endlich nach Greenville fahren und mir ein Zimmer suchen. Ich brauche Zeit, um die Strategie für meinen Besuch bei Gina morgen zu planen.« Ich habe Luke schon alle Details erzählt, auch dass Gina morgen ab zehn im Autohaus ist. Er hat angeboten, mich zu begleiten, aber ich war klug genug, dieses Angebot abzulehnen. »Zu Hause auf Hatteras ist auch jede Menge zu tun. Nicht nur die Museumseröffnung in zwei Wochen, sondern auch die Vorbereitungen für meine Hochzeit.« Bei den letzten beiden Worten klebt meine Zunge mit dem bitteren Beigeschmack eines gebrochenen Versprechens fast an meinem Gaumen fest, aber das ist natürlich albern.

Luke versteckt seine Reaktion, indem er seinen Blick auf Boomer richtet, der durch das struppige Dickicht entlang des Gartenzauns um den Obstgarten stromert. Die Weinstöcke sind wild gewuchert und nehmen dreimal so viel Raum ein wie früher. Sie sind jetzt zu sehr ineinander verwachsen und verknotet, um sie pflegen und bearbeiten zu können. »Das freut mich für dich. Gratuliere.« Seine Stimme ist flach.

Zum Glück piept das Handy in seiner Hosentasche, bevor ich etwas erwidern kann. Er ist für diese Ablenkung offenbar auch dankbar. Im weichen, rosafarbenen Dämmerlicht betrachte ich sein Profil, während er die Nachricht liest.

»Laura schreibt, dass du zum Abendessen mitkommen sollst. Sie würde dich gern noch einmal sehen, bevor du wieder fährst.«

»Das ist nett.« Ich bin für die Einladung dankbar, denn ich will noch nicht gehen, aber ich weiß, dass ich nicht länger mit Luke allein hier herumhängen und zusehen kann, wie sich die Wolken auflösen und der erste Stern vorsichtig am Horizont erscheint. Das ist alles viel zu vertraut.

Außerdem möchte ich mich sowieso noch ein wenig länger mit Laura unterhalten, um herauszufinden, wie viel Geld sich Gina unter den Nagel gerissen hat, während sie jahrelang die Farmpacht eingestrichen hat.

»Gehen wir zu Fuß?« Die Melancholie ist verschwunden und der Junge, der mich früher zu vielen Mutproben herausgefordert hat, ist wieder da.

»Ja. Das klingt gut.« Ein Spaziergang mit Luke Townley und Boomer auf der Mulberry Road. Was könnte perfekter sein?

Wir tauchen wieder in die Vergangenheit ein, als wir losmarschieren, und unterhalten uns über Fahrradtouren und Fröschefangen und die schwarze Peitschennatter, die wir in Ginas Handtasche versteckt hatten. »Mein Vater hat mich dafür grün und blau geschlagen. Aber irgendwie war es das wert.«

Kaum habe ich das gesagt, wird mir bewusst, dass die Erwähnung meines Vaters und seiner Prügel ein möglicher Stimmungskiller ist, da Luke wirklich sehr viel über meine Familie weiß. Diese Bemerkung bleibt unkommentiert, während wir auf Lauras Hof biegen und eine aufgeweckte Kinderschar angelaufen kommt, um uns zu begrüßen. Übermütig klettern sie an Luke hoch. Ich kann nicht einmal sagen, welche Kinder zur Familie gehören und welche Pflegekinder sind. Luke scheint sie alle zu lieben. Mir geht durch den Kopf, was für eine Schande es ist, dass er keine eigenen Kinder hat.

Die Kinder laufen mit uns ins Haus und es geht laut und fröhlich zu, während Laura und ihr Mann Dale ihr Möglichstes tun, um das Essen auf den Tisch zu bringen. Es ist chaotisch und wild, aber man kann die Liebe in diesem Haus spüren. Als wir kurz still sind, um ein Tischgebet zu sprechen, freue ich mich von ganzem Herzen für Laura. Nach allem, was sie durchgemacht hat, hat sie dieses erfüllte Leben wirklich verdient. Ich staune erneut über die Macht eines einzigen, gewöhnlichen Lebens, das viele als kaputt einstufen würden. Sie hat keine Beine und trotzdem gibt sie diesen Kindern Flügel.

Meine Entschlossenheit, mein Eigentum zurückzufordern und die alte Farm zu retten, verfestigt sich. Ich will mit Paul und den Kindern auf die Farm kommen und hier Zeit verbringen. Ich will ihnen die ganzen Plätze meiner Kindheit zeigen. Ich will, dass sie diese erstaunliche Frau und ihre Kinderschar kennenlernen.

Aber als das Gebet endet und die Gespräche fortgesetzt werden, wandert mein Blick über den Tisch zu Luke und ich frage mich, wie es wohl wäre, ihn Paul vorzustellen. Wie es wäre, wenn sich die beiden Männer kennenlernen, die mich zu unterschiedlichen Zeiten in meinem Leben gerettet haben.

Vielleicht ist das doch keine so gute Idee.

Wahrscheinlich wird es sowieso nie dazu kommen. Ich muss den Gesprächen nicht lange zuhören, um zu begreifen, dass Luke nicht übertrieben hat, als er sagte, er sei weit herumgekommen. Er bleibt nie lange hier. Er bleibt nirgends lange. Die Kinder wollen Geschichten von ihm hören und er erzählt ihnen von einem Ort nach dem anderen, von einem Menschen nach dem anderen, aber sie spielen alle nur eine vorübergehende Rolle in seinem Leben.

Als wir mit dem Abendessen fertig sind, versuche ich immer noch, mir ein vollständiges Bild von seinem unsteten Leben zu machen. Er und Dale gehen mit den Kindern hinaus, um die Reste an die Hunde zu verfüttern und dann im Hühnerstall Eier zu sammeln und die Stallarbeiten für den Abend zu erledigen. Ich bleibe mit Laura in der Küche und helfe ihr, den Tisch abzuräumen, obwohl sie darauf besteht, dass ich das nicht tun muss. Sie versucht, mich zu überreden, mit Luke hinauszugehen. Irgendwie werde ich das Gefühl nicht los, dass sie uns gern verkuppeln würde, deshalb erzähle ich ihr, während wir das Geschirr spülen und abtrocknen, bewusst von meiner bevorstehenden Hochzeit.

Sie reagiert ähnlich wie Luke. »Oh, das ist wunderbar. Ich freue mich so für dich!«

»Paul ist wirklich ein unglaublicher Mann.« Warum habe ich das sonderbare Gefühl, mich rechtfertigen zu müssen? »Einen besseren hätte ich nicht finden können.«

»Schön für dich. Meinen Glückwunsch.«

Während wir das Geschirr fertig spülen und es dann in die grün gestrichenen Küchenschränke einräumen, die genauso aussehen wie damals, als Lauras Eltern noch hier gewohnt haben, wendet sich unser Gespräch unverfänglicheren Themen zu. Es ist nicht zu übersehen, dass Laura nicht viel Wert auf Deko legt. Man merkt dem Haus an, dass hier viele Kinder leben und herumtoben. Es ist das, was es immer war: ein Ort, an dem man keine Angst haben muss, etwas kaputt zu machen. Ein Ort, der voller Leben ist.

Mit einem leichten Lachen schließt Laura die Schranktür.

»Weißt du, als Bean dich hierhergebracht hat und ich begriffen habe, wer du bist, habe ich es irgendwie bedauert, dass Luke gerade draußen auf dem Feld war. Als die Kinder dich eine Weile später wieder beim Haus bemerkt haben, habe ich meinen Bruder absichtlich zu dir geschickt. Wahrscheinlich dachte ich einfach …«

Ein kleiner Junge läuft an uns vorbei und Laura nimmt ein Geschirrtuch und lässt es gekonnt schnalzen. Der Junge weicht mit einem fröhlichen Kreischen aus. Schließlich beendet Laura ihren Gedanken. »Ich weiß auch nicht … Irgendwie kam ich auf die verrückte Idee, du und Luke könntet vielleicht … Irgendwie würde sich vielleicht etwas für ihn ändern, weil du hier bist. Ich habe ihm immer wieder gesagt, dass ich ihm wegen des Unfalls und dem, was passiert ist, keine Vorwürfe mache. Aber egal, was ich sage, und egal, wohin er geht, es ist irgendwie nicht das, was er braucht. Er wirkt einfach … verloren. Ich verstehe nicht warum. Seit Jahren bete ich für ihn, aber bis jetzt wurden meine Gebete nicht erhört.«

Ich fühle mich seltsam unter Druck gesetzt, irgendwie die Erhörung dieser Gebete zu sein, aber ich weiß, dass ich das nicht bin. Ich habe auf Hatteras mein eigenes Leben und es ist erfüllt und glücklich. Es gibt hundert egoistische Gründe, warum ich mir Lukes Probleme nicht aufladen will. Lösen kann ich sie sowieso nicht. Es hat lange gedauert, bis ich endlich begriffen habe, dass man einen anderen Menschen nicht heilen kann. Man kann nicht ändern, was in der Vergangenheit schiefgelaufen ist. Man kann nur ändern, wie man darauf reagiert.

Man muss warten, bis der andere selbst an sich arbeitet.

»Es tut mir leid.« Mir fällt nichts ein, was ich sonst sagen könnte.

»Oh, meine Güte, das muss es nicht!« Laura wedelt mein Bedauern mit einer lässigen Handbewegung vom Tisch. »Das sind nur meine verträumten Gedanken. In mir steckt viel von meiner Mutter.« Sie wechselt abrupt das Thema. »Hast du eigentlich heute mit deiner Schwester gesprochen? Was hat sie gesagt? Hast du mehr herausgefunden? Weißt du inzwischen Genaueres? Wir wüssten wirklich gern, ab wann das Land für uns tabu ist und ob wir vorher noch die Ernte einbringen können.«

Das ist der perfekte Aufhänger, um sie nach der Pacht zu fragen, die sie in den ganzen Jahren gezahlt haben, und das Gespräch schlägt ganz natürlich eine andere Richtung ein. Trotzdem läuft das Thema Luke in meinem Hinterkopf weiter. Es ist so aufdringlich, dass ich lieber nicht zum Eis bleibe, das es zum Nachtisch gibt, als die Männer und die Kinder wieder ins Haus strömen.

Ich verabschiede mich bewusst, während Luke mit einem der Kinder zum Schuppen geht, um ein Kätzchen zurückzubringen, das ins Haus geschmuggelt wurde. Aber als ich gerade den Rückwärtsgang einlege, kommt er ums Haus herum.

Ich kurbele das Fenster herunter und warte, bis er bei meinem Auto ankommt. »Du musst los?«, fragt er.

»Ja. Ich muss meine Strategie planen. Laura hat mir viel Munition gegeben.« Ich klopfe auf einen Stapel Kopien von Pachtschecks und Pachtverträgen aus früheren Jahren.

Eine tiefe Sorgenfalte tritt in Lukes Stirn. »Ruf an, wenn du etwas brauchst, okay? Kräftige Muskeln. Eine elektrische Rinderpeitsche. Einen Verbündeten. Wir könnten sie wieder entführen und auf dem alten Getreideboden einsperren.«

Dieses Bild entlockt mir ein Lachen. Natürlich weckt dieses Erlebnis weitere Erinnerungen. Ich erwähne sie nicht, weil ich weiß, wohin das führen würde. »Das behalte ich im Hinterkopf. Danke.«

»Es ist mein Ernst. Alles, was du brauchst.« Dabei sieht er mich mit seinen durchdringenden himmelblauen Augen an und ich frage mich, was er sieht. Sieht er das Mädchen von früher?

Am liebsten würde ich ihm auch anbieten, dass er sich gern melden kann, wenn ich etwas für ihn tun kann. Aber ich kann Luke nicht geben, was er braucht. »Pass auf dich auf, okay?«

Unerwartet schießen mir Tränen in die Augen und meine Stimme zittert.

Er tut meine Worte mit einem Achselzucken ab. »Du kennst

mich. Egal, wohin es mich verschlägt, ich lande immer auf den Füßen.« Etwas an der Art, wie er das sagt, verrät mir, dass er fort sein wird, wenn ich das nächste Mal in die Lagune komme. Sein Blick wandert die Straße entlang, als spiele er bereits mit dem Gedanken, das Weite zu suchen.

»Du solltest hierbleiben. Du kannst so gut mit Kindern umgehen.«

Wieder tut er meine Worte mit einem Achselzucken ab. »Mich zieht es weg. Um diese Jahreszeit ist es hier zu heiß und zu schwül. Es ist eine gute Zeit, um in die Berge zu ziehen …«

Ohne nachzudenken, lege ich eine Hand an seine Wange und drehe sein Gesicht zu mir herum. »Sei nicht so hart zu dir, Luke. Allen hier geht es gut.« Ich deute zum Haus, wo Laura ihr herrlich unkonventionelles Leben unter Kontrolle hat.

»Ja, ich weiß.« Er zieht sanft meine Finger von seinem Gesicht und reibt sie zwischen seinen Handflächen. »Pass auf dich auf, Tandi. Sag deinem Bräutigam, dass er ein Glückspilz ist.«

Mit einem letzten, sanften Drücken lässt er meine Hand los und geht weg und irgendwo tief in meinem Inneren werden die Jahre seit jenem Sommer, als ich dreizehn war, hauchdünn und lösen sich schließlich ganz in Luft auf. Luke Townley lebt, aber trotzdem weiß ich, dass ich ihn wahrscheinlich nie wiedersehen werde.

Kapitel 8

Als ich in meinem Motelzimmer aufwache, frage ich mich im ersten Moment verwirrt, warum ich hier bin. Ich denke, ich bin auf einer Dienstreise fürs Museum, um historische Gegenstände und alte Dokumente von den Outer Banks persönlich abzuholen, weil sie zu wertvoll oder zu zerbrechlich sind, um sie mit der Post zu schicken.

Bei einem Blick auf die Uhr fällt mir schlagartig ein, wo ich bin und warum ich mich hier aufhalte. Meine Wut ist sofort entfach und ich bin kampfbereit. Ich liege im Bett und zähle im Kopf die ganzen Sünden meiner Schwester auf: Sie wusste ganz genau, dass Luke Townley bei jenem Verkehrsunfall nicht gestorben ist, und hat es mir nie verraten. Dieses Vergehen rangiert weit oben auf der Liste. Die Erinnerungen an gestern ziehen angenehm an mir vorüber, aber ich halte sie nicht fest. Vielmehr konzentriere ich mich darauf, wie wütend ich bin – wegen all des Unrechts, das geschehen ist.

Ich gehe meinen Strategieplan durch. Nachdem ich von der Mulberry Road weggefahren bin, habe ich noch einmal mit Vince und Paul gesprochen. Sie sind bei ihren Bemühungen auch weitergekommen. Die Käufer macht der Gedanke nervös, dass ich beweisen könnte, von den Verkaufsplänen keine Ahnung gehabt zu haben. Aber eigentlich geht es ihnen sowieso um Ginas Anteil an dem Land, um die Felder. Vince arbeitet daran, sie zu überzeugen, dass es am besten ist, auf den Kauf des Hauses und der umliegenden dreißig Hektar zu verzichten und sich damit zufriedenzugeben, für diesen Teil ihre Anzahlung zurückzubekommen. Darüber hinaus muss natürlich noch die ausstehende Steuer nachgezahlt werden.

Ich bin voll darauf vorbereitet, meiner Schwester damit zu drohen, was sie erwartet, falls ich Anzeige gegen sie erstatte, wenn sie keinen Weg findet, diese Sache in Ordnung zu bringen. Ich weiß, wie hoch der Betrag an Steuern für meinen Teil des Landes ist und was an Gebühren für die offizielle Teilung des Landes fällig wird. Eine Summe von über fünfzehntausend Dollar. Ich kann mir nicht vorstellen, wie Gina so viel Geld aufbringen will.

In Gedanken sage ich mir wieder, dass meine Schwester sehr erfinderisch sein kann. Und dieses Mal werde ich nicht nachgeben, das nehme ich mir fest vor. Falls es dazu kommen sollte, lasse ich ohne schlechtes Gewissen zu, dass sie ins Gefängnis kommt. Aber gleichzeitig frage ich mich, was passieren wird, wenn wir uns persönlich gegenüberstehen. Ich erinnere mich an die Male, als sie mich unter das Bett gezogen und an sich gedrückt hat, wenn bei Mama und Papa wieder einmal die Fetzen flogen. Ich erinnere mich, wie sie mich in unseren ersten Monaten als Pflegekinder vor älteren Jungen und dem Lüstling von nebenan beschützt hat.

Eine Stimme in mir schreit immer noch: *Aber sie ist doch deine Schwester! So sollte es einfach nicht sein.*

Während ich immer noch kilometerweit von ihr entfernt im Motelzimmer liege, zerreißt es mich innerlich fast.

Schließlich setze ich mich auf, nehme die Tabakdose vom Nachttisch, lese Omas Brief noch einmal und streiche mit den Fingern über die Halskette mit ihren filigran geschnitzten Perlen. Ich habe Paul und den Muschelladenschwestern gestern Abend Bilder von der Kette geschickt. Niemand von ihnen hat so etwas je zuvor gesehen. Aufgrund der Motive sind sich alle einig, dass sie wahrscheinlich von einem Seemann geschnitzt wurde. Aber wie sie in Omas Familie gelangt ist, bleibt ein Rätsel.

Gott sei Dank hat Gina die Kette nicht vor mir gefunden. Sie ist zweifellos wertvoll und wäre wahrscheinlich längst in einem Pfandleihhaus gelandet. Dieses geheimnisvolle Erbe von meinen Vorfahren in den Blue Ridge Mountains fasziniert mich und macht mich gleichzeitig traurig. Es ist eine weitere Sache, die mir Gina wegnehmen wollte. Ein weiteres Erinnerungsstück, das ihr nicht das Geringste bedeutet.

Dieser Schatz wurde mir anvertraut und ich bin dankbar, dass er jetzt in Sicherheit ist.

Das Schwerste heute wird sein, Gina den Karton zu übergeben, den Oma ihr hinterlassen hat. Das Brautkleid. Allein schon bei dem Gedanken daran sträubt sich alles in mir dagegen, aber ich weiß, dass es richtig ist. Oma wollte es so.

»Es gibt keinen besseren Zeitpunkt als die Gegenwart«, sage ich ins leere Zimmer hinein und stehe auf, um mich für den Tag fertig zu machen. Bevor ich das Licht ausschalte und das Motel verlasse, werfe ich als letzte Verzögerungstaktik einen abschließenden Blick in den Spiegel. Meine Schwester wird zweifellos perfekt gestylt sein. Das ist sie immer. Ich will mich nicht ausstechen lassen.

Auf dem Parkplatz lese ich Pauls Textnachrichten. Er hat im Autohaus angerufen und vorgegeben, ein alter Kunde zu sein, um sicherzustellen, dass Gina auch da ist. Sie ist da.

Meine Schwester hat keine Ahnung, was auf sie zukommt, und dieses Wissen hinterlässt einen gemeinen befriedigenden Geschmack in meinem Mund, während ich die acht Kilometer zum Autohaus fahre. Leider nimmt der Geschmack eine bittere Note an und brennt mir in der Kehle. Das ist bei Rache oft so. Unwillkürlich muss ich an einen Bibelvers denken, in dem es heißt, dass die Rache Gottes Sache ist, und ich frage mich erneut, ob ich das Richtige tue?

Ist das Gott, der jetzt an mein Gewissen klopft und sagt: *Hör damit auf. Lass dich nicht zu einem Spiegelbild deiner Schwester machen?*

Oder bin das nur ich selbst, die Zweitgeborene, die Kleinere, die Friedensstifterin, das Weichei?

Vielleicht soll ich endlich für mich selbst eintreten. Warum sonst wurde ich hierhergeführt und mit den ganzen Dingen konfrontiert, die mir Gina vorenthalten hat?

Als die Zeit des Handelns gekommen ist, zögere ich erstaunlicherweise keinen Moment. Ich parke den Wagen vor dem Autohaus, packe den Karton, der für Gina ist, marschiere zielstrebig am

Empfangstresen vorbei und folge der Wegbeschreibung, die mir Paul am Telefon gegeben hat. Gina ist nicht schwer zu finden. Sie hat ein Büro, das nur durch eine Glaswand vom Ausstellungsraum getrennt ist. Teure Einrichtung. Genau das, was meiner Schwester gefällt und was sie oft bekommt, bevor ihr Spiel auffliegt.

Sie trägt einen eng anliegenden Minirock und lehnt an der Schreibtischkante. Ihre langen, gebräunten Beine hat sie attraktiv übereinandergelegt, während sie mit einem jungen Mann spricht, der Hemd, Krawatte und eine kakifarbene Hose trägt.

Sie machen Witze über einen Kunden. Gina runzelt die Stirn und betrachtet ihre manikürten, goldlackierten Fingernägel. »Ja, sag ihm, dass du bei mir warst und mich angebettelt hast. Und dann verklickerst du ihm, dass wir 19.599 Dollar wollen, aber sein alter Pick-up ist für uns wertlos. Er zahlt also entweder den Listenpreis oder er lässt es. Aber warte fünfzehn bis zwanzig Minuten im Aufenthaltsraum, bevor du zurückgehst und ihm das sagst. Er soll denken, dass du dich richtig schwer ins Zeug gelegt hast, um deine böse, alte Verkaufsleiterin zu überreden, mit dem Preis runterzugehen.«

Sie bedenkt den Verkäufer mit einem perfekt eingeübten Schmollmund, verzieht aber schlagartig die Lippen, als sie mich im Türrahmen entdeckt. Ihre Augen weiten sich und ihre Nasenflügel blähen sich auf. »Okay, Ramon, alles klar.« Plötzlich ist Schluss mit Flirten und sie lässt Ramon abblitzen. »Komm erst wieder, wenn du den Verkauf unter Dach und Fach hast.«

Sie kneift die Lippen zusammen und hebt das Kinn, während sich der Verkäufer im Türrahmen an mir vorbeischiebt. Über die Schulter wirft er mir einen neugierigen Blick zu, während meine Schwester um mich herumgeht, um einen Holzkeil wegzuschieben, damit die Tür ins Schloss fallen kann.

»Was in aller *Welt* willst *du* denn hier?« Es ist typisch Gina, sofort auf Angriff zu schalten, so zu tun, als wäre ich diejenige, die etwas Arglistiges im Schilde führt.

Darauf war ich vorbereitet. »Komisch, dass du das fragst. Es sieht ganz so aus, als gäbe es etwas, über das wir sprechen müssen.«

Ihre Augen ziehen sich neugierig zusammen, als ich den Karton mit dem Brautkleid auf einen Stuhl stelle. Sie verschränkt die Arme vor der Brust, dabei zieht sich das hautenge Oberteil zusammen und gewährt einen tiefen Einblick in ihren Ausschnitt. Ein Stein, der wie ein ziemlich großer Diamant aussieht, baumelt dort an einer Kette, aber wahrscheinlich ist er nicht echt, wie alles an meiner Schwester. »Warum bist du hier? Doch wohl nicht, weil du mich anbetteln willst, zu deiner albernen Hochzeit zu kommen. Ja, ich weiß, dass du heiraten willst! Ich habe es auf Zoeys Facebook-Seite gelesen. Im Ernst, wie lange, glaubst du, wirst du als Frau von diesem Bio-Nerd glücklich sein?«

»Ich bin nicht gekommen, um mit dir über meine Hochzeit zu sprechen.«

Etwas zieht in ihre Miene und verschwindet dann wieder. Enttäuschung? Nervosität? Hat sie durchschaut, warum ich hier bin?

»Vor einigen Tagen stand ein gerichtlicher Zustellbote vor meiner Tür. Er hat mir Papiere zugestellt, die eine Anzeige betreffen, bei der es um den Verkauf einer Immobilie geht. Es ist nur so, dass ich gar keine Immobilie *besitze*. Wenigstens *wusste* ich nichts davon.«

Sie beißt die Zähne zusammen und eine Ader tritt an ihrer Stirn hervor. Ihren Blick richtet sie auf den Schreibtisch und räumt übertrieben konzentriert einige Bleistifte in ihren Bleistifthalter. »Ach, *das*. Ich hatte vor, das alles in Ordnung zu bringen und dich zu deiner Hochzeit mit einem netten Scheck zu überraschen, aber jetzt hast du mir die Überraschung verdorben.«

»Das kann ich mir denken.« Hat sie das so spontan aus dem Ärmel geschüttelt oder hatte sie überlegt, was sie sagen würde, falls ich das mit der Farm je herausfinden sollte? »Deshalb hast du mich jahrelang angelogen? Deshalb hast du mir nie verraten, dass uns Opa und Oma die Farm hinterlassen haben? Deshalb hast du Tausende Dollar an Pacht eingestrichen und für dich behalten?« Ich schnappe mir den Aktenordner, der auf dem Karton liegt, und halte ihn hoch.

Ginas Antwort ist ein müdes Augenrollen. »Meine Güte, es

sprang nie wirklich Geld dabei heraus. Es hat kaum gereicht, um die Steuern zu zahlen und Reparaturen auf der Farm vornehmen zu lassen. Ich verstehe wirklich nicht, *worüber* du dich so aufregst.«

»Du hast mich bestohlen!«, kreische ich und in einem Büro zwei Glaswände weiter drehen sich Köpfe in unsere Richtung.

Ginas Augen zucken. »Sei still!«, zischt sie leise und blickt sich schnell um. Ich kann fast sehen, wie sich die Schweißdrüsen auf ihrer Stirn öffnen. »Das hier ist ein *Autohaus.* Ich bin auf *Arbeit.*«

»Gina, ich war lange genug still. Von mir aus kann es die ganze Welt erfahren.« Ich spiele mit dem Gedanken, die Tür aufzureißen und lautstark die ganze Geschichte hinauszuposaunen. Diese Idee reizt mich wirklich sehr.

Offenbar kann sie meine Gedanken lesen, denn sie verlagert ihr Gewicht ein wenig, so als wolle sie mir den Weg versperren, falls ich versuchen sollte, mein Vorhaben in die Tat umzusetzen. Leider wäre das nicht unsere erste handgreifliche Auseinandersetzung. »*Wage* es ja nicht! Falls du mir hier Probleme machst, Tandi, wirst du es bereuen, *je* hier aufgetaucht zu sein.«

Ich hole tief Luft und zügle mich. Wegen ungebührlichen Verhaltens in einem Autohaus verhaftet zu werden, hilft mir nicht, einen vernünftigen und unschuldigen Eindruck zu erwecken, falls diese Sache vor Gericht geht. Außerdem löst es unser Problem nicht. Ich habe alle Trümpfe in der Hand. Aber ich muss sie geschickt ausspielen.

In Gedanken lege ich mir meine nächsten Worte zurecht und spreche sie bewusst ruhig und emotionslos aus. »Ich habe Laura besucht und weiß, wie viel Geld die Farm jedes Jahr einbringt. Du hast mir nie gesagt, dass sie uns gehört, weil du die Pacht selbst einstreichen wolltest.«

Ein entrüstetes Husten ist ihre Antwort auf meinen Vorwurf. »Ich habe dir damit nur einen Gefallen getan. Es war besser, es dir nicht zu erzählen. Schließlich warst du noch ein Kind, als ich erfahren habe, dass sie uns die Farm hinterlassen haben. Ich wollte nicht, dass du dir unnötig den Kopf zerbrichst. Du hast damals bei deinen vornehmen neuen Eltern auf dieser großen Pferderanch gelebt, erinnerst du dich? Du warst auf Rosen gebettet. Und *mich* wolltest du *nicht* in deinem Leben haben. Du hast gesagt, du müsstest Mama und Papa endlich vergessen, du müsstest alles vergessen, was passiert ist, und dir ein neues Leben aufbauen. Was hätte dir die Farm damals gebracht? Sie war sowieso immer nur ein schwerer Albatros.«

»Ich liebe Opas Farm. Ich habe sie immer geliebt. Und es gab Zeiten, in denen ich es kaum geschafft habe, meine Kinder und mich durchzubringen, Gina. Trotzdem hast du mir nie ein Wort von unserem Erbe verraten.«

Wieder treten für einen kurzen Moment Gefühle in ihre Miene. Sie sehen fast wie Schuldgefühle aus. Aber dieser Moment ist schnell vorbei. Wie Dunst, der sich auflöst. »Ich wusste, dass du die Farm in deiner Verzweiflung einfach verkauft hättest, weil dein Leben ein einziges Chaos war. Und später hätten dich Schuldgefühle geplagt. Denn so bist du, Tandi. Du läufst herum und bist besessen davon, dass es gerecht zugeht, dass alles seine Ordnung hat und so ist, wie es sein sollte. Du machst dich verrückt, weil du nie einfach akzeptieren kannst, dass die Dinge so sind, wie sie sind.«

In ihren Worten liegt ein Körnchen Wahrheit. Ich *will* an etwas glauben. Ich will an eine Welt glauben, in der die Familie mehr zählt als das Geld. In der zwei Schwestern einander lieben und füreinander Opfer bringen.

Gina tut alles, um mich davon zu überzeugen, dass es diese Welt nicht gibt.

Hatteras Island, Pauls Familie, die Muschelladenschwestern und die Gebetsbriefe von Jola Anne Poole haben mich etwas anderes gelehrt. Ein Leben kann gesegnet sein, auch ohne dass man es verdient hat. Man kann von Menschen geliebt werden, einfach weil sie sich dazu entscheiden, einen zu lieben.

Ich zähle einige Fakten und Zahlen zu den Pachteinnahmen auf, wedle mit Rechnungen durch die Luft und die hitzige Diskussion zwischen Gina und mir geht hin und her. Schließlich hole ich Lauras Papiere heraus und spiele meine Schwester effektiv an die Wand.

»Ach, das ist doch alles nur gefälscht!«, schnaubt sie mit einer abfälligen Bewegung in Richtung der Kopien, die ich ihr auf den Schreibtisch gelegt habe. »Das haben Laura und Dale wahrscheinlich nur für ihren Steuerberater geschrieben.«

»Ach so! Und wahrscheinlich hat Laura auch die ausstehende Grundsteuer und die Anzeige wegen des schmierigen Deals erfunden, bei dem du die Farm angeblich verkauft hast, um dann den Käufer um seine Anzahlung zu bringen.«

Sie schnaubt erneut. »Das war nicht meine Schuld. Diesen Verkauf habe ich einen Mann abwickeln lassen, den ich kennengelernt habe. Er ist Immobilienmakler und hat gesagt, dass er diese Angelegenheit günstig für mich erledigt. Doch dann ist dieser Mistkerl mit der Anzahlung durchgebrannt. Aber ich habe alles im Griff. Du kannst dich beruhigen. Ich habe einen anderen Käufer gefunden, der es nicht erwarten kann, die Farm zu übernehmen. Wenn der Verkauf über die Bühne gegangen ist, regle ich das mit der Anzeige und den Steuern und schicke dir deinen Anteil des Geldes. Mein kleines Hochzeitsgeschenk für dich und den Nerd. Du wirst es brauchen. Lehrer verdienen nicht besonders gut.«

Ich balle die Fäuste so fest, dass sich meine Fingernägel in meine Haut bohren. Am liebsten würde ich Gina einen Kinnhaken verpassen, aber ich bin nicht der Typ dafür, und falls ich das machen sollte, würde sie wahrscheinlich nicht davor zurückschrecken, mich anzuzeigen. »Und vermutlich schickst du mir auch einen Scheck für die Sachen, die du aus dem *Inneren* des Hauses gestohlen hast?«

Sie schlägt sich mit der Hand auf die Brust. »Ich habe *nie* etwas aus dem Haus genommen. Es ist seit Jahren unbewohnt. Keine Ahnung, wer sich darin zu schaffen gemacht hat. Wahrscheinlich diese Kinder, die sie im Townley-Haus aufgenommen haben.« Bei diesen Worten rümpft sie die Nase, obwohl wir selbst *solche Kinder* waren.

»Und was ist mit Luke Townley? Hattest du vor, mir je zu verraten, dass er den Unfall überlebt hat? Dass du ihn im Laufe der Jahre mehrmals gesehen hast?«

Ginas Brauen schießen nach oben. Ihr perfekter roter Lippenstift bildet ein großes O, das ihre weißen Zähne umrahmt. Langsam schließt sie den Mund wieder und verzieht die Lippen zu einem hämischen Grinsen. »Ach, *das* ist der eigentliche Grund. Du hegst immer noch diese albernen Schulmädchenfantasien, dass du und Luke Townley Seelenverwandte wärt? Weißt du was? In diesem Punkt habe ich dir auch einen Gefallen getan. Das Letzte, was du in deinem Leben brauchtest, war Luke Townley. Er hat selbst große Probleme. Glaub doch, was du willst, aber das ist eine Tatsache, Schwesterchen.«

Einen kurzen, unangenehmen Moment lang frage ich mich, ob Gina und Luke im Laufe der Jahre etwas miteinander gehabt haben könnten. Allein schon bei diesem Gedanken wird mir übel. Ginas Reaktion auf seinen Namen wirkt irgendwie persönlich. Doch vielleicht tut sie das auch nur, um mich zu treffen. Jedenfalls funktioniert es.

Ich spüre, wie sich der Korken auf meiner Selbstbeherrschung langsam zum Flaschenhals bewegt. Falls er herausschießt, ergießt sich etwas Hässliches, Bitteres über das ganze Autohaus. »Jetzt sage ich *dir* etwas, Gina, das dich in die Realität zurückholt.« Ich ziehe meine letzte Waffe aus der Mappe. Es ist ein Fax, das mir Vince ins Motel geschickt hat. Oben auf dem Blatt prangt sein offizieller Briefkopf und es besagt, dass er mich vertritt. Ich knalle es meiner Schwester auf den Schreibtisch, deute mit dem Finger auf sie und hole zum vernichtenden Schlag aus, genau wie mir Vince geraten hat. Ich werfe ihr das ziemlich beeindruckende Arsenal an juristischen Fachausdrücken und meine Forderungen an den Kopf. »Entweder du findest eine Möglichkeit, mir das Geld zu geben, das ich brauche, um alle Schulden für das Haus und die dreißig Hektar, die Opa und Oma mir hinterlassen haben, zu zahlen, oder ich erstatte Anzeige: betrügerische Geschäfte, Verstoß gegen treuhänderische Pflichten, Immobiliendiebstahl. Wie klingt das für den Anfang? Du zwingst mich dazu, Gina, und mein Anwalt wird dich nicht nur wegen des Betrugs beim Immobilienverkauf belangen. Wir bringen dich auch wegen des ganzen Geldes, das du jahrelang von mir gestohlen hast, vor Gericht. Für jeden *einzelnen* Cent wirst du geradestehen.«

Ihr schief gelegter Kopf verrät, dass sie mir nicht glaubt. Wahrscheinlich glaubt sie, ich hätte den Brief selbst getippt. »Jetzt mal im Ernst! Wenn du zwei Wochen wartest, habe ich das alles geregelt und du bekommst einen netten, großen Scheck. Wir haben einen Monat Zeit, bis die Farm versteigert wird, um die Steuerschulden zu begleichen, und diese Leute, die mich anzeigen, wissen, dass es sie mehr kostet, vor Gericht zu ziehen, als einfach mit mir zusammenzuarbeiten. In einer, spätestens zwei Wochen ist der Kaufvertrag unterschrieben, beglaubigt und dem neuen Käufer zugestellt. Vom Verkaufserlös werden die Schulden und Steuern beglichen. Sie zahlen uns außerdem einen guten Preis für das Land – der Staat sucht offenbar Flächen für eine Lagunen-Forschungsstation. Siehst du? Win-win. Steck also deinen kleinen Anwaltsbrief ein und verschwinde aus meinem Büro. Ich versuche, dir etwas Gutes zu tun, und das ist der Dank!«

»Ich verkaufe *nicht.*«

»Ich wusste, dass du das sagst. Deshalb habe ich dir auch nichts davon erzählt. Ich wusste, dass du auf die alberne Idee kommst, die Farm zu behalten. Aber das kannst du dir gar nicht *leisten*, Tandi. Und das weißt du auch. Selbst wenn ich das mit der Anzahlung regle, wie willst du denn das Geld für die Grundsteuer aufbringen? Wir wissen beide, dass du nicht so viel Bargeld herumliegen hast.«

Meine Backenzähne knirschen so stark, dass ich womöglich zum Zahnarzt muss, wenn das hier vorbei ist. Gina ist einfach sehr geschickt darin, ein Gespräch in jede beliebige Richtung zu drehen. »*Du* wirst das Geld aufbringen, um für meinen Teil des Landes die ausstehende Steuerschuld zu begleichen und die Anzahlung zurückzuerstatten. *Du* hast die Schecks für die Pacht eingestrichen und die Steuern nicht gezahlt.«

»Ich bin ein wenig ins Hintertreffen geraten, nachdem du mich aus deiner Casita draußen auf Hatteras geworfen hast«, sagt sie vage und zuckt die Achseln, als hätte sie mir nichts weiter zu sagen. »Jedenfalls habe ich nicht so viel Geld flüssig.«

Das ist der erste wahre Satz aus ihrem Mund und natürlich bin ich darauf vorbereitet. »Treib das Geld auf, Gina. Heute. Oder ich beauftrage meinen Anwalt, das mit der Anzeige durchzuziehen.« Ich blicke mich in Ginas elegantem Büro um und mustere die Kleidung, die sie trägt. »Verkauf dein Auto. Das dürfte ja hier nicht allzu schwer sein.« Auf meinem Weg ins Autohaus habe ich auf einem Parkplatz an der Seite des Gebäudes ihren getunten Jeep gesehen, mit dem sie letztes Jahr auf den Outer Banks war.

Ihre Haltung wird weicher. Ich sehe, wie sie ihre Taktik ändert. Sie lehnt sich an die Schreibtischkante und schaut mich vielsagend von Schwester zu Schwester an. »Tandi, reg dich ab, okay? Merritt weiß nichts von … meiner Vergangenheit. Er hat keine Ahnung von der Farm oder dem Problem mit den Steuern. Er ist wirklich ein wunderbarer Mann und er ist verrückt nach mir. Ich darf das nicht vermasseln. Gib mir einfach zwei Wochen Zeit, dann …«

»Nein, Gina. *Nein!*« Ich bin entschlossen, mich nicht darauf einzulassen. Gina hält kein einziges Versprechen, das sie gibt. »Was du mit dem Land machst, das Oma und Opa dir hinterlassen wollten, ist deine Entscheidung, aber ich heirate in zwölf Tagen und dieses Wochenende wird das Museum eröffnet. Ich will diese Angelegenheit *nicht* wie ein Damoklesschwert über meinem Kopf hängen haben. Oder über Pauls Kopf. Du und ich regeln das *jetzt*. Oder ich ziehe die Konsequenzen.«

Sie versucht, mich mit ihrem Blick kleinzukriegen, aber ich gebe nicht nach. Ihre Unterlippe schiebt sich vor und ich sehe, wie sich der nächste Feuersturm zusammenbraut. In weniger als dreißig Sekunden feuert sie den nächsten Schuss ab. »Du musst mit mir zusammenarbeiten. Es wäre doch *furchtbar*, wenn deine Zukunft mit Mr Wunderbar vermasselt würde, nicht wahr?«

»Du hältst dich von Paul fern, Gina!« Mein Verlobter kann

selbst auf sich aufpassen. Das weiß ich theoretisch, aber trotzdem bohrt sich die Angst ein tiefes Loch in meinen Bauch. Ich habe keine Ahnung, zu welchen Manipulationen Gina tatsächlich fähig wäre, und ich habe den Verdacht, dass ich im Laufe der Jahre nur die Spitze des Eisbergs gesehen habe.

Sie fährt sich mit der Zunge über die Zähne und schärft ihre Waffen. »Es wäre wirklich eine große *Schande*, wenn jemand bei der Schule anruft, für die er arbeitet … und, sagen wir, beim Jugendamt … berichtet, dass er sich einem dieser einsamen Mädchen, die er unterrichtet, unsittlich genähert hätte, nicht wahr?« Ein geheucheltes unschuldiges Seufzen folgt, als würde sie bedauern, was ein solcher Vorwurf nach sich zöge. »Natürlich nur eine *besorgte* Mitbürgerin. Eine Frau, die etwas *gesehen* hat, das nicht angemessen aussah. Die Behörden müssten der Sache nachgehen. Sie dürfen kein Risiko eingehen. *Vorsicht ist besser als Nachsicht.*« Ihre geheuchelte Stimme wird höher, als sie die Worte wiederholt, die ein Sozialarbeiter vor langer Zeit in unserem Beisein gesagt hat. Diese Worte haben, ohne dass wir es wussten, dafür gesorgt, dass wir nie wieder zu Opa und Oma zurückdurften. »Das Jugendamt muss der Sache auch wegen J. T. und Zoey nachgehen. Es muss sicherstellen, dass du mit deinen Kindern nicht bei einem Typen einziehst, der sich an deinen Kindern vergreifen könnte. Das wäre wirklich sehr unangenehm, nicht wahr? Wenn ein solches Gerücht erst einmal die Runde macht …«

Sie bricht hier ab und überlässt es meiner Fantasie, mir die Konsequenzen selbst vor Augen zu führen. In meinem Kopf dreht sich alles. Am liebsten würde ich die Segel streichen und verschwinden. Mein Leben mit Paul, unser Glück, unser *Frieden* ist mir mehr wert als jeder Besitz dieser Welt. Sogar mehr als die Farm.

Ich höre mich stumm beten und flehe Gott an, mir zu zeigen, was ich tun soll, um Ordnung in dieses Chaos zu bringen.

Plötzlich kommen Worte aus meinem Mund. »Du bist nicht Mama, Gina. Du bist *nicht* sie.«

Unsere Blicke begegnen sich und wir starren uns eine gefühlte

Ewigkeit an, aber ich bezweifle, dass mehr als nur ein paar Sekunden verstreichen. In meinem Kopf laufen Bilder ab, auf denen wir beide eng nebeneinanderkauern und uns nachts unter der Bettdecke oder im Kleiderschrank verstecken, während um uns herum der Sturm wütet – im Haus oder draußen. *Beruhige dich,* flüstert meine Schwester. *Schlaf weiter. Ich passe auf dich auf.*

Sie steckt irgendwo in dieser Frau. Das weiß ich. *Beruhige dich,* höre ich mich denken.

Endlich setzt sie sich mit einem gereizten Seufzen auf den Schreibtisch und ihre schlanke Gestalt sinkt sichtlich in sich zusammen. »Also gut. Zieh diese Sache meinetwegen eiskalt durch! Ich beschaffe das Geld. Aber jetzt muss ich weiterarbeiten.« Sie deutet über meine Schulter und ich sehe, dass Ramon auf dem Flur wartet. »Wenn wir es so machen würden, wie ich dir vorgeschlagen habe, kämst du viel besser davon. Wir beide kämen besser davon, aber natürlich interessiert dich nur, was *du* willst.«

Obwohl ich meine Schwester kenne, treffen mich diese Worte schmerzlich. Ein Kloß steigt in meiner Kehle auf. Ich schlucke ihn hinunter und sage: »Ich bedaure, dass wir an diesen Punkt gelangt sind. Aber anscheinend geht es nicht anders.«

»Anscheinend.« Mit einem kalten Blick sieht sie mich an. »Komm um fünf wieder. Dann habe ich das Geld. Aber wenn diese Sache meine Beziehung zu Merritt ruiniert, verzeihe ich dir das nie.«

Darauf gebe ich ihr keine Antwort. Was sollte ich auch sagen. Ich weiß es nicht. Ich räume die Pachtrechnungen zusammen, schiebe den Brief näher zu ihrem Schreibtischstuhl, klappe die Mappe zu und drehe mich zur Glaswand herum, hinter der Ramon fast die Augen heraustreten.

»Was ist in dem Karton? Noch mehr Nettigkeiten von deinem Anwalt?« Ginas Worte bremsen meine Schritte, bevor ich die Tür öffnen kann. Den Karton hatte ich ganz vergessen. Während ich einen Blick darauf werfe, befällt mich eine schmerzliche Traurigkeit. Ich spiele mit dem Gedanken, ihn wieder mitzunehmen und so zu tun, als enthalte er nichts als weitere Papiere.

»Oma hat ihn im Regal in ihrem Nähzimmer hinterlassen. Auf dem Karton stand dein Name. Sie hat dir auch einen Brief geschrieben.« Ich drehe mich wieder zu meiner Schwester um und beobachte ihre Reaktion. Weiß sie, dass der Karton dort stand? Interessiert es sie überhaupt?

Sie zeigt absolut keine Reaktion, sondern ist nur … vollkommen cool. Ihr Blick wandert schnell hinter mich. Ein Mann mittleren Alters ist auf dem Flur stehen geblieben und spricht mit Ramon. Ich erkenne ihn von dem überlebensgroßen Foto auf dem Werbeplakat. Das ist Merritt Walker höchstpersönlich.

Sorgenfalten gefährden Ginas coole Fassade.

Ich werfe einen letzten Blick auf den Karton. »Falls du beschließt, dass du das Kleid nicht willst, hätte ich es gern … um es wenigstens für Zoey aufzuheben.« Es kostet mich viel Überwindung, diese Bitte auszusprechen. Aber wenn ich es nicht versuchen würde, würde ich es ewig bereuen.

»Pah!«, reagiert sie hochnäsig. »Natürlich will ich es. Merritt und ich werden auch heiraten. Glaubst du, du wärst die Einzige, die einen Mann an Land ziehen kann? Ich habe wenigstens einen gefunden, der mir etwas zu bieten hat.«

Eine Antwort verkneife ich mir, weil ich nichts dazu sagen kann. Entschlossen öffne ich nur die Tür, trete auf den Flur und lasse meine Schwester und das Brautkleid zurück.

Kapitel 9

Den restlichen Tag sitze ich auf der gegenüberliegenden Straßenseite in einer Buchhandlung, in der es auch ein Internetcafé gibt, und warte. Ich komme mir vor wie ein Polizist, der einen Verdächtigen beschattet, auch wenn das ziemlich traurig ist, da es zeigt, dass ich meiner Schwester nicht traue. Ich bin einmal rund um das Autohaus gegangen, bevor ich das Gelände verlassen habe, und habe mich vergewissert, dass alle Ausfahrten auf diese Straße führen. Allerdings bin ich mir nicht sicher, wie ich reagiere, falls sie versuchen sollte zu entwischen. Vermutlich würde ich sie dann verfolgen, um sicherzugehen, dass sie zu einer Bank fährt und nicht zur nächsten Schnellstraße, die aus der Stadt führt.

Es kann sein, dass sie meine Drohungen und den Brief von Vince ernst genommen hat, aber trotz des erbitterten Streits in ihrem Büro hat sie irgendwie zu schnell nachgegeben. Etwas in mir gibt mir das Gefühl, dass sie noch einen Trumpf in der Hinterhand hat. Aber da ist auch eine andere Stimme, die mir zuflüstert, dass sie hier bei *Merritt Cars* einen idealen Platz gefunden hat, den sie nicht aufs Spiel setzen will. Deshalb wird sie nicht riskieren, dass ich dort hineinmarschiere und allen verkünde, was für eine Gaunerin sie ist. Sie will diese Sache ohne großes Aufsehen regeln. Das ist unübersehbar.

Und äußerst vorteilhaft für mich.

Aber Gina verliert nicht gern und schon gar nicht gegen mich. Abgesehen davon frage ich mich, wo in aller Welt sie so schnell so viel Geld auftreiben will. Vielleicht verkauft sie tatsächlich ihren Jeep.

Die Stunden ziehen sich endlos dahin. Inzwischen habe ich zwei Bücher gelesen und alle möglichen Leute angerufen, nur um die Zeit zu überbrücken.

Die nächsten fünfzehn Minuten vergehen. Der Showdown um siebzehn Uhr rückt immer näher. Was macht meine Schwester dort drüben? Sich den Kopf zerbrechen, ihr Waffenlager aufstocken und sich Ausreden überlegen, damit sie bereit ist, wenn ich zurückkomme?

Mir bricht der kalte Schweiß aus, von Kopf bis Fuß. Ein spürbares Grauen befällt mich.

Jetzt ist es so weit, schreibe ich Paul. *Ich fahre rüber.* Ich überschlage, dass ich mindestens zehn Minuten brauche, um meine Rechnung zu bezahlen, in mein Auto zu steigen und eine Lücke im dichten Feierabendverkehr zu finden.

Leider dauert es nicht so lange. An der Kasse komme ich sofort dran und der Verkehr teilt sich auf wundersame Weise wie das Rote Meer. Ich bin sechs Minuten zu früh vor dem Autohaus.

Als ich eintrete, habe ich das Gefühl, dass ich von der Frau am Empfangstresen und allen anderen beobachtet werde. Oder bilde ich mir das nur ein?

Ich durchquere den Ausstellungsraum, biege um die Ecke und sehe Gina mit hocherhobenem Kinn und knirschenden Zähnen in ihrem Büro. Hinter ihr steht kein Geringerer als Merritt Walker persönlich. Er ist eine eindrucksvolle Gestalt, mindestens einen Meter neunzig groß, hundertvierzig Kilo schwer und für einen Mann mittleren Alters gut in Form. Mit verschränkten Armen und einem strengen Stirnrunzeln betrachtet er mich. Ich kann nur ahnen, was meine Schwester ihm über mich erzählt hat. Gina versteht es vortrefflich, Leuten vorzugaukeln, sie wäre das Opfer.

Eigentlich spielt es keine Rolle, was Merritt Walker denkt, und Gina stellt uns natürlich nicht einander vor. Sie schnappt sich nur den Scheck vom Schreibtisch und hält ihn mir hin. »Hier. Vielleicht hilft dir das, eine Weile *auszukommen.*«

Ich nehme den Scheck und stelle fest, dass er vom Autohaus ausgestellt wurde. Merritt Walkers Unterschrift steht darauf. Ich bin erleichtert, denn wenigstens ist der Scheck gedeckt.

»Du willst damit sagen, das hilft, die ausstehenden Steuern für das Land nachzuzahlen. Und den Rest des Geldes, das fällig ist.«

Ein wütender, verletzter Teil von mir sehnt sich danach, mehr zu sagen, die Wahrheit so laut hinauszuposaunen, dass ihr Freund aus seinen eleganten italienischen Lederschuhen kippt.

»Mach damit, was du willst«, sagt Gina süßlich, aber ihr finsterer Blick, den Merritt nicht sehen kann, ist alles andere als süß. *Wehe, du sagst auch nur* ein *falsches Wort!,* warnt er mich.

Es hat sowieso keinen Zweck.

Ich stecke den Scheck in meine Handtasche. »Okay, dann …« Mir fällt keine freundliche Abschlussbemerkung ein. Ganz gewiss nicht *Danke* oder *Bis bald.*

Nichts von alledem, was sich Schwestern normalerweise beim Abschied sagen.

Das bekannte Bedauern regt sich wie der Schmerz einer alten Wunde, die verhindert, dass sich die Haut dehnen kann. Opa und Oma hätte es nicht gefallen, dass wir uns um das Land streiten.

»Dann mach's gut.« Ich blicke sie nicht an. Das kann ich einfach nicht. Denn dann würde sie sehen, dass sie immer noch Macht über mich hat.

»Ja, du auch. Pass auf dich auf.« Sie spielt das Theater um Merritts willen weiter und tut so, als wäre *ich* diejenige mit dem verkorksten Leben.

»Ich wünschte, du hättest mir einfach von dem Land erzählt und die Steuern gezahlt. Dann wäre es nicht so weit gekommen.« Diesen Satz kann ich mir dann doch nicht verkneifen. Aber dann versagt mir die Stimme.

»Ich hielt es wirklich für besser, es einfach zu verkaufen.« Aus irgendeinem Grund klingen Ginas Worte ehrlich. »Es ist an der Zeit, die Vergangenheit loszulassen, und das Angebot für das Land war gut. Ich denke, du wirst es bereuen, dass du diesen Weg einschlägst.«

»Wenigstens kann ich die Entscheidung jetzt selbst treffen.«

Ich will das Gespräch jetzt beenden. Deshalb werfe ich die Schultern zurück, lege eine Hand auf meine Handtasche und verlasse das Büro.

Erneut folgen mir neugierige Blicke durch den Ausstellungsraum. Die Leute in Ginas neuer Welt wissen offensichtlich, dass *etwas* passiert ist. Vielleicht denken sie auch alle, ich hätte Leukämie.

Es ist seltsam, aber als ich bei meinem Auto ankomme, fühle ich mich erleichtert und gleichzeitig auch belastet. Ich will gerade den Wagen öffnen, als hinter mir die Tür des Autohauses aufgeht. Aus dem Augenwinkel sehe ich das blonde Haar meiner Schwester im Wind wehen.

Ich drehe mich um und stelle fest, dass sie Omas Karton in den Händen hält. »Du kannst es haben.« Mit gerümpfter Nase schiebt sie mir den Karton hin. »Ich habe die Perlenkette behalten, die in dem Karton war, aber dieses alte Ding ziehe ich bestimmt nicht zu meiner Hochzeit an.« Sie lässt den Karton los und ich muss ihn in der Luft auffangen.

Wir verharren in einer unangenehmen Pattsituation. Keine Seite ist bereit, die weiße Flagge zu hissen oder eine weitere Kanonenkugel übers Schlachtfeld zu feuern.

Meine Schwester betrachtet mich, als wäre ich eine unbekannte Lebensform, die sie nicht mehr kennt. »Danke, dass du Merritt gegenüber nicht mehr verraten hast.«

»Du solltest ihm die Wahrheit sagen.«

Ein Kopfschütteln gibt mir zu verstehen, dass ich es einfach nicht kapiere. »Merritt ist ein wirklich anständiger Mann. Aber die Vergangenheit muss einfach in der Vergangenheit bleiben, das ist alles.«

Ich denke an Lukes Worte, dass man nie ein gutes Leben führen kann, solange man vor etwas wegläuft. »Ich hoffe, es läuft gut für dich, Gina. Danke für das Kleid.«

»Gern.« Das sagt sie widerstrebend, doch dann begegnen sich unsere Blicke und sie wird weicher. »*Du* musst die Vergangenheit auch ruhen lassen, Schwesterchen. Lass nicht zu, dass Luke Townley deine Beziehung zu Paul kaputt macht. Du kannst von Glück sagen, dass du jemanden gefunden hast, der dich wirklich liebt, auch wenn er kein dickes Scheckbuch hat.«

»Ich weiß, dass ich mit Paul das große Los gezogen habe.«

Doch dann habe ich aus irgendeinem Grund das Gefühl, es als das bezeichnen zu müssen, was es ist. »Es ist ein Segen.«

Sie senkt den Blick auf ihre roten hochhackigen Schuhe, legt die Arme um den Bauch und wirft einen Blick hinter sich zum Autohaus, als wüsste sie, dass wir ein neugieriges Publikum haben, das uns durch die Glasfronten beobachtet. Sie hält es für nötig, das Gespräch zu beenden.

Aber sie scheint noch etwas sagen zu wollen. »Hör zu, ich habe dir das mit Luke Townley nicht aus Eifersucht verschwiegen. Also, ich *war* eifersüchtig, die ganze Zeit, weil er dich gemocht hat, aber … ich wollte dich damit nicht verletzen.«

Wieder steckt möglicherweise ein Fünkchen Wahrheit in ihren Worten. Jedenfalls brennen sich ihre Worte tief in meine Seele. »Wie lange weißt du es schon?«

»Schon immer.«

»Seit wir von Oma und Opa weggezogen sind?«

»Ich habe es bald danach gehört.«

»Wie hast du davon erfahren?«

»Ich habe Mama und Papa streiten gehört.« Sie seufzt und eine gewisse Reue scheint sich in ihr zu regen. »Ich konnte es dir nicht sagen, weil du ohne die Sache mit Luke besser dran warst. Für uns alle war es besser so.«

»Warum?«

Zum ersten Mal erkenne ich irgendwo hinter der harten Fassade die Schwester, die mich beschützt hat, als sie selbst noch ein Kind war. Die mir zu essen gegeben hat, wenn Mama dafür zu betrunken oder zu bekifft war und Papa uns wieder einmal hatte sitzen lassen und verschwunden war.

Ich fühle mich, als stünde ich mit verbundenen Augen vor einem Exekutionskommando und wartete darauf, dass die Kugeln fliegen. Welches Geheimnis hat meine Schwester die ganzen Jahre für sich behalten?

Plötzlich wird Ginas Miene ernster und die kühle, glatte Fassade verschwindet. »Papa hat Mama erzählt, dass die Augen des Townley-Jungen so groß wie ein Fußball waren, als er an jenem

Tag unseren Pick-up auf sich zukommen sah. Dass Laura auf dem Beifahrersitz saß, hat Papa gar nicht gesehen. Sie muss sich unmittelbar, bevor der Unfall passiert ist, nach unten gebückt haben, aber er wusste, dass Luke gesehen hat, wer am Steuer saß. Außerdem kannte Luke unseren Wagen. Papa und Mama hatten Angst, dass sich Luke daran erinnern würde, was passiert ist, falls er die Operationen überlebt. Sie dachten, je weniger die Townleys an uns erinnert werden, umso geringer wäre dieses Risiko.«

Mein Magen fühlt sich wie ein Wischlappen in Lauras Küche an, der mit schmutzigem Wasser und Essensresten vollgesogen ist und langsam ausgewrungen wird. Schmutziges Wasser fließt heraus, aber dadurch entsteht Klarheit. Jetzt ergibt alles einen Sinn. »Der Unfall war Papas Schuld? Papa hat die beiden von der Straße gedrängt?«

Selbst Gina scheint bei diesem unrühmlichen Teil unserer Familiengeschichte Reue zu empfinden. »Du *weißt*, was Papa geblüht hätte, wenn er nach seiner Verurteilung wegen Trunkenheit am Steuer wieder erwischt worden wäre, Tandi. Er wäre im Gefängnis gelandet. Für lange Zeit. Und was wäre dann aus uns geworden? Mama hätte keine Arbeit gefunden und wenn, dann wäre sie bald wieder gefeuert worden. Und sie wäre bestimmt nicht wieder zu Opa und Oma gezogen. Sie wusste ja, dass die beiden sich um das Sorgerecht für uns bemühten. Ich durfte dir das mit dem Unfall und mit Luke einfach nicht sagen, sondern musste es für mich behalten.«

Du hättest es mir sagen sollen. Es wäre besser gewesen, wenn Papa ins Gefängnis gekommen wäre. Aber ich sage es nicht. Ich verstehe die irregeleitete Logik und fehlgeleitete Loyalität einer verkorksten Kindheit. Ich kenne den Ursprung für dieses Denken meiner Schwester. Schließlich habe ich auch so gedacht.

Statt ins Gefängnis zu wandern, hat uns mein Vater einige Monate später sitzen gelassen und sich schließlich zu Tode getrunken. Wessen Leben hat er wohl noch zerstört, bevor er gestorben ist?

Ich denke an Luke, an das, was mir Laura über ihn und sein

Leben erzählt hat, und mich plagen Schuldgefühle. So vieles hätte anders kommen können, wenn sich mein Vater der Wahrheit gestellt hätte, wenn meine Mutter etwas gesagt hätte, wenn meine Schwester die Wahrheit nicht für sich behalten hätte.

»Wenigstens weiß ich es jetzt«, sage ich benommen und öffne die Autotür. Der Karton mit dem Brautkleid landet auf dem Beifahrersitz neben der Tabakdose.

Ich verabschiede mich von meiner Schwester und rutsche hinters Lenkrad. Als ich vom Parkplatz biege, steht sie immer noch da. Ich wünschte, das, was zwischen uns zerbrochen ist, könnte gekittet werden. Aber es lässt sich nicht alles wieder in Ordnung bringen, nur meine Wut verfliegt allmählich. Ich fühle, wie sie mit jedem Kilometer weniger wird, während ich auf die Lagune zusteuere und die Sonne über den Wolken am Horizont steht.

Auch nach so vielen Jahren kann aus dem Schrecklichen, das passiert ist, etwas Gutes entstehen. Aber dazu muss ich Luke Townley finden. Hoffentlich ist er nicht schon wieder weitergezogen.

Ich versuche, ihn anzurufen, aber weder an seinem Handy noch auf Lauras Festnetznummer meldet sich jemand.

Ich halte die Luft an, als mir die Landschaft immer vertrauter wird und ich an Sümpfen, Riedgras und Bewässerungskanälen in der Lagune vorbeifahre. Um mich herum sprießen Pflanzen aus der Erde. Frische grüne Blätter. Neues aus Altem.

Eine Wiedergeburt.

Dann sehe ich ihn. Vor mir auf der anderen Straßenseite gegenüber von dem Feld, auf dem mein Großvater lange, gerade Reihen Mais und Süßkartoffeln angebaut hat, sitzt Luke auf einem Traktor. Boomer neben ihm. Beide haben den Kopf nach hinten gedreht und sehen zu, wie der Pflug die Erde durchschneidet.

Ich denke an eine alte Predigt, die mein Großvater hin und wieder zitiert hat: dass man nicht zurückblicken soll, wenn man ein Feld pflügt, sondern sich einen Punkt in der Ferne suchen muss und den Blick darauf richten soll. Sonst werden die Reihen nicht gerade.

Jetzt erst begreife ich den tieferen Sinn dieser Worte viel besser. Luke und ich haben viel zu viele Jahre damit verbracht, zurückzuschauen und uns zu fragen, ob in jenem bittersüßen Sommer, in dem sich alles verändert hat, etwas hätte anders sein können.

Aber es wird Zeit, nach vorne zu blicken. Hatteras Island mit seinen Stürmen, den Pausen zwischen den Stürmen und seinen abgehärteten, entschlossenen Menschen hat mich eine wichtige Lektion gelehrt und ich weiß, dass ich sie nicht nur begreifen, sondern auch danach leben muss: Man muss die Vergangenheit loslassen, bevor man die Zukunft ergreifen kann.

Ich fühle, wie die Last von mir abfällt, als ich aus dem Auto steige und über den Zaun klettere, um Luke zu winken, bevor er wendet und die nächste Reihe pflügt. Als er mich bemerkt und mir ein Zeichen gibt, schlägt mein Herz schneller. Er hält den Traktor am Feldrand an, kuppelt das Hydraulikgetriebe aus und stellt den Motor ab. Als der Traktor schnaufend verstummt, breitet sich Stille über dem Feld aus.

Die Abendsonne über der Lagune betont Lukes und Boomers Umrisse, als sie über den Grasstreifen am Feldrand marschieren, aber ich tauche nur für einen kurzen Moment in die Vergangenheit ein. Nur für den Herzschlag, in dem Luke und Boomer das sind, was sie früher einmal waren, als die Zukunft noch eine sandige Weite war, die darauf wartete, dass die Flut Treibgut an Land schwemmt und den Sand in regelmäßigen Abständen aufwühlt.

Dann bin ich wieder zurück in der Gegenwart. Ich bin für dieses Leben dankbar, in dem wir eine zweite Chance bekommen.

»Hey.« Luke steckt die Hände locker in seine Jeanstaschen, das bekannte breite Lächeln zieht über sein Gesicht und verrät, dass er überrascht und gleichzeitig auch froh ist, mich hier zu sehen. »Ich dachte, du wärst inzwischen schon auf dem Heimweg zu den Outer Banks.«

»Ich hatte Angst, du wärst schon fort«, platze ich heraus.

Er lässt seinen Blick über das Feld schweifen. »Ich konnte die Arbeit nicht halb fertig liegen lassen. In zwei Tagen bin ich hier fertig. Dann kann ich immer noch weiterziehen.«

»Vielleicht solltest du das nicht tun.«

Er sieht mir in die Augen und ich entdecke eine neue Hoffnung darin. Ich setze an und will ihm sagen, warum ich zurückgekommen bin, aber er kommt mir mit seiner Frage zuvor. »Wie lief es mit deiner Schwester?«

»Gut und schlecht. Sie hat viele Gründe beziehungsweise Ausreden, je nachdem, wie man es sehen will. Aber sie hat es geschafft, das Geld aufzutreiben, damit ich die Schulden für meinen Teil des Landes abzahlen kann. Ich behalte das Haus und die dreißig Hektar. Wenigstens vorerst. Ich brauche Zeit, um mir alles in Ruhe zu überlegen und zu entscheiden, was am besten ist.«

»Laura und Dale könnten die dreißig Hektar von dir pachten. Mit Dales Arbeit in der Stadt und den ganzen Pflegekindern waren die achtzig Hektar sowieso ein wenig zu viel für sie, aber sie könnten wahrscheinlich die dreißig Hektar wieder pachten und sich um das Haus kümmern. Die Kinder sind von dem Obstgarten begeistert. Sie pflücken die Beeren und Trauben und verkaufen sie am Straßenrand. Genauso wie wir früher. Erinnerst du dich?«

Die Erinnerung ist so deutlich, als wäre es gestern gewesen. Das Bild, wie wir sonnengebräunt, mit Erde beklebt und aufgeschlagenen Knien unsere Ausbeute in Kisten und Krüge verteilt und diskutiert haben, wer das meiste gepflückt hat, wird immer genauso süß bleiben wie die reifen Früchte der Maulbeerbäume.

Die köstliche Süße lockt mich, aber ich begnüge mich mit einem kleinen Happen. »Luke … Gina hat mir etwas erzählt, das du wissen musst.« Ich lasse ihm keine Zeit für eine Antwort, sondern wiederhole eilig, was ich von meiner Schwester über den Unfall erfahren habe. Jedes Wort ist wie ein Ziegelstein, der auf meine Schultern gelegt und mit schweren Schuldgefühlen festgemörtelt wird. Wenn wir in jenem Sommer nicht nach Hause gekommen wären … wenn ich irgendwann einem Lehrer, einer Nachbarin, einem Sozialarbeiter gestanden hätte, dass mein Vater oft zu betrunken war, um hinter dem Steuer zu sitzen, und Gina und ich ihn herumfahren mussten, hätte er an jenem Tag vielleicht im Gefängnis gesessen und wäre nicht betrunken auf der Mulberry Road Auto gefahren.

Vielleicht hätte ich das, was passiert ist, verhindern können.

Ich weiß nicht, ob Luke dieser Gedanke kommt, jedenfalls zeigt er es nicht. Er blickt nach unten, als durchkämme er die Grashalme und suche dort Antworten. »Ich kann mich an das alles nicht erinnern. Ich habe nur … Ich erinnere mich, dass Laura und ich im Pick-up herumgealbert haben. Dabei haben wir unsere Limonade umgestoßen und Laura hat sich gebückt, um die klebrige Brühe mit Servietten aufzuwischen, und ich habe die Hand ausgestreckt, um den Becher festzuhalten, bevor noch mehr verschüttet wird. Das ist das Letzte, das ich weiß. Wir dachten alle, ich wäre einfach von der Straße abgekommen und deshalb hätte sich der Wagen überschlagen.«

»Du bist meinem *Vater* ausgewichen«, erkläre ich, aber er sieht immer noch so aus, als glaube er mir nicht. »Gina hat gehört, wie meine Eltern deswegen gestritten haben. Luke, wenn du den Wagen nicht in den Graben gelenkt hättest, wärt ihr frontal zusammengestoßen und ihr wärt wahrscheinlich alle tot gewesen.« Meine Kehle ist wie zugeschnürt und ich kann nicht alles sagen, was ich ihm gern sagen möchte, sondern bringe nur ein mühsames Flüstern heraus: »Es … es tut mir so leid.«

»Das war nicht deine Schuld, Tandi.«

Ich schlucke die dornige Masse aus Beschämung und Bedauern hinunter. »Aber deine Schuld war es auch nicht.« Mein Arm überbrückt den Raum zwischen uns, als ich seine Schulter berühre. Boomer sitzt vor Lukes Füßen, lehnt sich an sein Bein und spürt den Schmerz, der diesen Mann immer noch wie eine Welle überkommt, bevor er wieder verebbt. »Der Schaden, den mein Vater angerichtet hat, muss aufhören, Luke. *Wir* müssen dem ein Ende setzen. Ich will, dass du glücklich bist. Ich will, dass wir beide glücklich sind. Wir dürfen nicht länger als seine Opfer leben, sondern müssen anfangen, das, was uns gehört, in Besitz zu nehmen.«

Luke nickt, sagt aber nichts dazu. Stattdessen schließt er mich in seine Arme, so wie es alte Freunde tun, während der Hund zwischen uns liegt.

»Geh und bau dir ein gutes Leben auf, Tandi Jo Reese«, flüstert Luke mir ins Ohr. »Ein richtig gutes Leben.«

Und dann drückt er mir einen sanften Kuss auf den Kopf, bevor wir uns voneinander lösen.

»Das tue ich, wenn du es auch tust.« Ich lege die Hand an sein Gesicht und lächle in seine blauen Augen, wo sich die Wolken verziehen und Hoffnung einkehrt. »Ich muss wissen, dass es dir auch gut geht.«

»Ich denke, das kriege ich hin.« Er nickt und atmet die warme, feuchte Luft tief ein und sein Brustkorb weitet sich sichtlich. Er nimmt meine Hand, hält sie eine Minute mit beiden Händen fest und lässt sie schließlich los. »Ich denke, das kriege ich hin.«

Wir verabschieden uns und ich steige den Graben, den Luke Townley und ich früher auf Fahrrädern, Bollerwagen und Traktoren durchquert haben, hinab und auf der anderen Seite wieder hinauf. Auf diesem Land befinden sich die Baumhäuser aus unserer Kindheit, das Blut von aufgeschlagenen Knien, die Abdrücke von zwei Jugendlichen, die im Gras liegen und die Sterne betrachten, der Schweiß von Sommertagen, die Tränen gebrochener Herzen, der Märchenglanz der ersten Liebe.

Ich fühle das alles, als ich in mein Auto steige, den Sicherheitsgurt anlege und ein letztes Mal den Geruch der alten Farm einatme, bevor ich den Schlüssel umdrehe. Draußen erwacht der Traktor dröhnend zum Leben und Boomers aufgeregtes Kläffen durchschneidet die Luft, aber ich drehe mich nicht um, um Luke und dem Hund nachzusehen, als der Staub der fruchtbaren schwarzen Erde sie einhüllt.

Ich habe lange genug nach hinten geblickt.

Plötzlich empfinde ich eine unglaubliche Freiheit und spüre, dass eine Kette gesprengt wurde, die ich, ohne es zu wissen, immer noch mit mir herumgeschleppt habe. Ich bin jetzt vollständig bereit. Ich bin bereit, Paul zu heiraten, ein neues Leben anzufangen, ohne von den Schatten der Vergangenheit gefangen zu sein.

Dann berühre ich den Karton, in dem das Brautkleid meiner Großmutter liegt, und die alte Tabakdose mit den ungewöhnlichen Beinschnitzereien und der alten Spitze, ein Bindeglied zu Omas Leuten weit weg in den tiefen Tälern der Blue Ridge Mountains. Ein Faden, der mich irgendwie mit meiner Vergangenheit verbindet. Ein Rätsel, das ich mit in die Zukunft nehme.

Als ich an dem alten Haus meiner Großeltern vorbeifahre, blicke ich lächelnd zu den Fenstern hinüber, in denen sich die Sonne spiegelt, und male mir aus, mit Paul und den Kindern hierherzukommen, um Zeit mit ihnen zu verbringen, Geschichten von früher zu hören und Weintrauben und Maulbeeren zu ernten. Ich denke an Oma und Opa und begreife, dass die Menschen, die uns geliebt haben, nie wirklich fort sind, sondern in den Menschen weiterleben, die wir lieben, und in der Liebe, die wir an andere weitergeben.

Sie sind der Grund, warum wir überhaupt lieben können.

Die Sandburgschwester

Kapitel 1

»Paris«, sagt er und seine blauen Augen blicken mich unter den dunklen Locken, die seine Stirn streifen, mit einem verträumten Lächeln an. Seine Zunge streicht über seine Zähne, als lasse er diese Idee auf sich wirken und genieße ihren Geschmack. »Frühling in Paris, Jen. Du musst zugeben, das klingt verführerisch.«

»Evan.« Mit einem ermahnenden Blick versuche ich, ihn sanft daran zu erinnern, sich auf das Berufliche zu konzentrieren. Immerhin befinden wir uns beim Bath-Literaturfestival in Südengland. In der Heimat von Jane Austen. Am Schauplatz von »Die Abtei von Northanger« und »Überredung: Die Liebe der Anne Elliot«. Das Publikum hier ist überwältigend. Der Bücherverkauf sprengt alle Erwartungen. Evans Leser kommen in Scharen. Bath ist ein Literaturparadies. Kann es einen besseren Ort geben, um vollständig in der Gegenwart zu leben und die Zukunft zurückzustellen?

Doch Evan sitzt mit mir in einem malerischen Straßencafé in Bath und ist in Gedanken in Paris. Natürlich kenne ich den Grund, aber ich spreche ihn lieber nicht an. Ich will nicht streiten. Nicht hier. Nicht an diesem faszinierenden Ort.

Er sitzt mir gegenüber und schmollt. Einen Moment lang sieht er aus wie ein kleiner Junge, der im Spielzeugladen nicht das bekommt, was er haben möchte – ein Junge, der es gewohnt ist zu bekommen, was er will, und kein Nein akzeptiert. Falls ich diese Seite von ihm noch nicht gekannt haben sollte, als mich mein Verlag, Vida House, zu dieser dreimonatigen Autorenreise mit ihm schickte – aus der sechs Monate mit einigen kurzen Heimaturlauben wurden –, so kenne ich sie jetzt.

Wenn Evan Hall etwas will, lässt er nicht locker, bis er es bekommt.

Und er will *mich*.

Dieses Gefühl beruht auf Gegenseitigkeit. Ich wäre verrückt, wenn es nicht so wäre. Er ist eine umwerfende Mischung aus talentiert, attraktiv und einfühlsam. Ganz zu schweigen von reich, berühmt und sympathisch.

Genau aus diesen Gründen jagt er mir eine Todesangst ein.

Vermutlich habe ich mir eingeredet, die Chemie, die sich zwischen uns entwickelte, während ich »Die Hüterin der Geschichten« lektorierte – den Roman, mit dem er sich jetzt auf dieser internationalen Lesereise befindet –, wäre nur ein vorübergehendes Zwischenspiel. Ich hielt sie für eine verschwommene, nebulöse Sache, die sich durch unsere vielen Gespräche nach Feierabend über das Manuskript verdichtet hat. Ich dachte, sie würde sich wie der Morgentau in Wohlgefallen auflösen, sobald das Buch auf den Markt kommt, Evan zu seiner Lesereise aufbricht und große Entfernungen zwischen uns liegen. Die absolut unprofessionelle Anziehungskraft zwischen uns würde dann immer schwächer und schwächer werden und schließlich ganz verfliegen. Evan wäre mit Scharen von begeisterten Lesern, die ihn bewundern, beschäftigt. Ich säße am Schreibtisch in meiner kleinen, geschützten Ecke im Verlag, wäre auf der Suche nach dem nächsten Bestseller und redete mir ein, dass es so für alle besser sei.

Doch dann hat mich mein Chef auf diese Lesereise mit Evan geschickt. Er hat mir knallhart mitgeteilt: Wenn ich meine Stelle im Lektorat behalten möchte, fahre ich besser mit! Denn Evan wollte mich dabeihaben. Er fand, dass ich diese Reise nach der ganzen mühsamen Arbeit, bis das Buch endlich in Druck ging, verdient habe. Mir waren die Hände gebunden. Also habe ich meinen Koffer gepackt und mir gesagt, dass dieses unterschwellige Verliebtsein durch den Stress der langen Reise und die vielen Lesungen sicher schneller sterben würde als eine Eintagsfliege.

Man stecke zwei Menschen lang genug in einen Hochdrucktopf, dann haben sie einander bald satt, war meine Theorie.

Doch jetzt sitzen wir hier.

Er wartet auf eine Antwort und ich kenne die Frage, ohne dass er sie wiederholen muss. Sobald sein Vortrag beim »Nachmittagstee mit Evan Hall« im Rahmen des Literaturfestivals beendet ist, will er den Cocktailempfang am Abend absagen und in den Eurostar steigen. In nur zwei Stunden könnte uns der Hochgeschwindigkeitszug in die Stadt der Liebe befördern.

Der perfekte Ort, um zu heiraten.

Etwas Romantisches und aufregend Impulsives.

»Komm schon. Denk nicht zu viel darüber nach«, lässt er nicht locker. Seine Augen funkeln und seine Locken fallen ihm wieder in die Stirn. Dann beugt er sich näher zu mir. »Sag Ja.«

Mein Herz hämmert. Mir stockt der Atem. »Ich bin für den Jane-Austen-Spaziergang morgen angemeldet«, platze ich heraus.

Er zieht eine Braue hoch, als wollte er fragen: Im Ernst? Hast du das tatsächlich gesagt? Aber in seinem Blick steckt noch mehr. Er ist enttäuscht. Und verletzt. Er wollte so sehr, dass ich dieses Mal mit ihm in den Zug steige und das ganze Gepäck zurücklasse.

Das Gepäck ist genau das Problem. So sehr ich mich auch bemühe, kann ich es nicht loslassen. Etwas hält mich von der Hingabe zurück, die er sich wünscht. Ich habe mich in eine Ecke manövriert und weiß nicht, wie ich wieder herauskommen soll.

»Das ist deine Ausrede? Der Jane-Austen-Spaziergang? Das ist alles, was du hast?« Er sagt genau das, was ich erwartet habe. Er macht Witze und ist gleichzeitig ernst. Die Muskeln zwischen seinem Hals und Kinn spannen sich frustriert an. »Komm schon, Jen.« Er nimmt meine Hand und legt sie zwischen seine Hände auf den Tisch, wo sich unsere Finger ineinanderschieben. »Was ist wirklich los?«

Sein durchdringender Blick sucht nach einer Erklärung. Er hat mir vor einem Monat in Florenz einen Heiratsantrag gemacht. Oben auf dem Campanile, dem frei stehenden Glockenturm des Doms, von wo aus wir die faszinierende Stadt in ihrer ganzen Herrlichkeit auf uns wirken ließen. Der Sonnenuntergang über Florenz ist atemberaubend. Ich war von diesem Anblick wie verzaubert. Und von Evan. Als ich mich von dem Panorama abwandte, kniete er vor mir und hielt einen antiken Saphirring in der Hand, den er gekauft hatte, ohne dass ich es bemerkt hatte. *Heirate mich, Jen*, hat er gesagt.

Ja, antwortete ich in diesem traumähnlichen Moment und geriet dann in Panik, noch bevor wir die 414 Stufen vom Glockenturm wieder hinabgestiegen waren. Doch zu diesem Zeitpunkt sprach Evan bereits über die Termine bei der Lesereise und wann und wo wir uns davonstehlen und es offiziell machen können.

Ich fing an, Hindernisse zu finden, um die Sache zu verlangsamen, und habe seitdem nicht damit aufgehört. In meiner Familie steht die Ehe für den Tod aller Mädchenträume. Alle Pläne einer Frau zu studieren, ihren Traumberuf zu ergreifen und selbst zu entscheiden, was sie werden möchte, erfahren ein jähes Ende. In der Heimatgemeinde meiner Eltern, der »Gemeinde der Heiligen Brüder«, besteht die Rolle der Frau darin, ihre Familie zu versorgen, immer gefügig zu sein, so schnell wie möglich Kinder zu bekommen und sich ihrem Mann in allem unterzuordnen. Egal, was er von ihr verlangt und was für ein Mensch er ist. In meiner Kindheit und Jugend habe ich keine einzige Ehe gesehen, in der es nicht massive Drohungen, Einschüchterungsversuche und Misshandlungen gab.

Woher soll ich wissen, wie man eine gute Ehe führt?

Evan verdient so viel mehr.

Ich lasse den Kopf nach vorne fallen, atme tief und stockend aus und erschauere ungewollt, während meine langen, gewellten, dunklen Haarsträhnen über meine Schultern fallen und einen durchsichtigen Vorhang zwischen uns bilden. Aus der Nähe betrachtet wirken sie starr wie Gefängnisgitter.

Erkläre es ihm einfach. Sag es ihm. Es ist ja nicht so, dass er nicht schon einiges über die Gemeinde der Heiligen Brüder wüsste. Evan Hall hat sein ganzes Leben in den Blue Ridge Mountains verbracht. Natürlich ist ihm bewusst, dass die Heiligen Brüder sektenartige Züge besitzen, sich stark abgrenzen und eine eigenartige Form von Religion praktizieren. Evan hat meine Schwestern mit ihren altmodischen, selbst genähten Kleidern, streng geflochtenen Haaren und schwarzen Strümpfen gesehen. Er weiß, wie besorgt ich bin, dass die Heiligen Brüder und meine Familie meine jüngste Schwester, Lily Clarette, zurückholen, während ich auf dieser Lesereise bin. Ich habe panische Angst, dass sie Lily Clarette aus ihrem ersten Semester am College entführen und in die Gemeinde zurückschleppen.

Das Bild verfolgt mich selbst jetzt noch: Lily Clarette mit ihren leuchtenden goldenen Augen und langen, dunklen Locken. Sie sieht genauso aus wie ich als Teenager und sie taumelt über demselben Abgrund wie ich damals, als ich in ihrem Alter war und mir ein Stipendium in Clemson eine Flucht vor unserem Leben in den Appalachen ermöglicht hat. An dem Punkt, an dem Lily Clarette im Moment steht, heißt es, entweder in das düstere Leben, das sie kennt, zurückzufallen oder den steinigen Weg in die Freiheit zu wagen.

Wenn ich Evan heirate, steche ich in ein Wespennest. Dann wird die Familie erst recht alles daransetzen, Lily Clarette nach Hause zu locken, sie vor den Altar zu zerren, sie erneut zu taufen und mit einem Mann von den Heiligen Brüdern zu verheiraten, bevor sie meinem Beispiel folgen und dauerhaft vom wahren Glauben abfallen kann. Von einem anderen Kontinent aus kann ich sie nicht beschützen. Wenn Evan und ich warten und uns noch ein wenig Zeit lassen, kann ich die Wogen hoffentlich glätten, wenn es irgendwann so weit ist.

»Es gibt so vieles zu bedenken, Evan. So viele Entscheidungen zu treffen.« Ich weiß, dass ich kneife. Ich konzentriere mich auf die harmloseren Fragen und nehme sie als Vorwand, um den schwierigeren Fragen auszuweichen.

»Zum Beispiel?« Ich fühle, wie er mich analysiert. Seine Zweifel sind fast greifbar. Er kann Menschen sehr schnell durchschauen. Das macht ihn zu einem genialen Schriftsteller. Und zu einem anstrengenden Verlobten.

»Okay, zum Beispiel musst du an Hannah denken.« Nachdem sein Bruder, das schwarze Schaf der Familie, zu einer Gefängnisstrafe wegen Trunkenheit am Steuer verurteilt wurde, hat Evan die Verantwortung für seine Nichte übernommen, was diese

Lesereise zu einer noch größeren Herausforderung macht. Die Erziehung eines Kindes aus der Ferne ist nicht ideal, auch wenn er von der Familie viel Unterstützung bekommt. »Es ist ihr erstes Jahr in der Mittelstufe. Sie spielt begeistert Softball und freut sich darauf, im Frühling mit den Cheerleadern aufzutreten. Sie hat jetzt endlich angefangen, sich zu öffnen und neue Pläne zu schmieden. Es ist wichtig, dass sie in Looking Glass Gap bleibt. Aber ich arbeite in New York. Ich liebe Vida House. Ich liebe die Verlagsarbeit. Ich liebe es, mitten im Geschehen zu sein. Ich liebe New York City.« Diese Argumente sind alle wahr, aber sie sind so weit vom Kern des Problems entfernt wie die Erde von der Sonne.

Er schnaubt leise und spielt mit meinen Fingern. »Jen, du kannst im Homeoffice arbeiten. Und du kannst jederzeit nach New York fliegen, wenn du willst. Es gibt Flughäfen.«

»Sehr witzig.« Ich blicke zu ihm hinauf und beiße auf meine Lippe, um mir ein Lächeln zu verkneifen. Er versteht es meisterhaft, mich zum Lachen zu bringen und mich dann gekonnt zu überrumpeln. Das liebe und hasse ich an ihm. Er ist einfach so verflixt … gut. »Ja, es gibt Flughäfen.«

»Genau.«

Eins zu null für ihn. Er weiß, dass er mein Argument effektiv vom Tisch gewischt hat. Mehrere Verlagsmitarbeiter arbeiten von zu Hause aus. Lektoren und Literaturagenten in ganz New York tun das inzwischen.

»Jen, es ist nicht so, dass ich es mir nicht leisten könnte …«

»Das ist ein weiterer Punkt. Evan, ich steuere fast nichts zu dieser Ehe bei. Finanziell meine ich. Alles gehört dir. Das Haus in Looking Glass Gap gehört dir. Falls ich dorthin ziehe, gehört sogar das Auto, mit dem ich fahre, dir. Ich habe kein Auto. Da ich mein Geld gespart habe, um Lily Clarette während ihres Studiums zu unterstützen, kann ich mir auch keines leisten. Ich kann nicht einmal eine Hochzeit bezahlen. Auch meine Familie kann das nicht, selbst wenn sie es wollte.«

Er bedenkt mich mit einem Blick, der älter und weiser ist. Es gibt Momente, in denen mich unser Altersunterschied von zehn

Jahren stört. Er hat so viel durchgemacht, er hat so viel erlebt, er hat die Welt bereist, er ist ein Superstar, seit er als Student seinen ersten Roman geschrieben hat und mit seiner Zeitreisenden-Serie berühmt wurde. Wir befinden uns in völlig unterschiedlichen Lebensphasen.

»Jen.« Dieses eine Wort hüllt mich wie eine Umarmung ein und macht mir erneut bewusst: Ich liebe Evan Hall bis in die Tiefen meiner Seele. »Glaubst du wirklich, irgendetwas davon ist für mich ein Problem?«

»Nein.«

»Geht es darum, dass du gern Zeit hättest, um eine große Hochzeit zu planen? Geschmückte Kirche, lange Gästeliste, Blumen, das volle Programm? Wenn du das willst, Jen, können wir es so machen. Mir ist bewusst, wie wichtig Frauen dieser ganze Glanz und Glitter ist.«

»Evan Hall, du kennst mich gut genug, um zu wissen, dass ich nicht so bin.«

»Gut. Dann fahr mit mir nach Paris und wir heiraten in Jeans. Wir geben uns das Eheversprechen barfuß im Park. So haben meine Eltern geheiratet. Wir folgen der Hippietradition.«

»In meiner Familie haben wahrscheinlich auch einige barfuß geheiratet. Aber nicht weil sie Hippies waren.«

Wir lachen und lehnen uns gemütlich zurück. Die Atmosphäre entspannt sich wieder. Dann zieht er mich zu sich heran und küsst mich. Als die Welt endlich aufhört, sich um mich zu drehen, flüstere ich die Worte an seine Lippen, von denen ich weiß, dass sie wahr sind. »Ich liebe dich, Evan.«

»Ich werde dich heiraten, Jen Gibbs. Vielleicht sogar morgen. In Paris.«

Mein Handy klingelt auf dem Tisch und ich fahre hoch, als wäre es eine Tornadosirene an einem stürmischen Tag.

Evan verdreht die Augen, da er meine Ablenkungstaktik durchschaut.

Sieht er mir an, dass mir ein Ja auf der Zunge liegt? Hat er es in unserem Kuss geschmeckt?

»Was hat das zu bedeuten?« Mein Kopf wird wieder klar, der Dunst verzieht sich wie die Feuchtigkeit auf einer beschlagenen Windschutzscheibe, sobald ich auf das Display tippe und das Gespräch annehme. »Lily Clarette? Wie spät ist es bei dir?« Die eigentliche Frage lautet: *Warum ruft sie an?*

Selbst Evan zeigt eine gewisse Besorgnis.

»Wie läuft es bei euch?« Der langsame, schleppende Akzent meiner kleinen Schwester aus den Bergen von North Carolina klingt hier auf den Straßen von Bath wie aus einer völlig anderen Welt. Er ist eine schmerzliche Erinnerung an zu Hause. Mir wird bewusst, wie sehr ich Lily Clarette in den letzten Monaten während unserer Lesereise durch Europa vermisst habe.

»Gut. Alles läuft sehr gut.« Ich erzähle ihr kurz einige Details von unserer Lesereise und von den Sehenswürdigkeiten, die wir besucht haben, aber mir ist kaum bewusst, was ich sage. Mein Verstand sucht nach Gründen für diesen Anruf. *Bitte lass sie nicht sagen, dass sie das Studium aufgibt und nach Lane's Hill zurückzieht.* Bei unserem letzten Gespräch hat sie gesagt, dass ihr Semester anstrengend ist und sie zu schüchtern sei, um bei ihren Professoren anzuklopfen und um Hilfe zu bitten.

»Ich vermisse di-ich.« Sie zieht das letzte Wort in die Länge. Ihr süßer Ton ist verdächtig. Während des Jahres, in dem sie bei mir in New York wohnte, habe ich die kleine Schwester besser kennengelernt, die ich kaum gesehen hatte, seit ich mit achtzehn aus Lane's Hill weggezogen bin. Ich kenne sie inzwischen gut genug, um zu wissen, dass sie gleich ein Thema anspricht, das mir nicht gefallen wird.

»Ich vermisse dich auch. Wie läuft es an der Western Carolina University?«

Evan küsst meine Hand, hält sie auf seinem Schoß fest und sein Blick wandert zum Rand des Cafés, wo er einige Fans bemerkt, die dort stehen und ihn mit dem Foto auf der Rückseite seiner Zeitreisenden-Bücher vergleichen. Er drückt zärtlich meine Finger, dann steht er auf und geht hinüber, um eine inoffizielle Autogrammstunde zu geben.

Sein Lächeln ist umwerfend. Er plaudert und scherzt. Frauenherzen werden weich.

Eine heiße Eifersucht erwacht unter dem Kragen der weiten Wollweste, die ich an diesem ungewöhnlich warmen Märztag in Bath mit meinen Jeans und Stiefeln kombiniert habe.

Ich will neben Evan treten, eine Hand unter seinen Ellenbogen schieben und Besitzansprüche geltend machen. Dieser plötzliche Drang überrascht mich selbst, denn er ist sehr stark.

Du bist selbst schuld, weil du ihn noch nicht geheiratet hast, flüstert eine Stimme in meinem Kopf. Und wenn er beschließt, dass er dich nicht länger fragen will?

Würde er das machen? Könnte das passieren? Wird Evan irgendwann einfach … weiterziehen, wenn ich nicht lerne, diese irrationalen Ängste zu überwinden und ihm zu glauben, dass er mich wirklich liebt und dass es möglich ist, destruktiven Familienmustern aus der Vergangenheit zu entkommen?

Lily Clarette erzählt von ihrem Geschichtsseminar, berichtet, dass der Seminarleiter ihr Lieblingsprofessor ist und dass sie sich mit ganzer Kraft in ihre Semesterabschlussarbeit hängt. »Wir können über ein beliebiges Thema aus der Geschichte von North Carolina schreiben. Deshalb habe ich ihn gefragt, ob ich meine Arbeit über Mamas Leute, die Melungeons, und die geschnitzten Ketten, die Mama uns Mädchen hinterlassen hat, schreiben kann.« Evans neuer Roman hat ein großes Interesse an der möglichen Herkunft der »blauäugigen Ureinwohner« in den Appalachen geweckt. Das Ganze bleibt ein Rätsel und es gibt möglicherweise Verbindungen zu unserer Familie, aber wir wissen nichts Genaueres und meine Mutter ist nicht mehr da, um uns mehr darüber zu erzählen. Es ist verständlich, dass sich Lily Clarette dafür interessiert. Aufgeregt fährt sie am Telefon fort: »Einige Leser, denen Evans Buch gefallen hat, haben Vida House Informationen über Melungeons in ihrem Familienstammbaum geschickt. Manche haben genauso wie wir Ketten aus Beinschnitzereien. Ich habe überlegt: Wenn wir diese Leute ausfindig machen könnten, würde uns das vielleicht helfen, mehr über Mamas Leute herauszufinden, da wir über diese Seite der Familie überhaupt nichts wissen …« Meine Schwester überschlägt sich jetzt fast, während sie mir von ihren Entdeckungen erzählt, die sie in den schlammigen Tiefen unserer Vergangenheit ausgegraben hat.

»Lass mich bitte kurz etwas dazu sagen«, falle ich ihr schließlich ins Wort. In meinem Kopf gehen alle Alarmglocken los. Als die Älteste weiß ich das meiste über die Herkunft unserer Mutter, die uns bald nach Lily Clarettes Geburt verlassen hat. Die Gesamtsumme meiner Informationen ergibt nicht viel, aber das wenige, das ich weiß, jagt mir Angst ein.

»Wusstest du, dass Mama einen Bruder hat?«, platzt Lily Clarette heraus.

Am liebsten würde ich meine Schwester packen und von diesem Weg wegzerren. »Ja, das wusste ich. Mamas Bruder ist einmal auf der Farm aufgetaucht, als ich noch klein war.« Ich erinnere mich an den abgerissenen Jugendlichen mit karamellfarbener Haut und nussgoldenen Augen. Meine Mutter hat ihn so kräftig umarmt, dass ich schon befürchtete, er würde zerbrechen. Sie nannte ihn Robby. »Er war nicht lange da, dann kam Vater heim und warf ihn aus dem Haus. Mama und er hatten deshalb eine Auseinandersetzung.« Ich verzichte auf die hässlichen Details, als mein Vater eine Art Rute nahm und meine Mutter damit »züchtigte«, weil sie ohne seine Erlaubnis jemanden ins Haus gelassen hatte. Lily Clarette erinnert sich nicht daran, obwohl die Rute auch nach dem Verschwinden meiner Mutter im Haus blieb. Bei den Heiligen Brüdern ist die Rute ein natürlicher Bestandteil des Lebens. Lange Ruten für schwerere Vergehen. Kurze Ruten für kleinere Vergehen.

»Er heißt Rob. Ich habe ihm einen Brief geschrieben.«

»Lily Clarette!«, entfährt es mir laut. Am Rand des Cafés wendet Evan den Blick von seinen Fans ab und schaut mich mit fragend zusammengekniffenen Augen an. Ich senke meine Stimme, wende mich leicht ab und beuge mich vor. »Das ist keine gute Idee. Leute außerhalb der Gemeinde haben über Mamas Familie gesprochen, okay? Einiges war ziemlich beängstigend.« Es gefällt mir überhaupt nicht, meiner unschuldigen, neunzehnjährigen Schwester diesen Teil unserer Geschichte zu erzählen, aber das ist immer noch besser, als zuzusehen, wie sie in etwas hineingezogen wird, das sie überfordert.

»Das weiß ich, Jennia Beth.« Sie verwendet jetzt den Doppelnamen, mit dem ich aufgewachsen bin. »Die Leute außerhalb der Gemeinde reden immer noch.«

»Dann verstehst du, warum du von Mamas Familie die Finger lassen solltest.«

»Nur weil ich diesem Mann einen Brief geschrieben habe, heißt das nicht, dass ich ihn zum Sonntagsessen in meine Wohnung einladen will«, faucht sie. Ich bin überrascht. Das klingt überhaupt nicht nach Lily Clarette. »Wie dem auch sei. Jedenfalls hat er mir geantwortet.«

»Was hat er geschrieben?«

»Er sitzt im Gefängnis. Wegen Drogenbesitzes … und weil er in einen Laden eingebrochen ist.«

Mir wird übel. »Oh, Lily Clarette, bitte …«

»Hör mir bitte einen Moment zu, okay?«

»Okay.« *Bitte, Gott. Bitte mach, dass das nur ein wirrer Traum ist. Ein Albtraum.* Ich entreiße meine kleine Schwester der Familie meines Vaters und jetzt hat sie Kontakt zur Familie unserer Mutter? Wie kann das sein? »Aber es gefällt mir absolut nicht.«

»Wusstest du, dass Mama eine Schwester hat?«

»Nein. Der Einzige aus Mamas Familie, den ich je gesehen habe, war ihr Bruder, Robby.«

»Die Schwester ist viel jünger als Mama und Rob. Sie heißt Rebecca Christine. Sie ist nur wenige Jahre älter als du.«

Eine Faust schließt sich langsam um meinen Hals. Hier geschieht mehr als nur die Recherche für ein Geschichtsprojekt. Lily Clarette öffnet die Familiengräber und holt alte Knochen und Gebeine hervor. Sie versucht herauszufinden, wer sie ist. Wer *wir* sind.

»Das alles weißt du aus einem einzigen Brief von diesem … diesem Rob? Bist du dir überhaupt sicher, dass du es mit der richtigen Person zu tun hast?« Sie könnte leicht an einen Betrüger geraten sein, einen Lügner, der sich als Bruder unserer Mutter ausgibt.

»Ja, ich bin mir sicher. Wir haben ein paarmal miteinander telefoniert.«

»Du *telefonierst* mit diesem Mann?« Wie viel weiß er über meine Schwester? Hat sie ihre Adresse als Absender auf die Briefe geschrieben? Bestimmt. Er könnte sie aufspüren. Oder jemand anderen zu ihr schicken.

Ich muss dem Ganzen ein Ende setzen. Sofort.

»Ich habe einer Frau geschrieben, die wahrscheinlich Rebecca Christine ist.« Meine Schwester gießt Öl ins Feuer. »Rob wusste nicht genau, wo sie jetzt wohnt, aber er hat gesagt, sie arbeitet auf Booten und lebt irgendwo an der Küste von North Carolina, und diese Frau, der ich geschrieben habe, hat einen Bootsladen in Elizabeth City. Das habe ich auf der Website der Handelskammer gefunden. Ich gehe davon aus, dass sie es sein muss.«

»Was hat sie dir geschrieben?«

»Sie hat nicht geantwortet. Ich habe angerufen und ihr eine Nachricht hinterlassen. Aber darauf hat sie auch nicht reagiert.«

»Vielleicht will sie mit der ganzen Sache nichts zu tun haben. Oder vielleicht ist sie es gar nicht. Oder vielleicht erfindet dieser Rob das alles nur, um dich zu ködern.« Hat er Lily Clarette um Geld gebeten? Soll sie Päckchen ins Gefängnis schicken? Ihm helfen, aus dem Gefängnis zu kommen?

Wann wird er entlassen? Steht das Ende seiner Haftstrafe kurz bevor?

»Wie viele Rebecca Christines kann es in North Carolina am Meer geben?«, lässt meine Schwester nicht locker.

»Wahrscheinlich mehr als eine.« Plötzlich klingelt bei dem Namen etwas: Rebecca und Christine sind die Zweitnamen meiner zwei mittleren Schwestern, Coral Rebecca und Evie Christine.

Meine Mutter hat meine Schwestern nach einer Schwester genannt, die sie zurückließ, als sie meinen Vater heiratete?

»Ich habe nächste Woche Frühlingsferien. Dann fahre ich an

die Küste und versuche, sie zu finden. Vielleicht mache ich auch einen Abstecher zum Gefängnis und besuche Rob. Es gibt eine Frage, die ich ihm nur persönlich stellen kann. Ich muss wissen, ob das, was er mir gesagt hat, wahr ist.«

Ich muss nach Hause! Sofort! Ich muss das unter Kontrolle bringen, bevor etwas Furchtbares passiert.

Mein Verstand kreist um Flugpläne, internationale Flughäfen, bezahlte Urlaubstage. Was wird mein Chef sagen, wenn ich Evan bei der letzten Etappe dieser Lesereise im Stich lasse?

Es fehlt nur noch Paris. Evan schafft Paris auch ohne mich.

Paris. Die Frage, ob wir dort heiraten. Wird Evan denken, das sei wieder nur eine Ausrede?

Der Saphirring an meinem Finger glitzert und weckt Fragen: Und wenn Evan mich endgültig fallen lässt? Könnte dies der Tropfen sein, der das Fass zum Überlaufen bringt?

»Was? Was hat dir Rob erzählt, Lily Clarette?« Ein eisiger Schauer dringt durch meine Strickweste und kriecht an meinem Arm hinauf. Ich merke, dass ein Schatten die Sonne verdunkelt. Evan steht vor mir.

»Dass Mama mit dreizehn Jahren ein Kind bekam. Rob sagt, Rebecca Christine ist in Wirklichkeit gar nicht Mamas Schwester. Sie ist nicht unsere Tante. Sie ist unsere Schwester.«

Kapitel 2

Der Flughafen Heathrow ist ein Irrenhaus – Reisende hasten mit ihrem Gepäck an mir vorbei, Flugplanänderungen werden auf großen Bildschirmen angezeigt, Handys klingeln, an den Flugschaltern wird gerufen: »Der Nächste bitte. Treten Sie bitte vor.« Stimmen, Schritte, Kofferrollen und Fließbänder vermischen sich zu einem ohrenbetäubenden Rauschen.

Durch die Glasscheiben fällt mein Blick auf einen feuchten, nebligen Londoner Abend. Ein einsamer, melancholischer Abend, der einlädt, es sich mit einer Tasse Tee und einem lieben Menschen vor einem warmen Feuer gemütlich zu machen. Ich habe Schuldgefühle, weil ich Evan hier zurücklasse. Allein.

»Es tut mir leid.« Meine Augen brennen, als er die Taschen abstellt und seufzt. Er sieht genauso betrübt aus wie das nasse Londoner Wetter.

»Ich weiß.« Er hat sich nicht beklagt. Kein einziges Mal. Er hat während der ganzen Hektik bei der Suche nach Flügen und der wilden Fahrt zum Flughafen, damit ich den Flug noch erwische, die Ruhe behalten.

Er hat sich kein einziges Mal darüber beklagt, dass wir das Gespräch über eine Frühlingshochzeit in Paris abrupt abbrechen mussten.

Trotzdem ist seine Enttäuschung genauso spürbar wie die Hitze einer fast erloschenen Glut – ein unsichtbarer Beweis, dass etwas lodert. Versteht er mich wirklich?

Die ganzen Frauen, die ihm heute nachlaufen werden … seine leidenschaftlichsten Fans. In Paris werden es genauso viele sein.

Er wirft einen Blick auf die Schlangen, die in der Nähe vor den Schaltern anstehen. Wir wissen beide, dass ich mich jetzt in einer einreihen muss, wenn ich meinen Nachtflug über den Atlantik erwischen will. »Mir gefällt es überhaupt nicht, dich mit dieser Sache allein zu lassen.«

»Ich fliege nicht nach Hause, um Lily Clarette bei ihrem verrückten Plan zu unterstützen. Ich fliege zu ihr, um sie zur Vernunft zu bringen. Das, was sie vorhat, ist eine schlechte Idee. Das fühle ich.«

»Ich auch«, stimmt er mir zu. »Ruf mich an, wenn du in New York gelandet bist.«

»Das mache ich.«

»Und wenn du nach deinem Anschlussflug in Greenville landest, auch.«

»Okay.« Evan hat bereits geregelt, dass sein Verwalter in Looking Glass Gap ein Auto zum Flughafen bringt. Es wartet dort auf mich, wenn ich lande.

Er legt die Hand an mein Gesicht und seine langen Finger schieben sich in mein Haar. Ich lehne mich an seine warme Hand. Ein Kloß steigt in meiner Kehle auf und ich kann nicht sprechen. Stumm klammere ich mich mit beiden Händen an sein gebügeltes Hemd. Es hat eine angenehme blaue Farbe, die perfekt zu seinen Augen passt.

Jemand stößt mich von hinten, aber ich fühle es kaum. Wir sehen uns unverwandt in die Augen. Evans Stimme ist sanft und vertraut, fast ein Flüstern an meinem Haar. »Mir war gar nicht bewusst, wie sehr ich mich daran gewöhnt habe, dich immer bei mir zu haben.«

»So geht es mir auch.« Wie so oft spricht er aus, was ich auch denke. Wir waren während der Europa-Etappe seiner Lesereise ständig zusammen – in Flugzeugen, Zügen, Autos und bei Auftritten. Und nun muss ich plötzlich daran denken, dass er mir morgen früh nicht bei Kaffee und Croissants am Tisch gegenübersitzt und mich verliebt ansieht. »Ich liebe dich, Evan. Weißt du das? Ich liebe dich wirklich sehr.«

Weiß er es? Glaubt er es? Versteht er, wie gern ich herausfinden möchte, wie man einen Menschen richtig liebt, obwohl mir diese Vorstellung eine Todesangst einjagt?

»Das verstehe ich als Ja.«

»Ja wozu?« Macht er Scherze oder sagt er das im Ernst? Ich weiß es nicht.

»Zu der Frage, die ich dir in Bath gestellt habe. Und in Rom. Und in Florenz.« Er zählt die Städte auf, in denen er etwas Impulsives vorschlug und ich mich jedes Mal von meiner Angst zurückhalten ließ. »Verlieb dich nicht in einen Mann aus den Bergen, wenn du bei deiner Schwester dort oben in Cullowhee bist.« Sein schiefes Grinsen und Zwinkern reizen mich.

»Ich habe mich schon in einen Mann aus den Bergen verliebt.« Es ist ein schlechter Zeitpunkt, um dieses Thema aufzuheizen, aber ich kann nicht anders. Ich zupfe an seinem Hemd, das ich immer noch mit beiden Händen umklammere, als wolle ich ihm drohen. »Und du bringst dich vor diesen Frauen in Paris in Sicherheit.«

»Neben dir hat keine Pariserin eine Chance.« Er küsst mich lange, dann dreht er mich zum Terminal herum und drückt meine Schultern, als wolle er mir Mut einflößen. »Geh. Bevor ich es mir anders überlege.«

Kapitel 3

Fünfzehn Stunden, zwei Flüge und eine Fahrt mit dem Shuttlebus zum Parkplatz später sitze ich auf dem Fahrersitz eines roten Jaguar F-Type Cabriolet und rufe Evan an. Sein verschlafenes Hallo entlockt mir ein Lachen. Ich kenne diese müde Stimme. Der Mann ist eine Nachteule. Ich kann nicht zählen, wie oft ich während unserer gemeinsamen Arbeit an der »Hüterin der Geschichten« im Zimmer auf und ab gegangen bin und bis zu einer, wie ich fand, anständigen Uhrzeit gewartet habe, um ihn anzurufen, und dann feststellen musste, dass er immer noch völlig schlaftrunken war, weil er die halbe Nacht durchgearbeitet hatte.

»Hallo, Schlafmütze. Ich wollte dir nur sagen, dass ich in Greenville gelandet bin. Das ist übrigens ein schöner Wagen. Ich dachte, du sagst Mike, dass er mir einen Geländewagen bringen soll.«

Ein Geländewagen wäre mir eigentlich lieber gewesen. Der Jaguar jagt mir ein wenig Angst ein. Ich weiß, dass dieses Auto Evans Stolz und Freude ist.

Er gähnt und ich genieße diesen vertrauten Klang. Ich versuche, mir auszumalen, wie es wäre, für den Rest meines Lebens Morgen für Morgen neben diesem Mann aufzuwachen. »Ich dachte, das Auto wäre eine nette Überraschung.«

Ein warmes Gefühl durchflutet mich. Plötzlich bin ich nicht mehr müde, mir tut nicht mehr alles weh und ich habe keinen steifen Nacken mehr nach dem unbequemen Schlaf im Flugzeug. Ich fühle mich fröhlich und leicht. »Diese Überraschung ist dir gelungen. Danke.«

Am Telefon wird es still und ich frage mich, ob er wieder eingeschlafen ist. »Evan?«

»Ja? Was ist?« Seine Worte sind schwer und langsam. »Entschuldige, es war eine lange Nacht.«

Die Unsicherheit bohrt ihre Giftzähne in mein Fleisch. Er hatte gestern Abend keine Buchveranstaltung. Ich habe ihm absichtlich eine kurze Textnachricht geschickt, statt anzurufen, als mein erstes Flugzeug gelandet war. Ich hatte nur wenig Zeit zum Umsteigen, außerdem wollte ich ihn nicht stören, falls er ausschlafen wollte. Offenbar war er um diese Zeit immer noch auf gewesen. Warum? »Du bist gut in Paris angekommen?«

»Mehr oder weniger. Ich kann mich nicht erinnern, wann der Zug ankam. Aber ich hatte eine gute Idee für mein nächstes Buch. Deshalb bin ich die ganze Nacht aufgeblieben und habe daran gearbeitet. Ich habe mich erst vor ein paar Stunden schlafen gelegt.«

»Es tut mir leid, dass ich dich geweckt habe. Schlaf wieder weiter. Ruh dich für deine Veranstaltung heute Abend aus. Verschlaf sie nicht, okay? Wenn du unentschuldigt fehlst, verliere ich meine Stelle, weil ich dich allein gelassen habe.« Es ist leichter, über das Berufliche zu sprechen, aber in Wirklichkeit würde ich ihm viel lieber sagen: *Ich vermisse dich. Ich vermisse dich jetzt schon.*

»Ja, ja«, seufzt er.

»Evan, das ist mein Ernst. Stell dir einen Wecker oder so etwas. Sonst bekomme ich tatsächlich Angst.« Die Lektorin und Reisebegleiterin in mir nimmt überhand.

Ich höre Bettfedern quietschen und stelle ihn mir in einem piekfeinen, charmanten, alten Pariser Hotel vor. Er liebt Orte mit Geschichte, deshalb hat der Verlag größtenteils solche Häuser gebucht. »Pass du lieber auf mein Baby auf. Damit meine ich dich. Nicht das Auto.«

Mir liegt eine flapsige Erwiderung auf der Zunge, aber ich schlucke sie hinunter. Erlebe ich das alles wirklich? *Ich?*

Evan Hall ist für Mädchen aus den dunklen Tälern von Lane's Hill ein unerreichbarer Traum.

Es folgt ein »Ich liebe dich« und »Ich liebe dich auch« und wir verabschieden uns. Dann breche ich nach Cullowhee auf, um meine kleine Schwester zu finden und einen Zusammenprall von Vergangenheit und Gegenwart zu vermeiden, der leicht in einer Katastrophe enden könnte.

Die Fahrt im dichten Morgennebel dauert länger, als mir lieb ist. Auf dem Weg nach Cullowhee schlängle ich mich durch die plätschernden Flusstäler und über die schroffen Höhen der Appalachen. Im Geiste gehe ich all die Gründe durch, warum meine Schwester lieber die Finger von der Sache lassen sollte, die sie geplant hat. Wie immer verschlingen die Blue Ridge Mountains mich vollständig. Die Berge sind still und kahl und tragen immer noch ihr braunes Winterkleid. Nur die Kiefern verleihen der Landschaft Farbe. So früh im Jahr blühen noch nicht einmal die Judasbäume und Hartriegel-Sträucher. Hier und da sorgen einige gelbe Löwenzahnblüten für Farbkleckse am Straßenrand. Die Flüsse sind von der Schneeschmelze angeschwollen und das eisige Wasser plätschert unter den Nebelschwaden.

Erinnerungen treiben mich weiter, genauso wie Bäche ein herabgefallenes Blatt tragen, herumwerfen, umdrehen, im Kreis wirbeln, bis es durchnässt und formlos ist. Ich denke an Mama, obwohl ich mir gestern Nacht im Flugzeug geschworen habe, dass ich diesen Weg nicht einschlagen werde, nicht einmal im Verborgenen, in der Dunkelheit meiner eigenen Gedanken.

Es wird höchste Zeit, die Fragen nach ihr loszulassen, habe ich mir immer wieder gesagt. Ich kann ihr aus dem, was sie getan hat, keine Vorwürfe machen. Sie hatte keine Hilfe, niemanden, auf den sie sich hätte verlassen oder den sie um Unterstützung hätte bitten können. Niemand, der sie nicht vor die Ältesten der Heiligen Brüder gezerrt hätte, um ihr den Teufel auszutreiben. Es gab niemanden, der ihr geholfen hätte, sich behandeln zu lassen – der die Symptome einer Wochenbettdepression erkannt hätte, die drohte, eine Wochenbettpsychose zu werden. Durch ihr Weggehen hat sie wahrscheinlich uns alle gerettet … und auch sich selbst.

Sie war nicht in der Verfassung, sechs Kinder mitzunehmen.

Ich habe diese logische Erklärung akzeptiert – für ihr Verschwinden und dafür, dass wir nie wieder von ihr gehört haben und nicht wissen, wohin sie gegangen ist, nachdem sie uns verlassen hat. Wir wissen nicht einmal, ob sie noch lebt. Das werden wir wahrscheinlich nie erfahren. Keiner von uns hatte je den Mut, tiefer zu graben.

Bis auf Lily Clarette. Die wissbegierige, beherzte, unglaublich kluge Lily Clarette. Die Naturwissenschaften liebt und jetzt Pharmazie studieren will, um später als Apothekerin nach Looking Glass Gap zurückzukehren und die alte Mountain-Leaf-Apotheke zu übernehmen. Sie ist die einzige Apotheke im Umkreis von einer Stunde Fahrzeit und die Einheimischen sind auf sie angewiesen. Lily Clarette will die Apotheke retten.

Irgendwie passt es, dass sie auch versucht, unsere Vergangenheit zu sezieren. Sie will die Wahrheit wissen und sie fürchtet sich nicht davor, ihr auf den Grund zu gehen, selbst wenn die Wahrheit vielleicht schmerzt. Selbst wenn sich Mama, nachdem sie uns verlassen hat, irgendwo anders ein neues Leben, ein gutes Leben aufgebaut haben sollte und keinen Gedanken mehr an uns verschwendet hat.

Offenbar hat unsere Mutter das vorher auch schon einmal gemacht: ein Baby zurückgelassen. Sie hat die Erziehung dieses Kindes ihren Eltern überlassen und seine Existenz verheimlicht, als sie meinen Vater heiratete. Mit einem unehelichen Kind wäre sie für meinen Vater als potenzielle Braut inakzeptabel gewesen. Es war schon schwierig genug, da sie nicht aus der Gemeinschaft der Heiligen Brüder kam, sondern nur in die Gemeinde eintrat, um ihn heiraten zu können.

Haben wir noch mehr Halbgeschwister, die nach Lily Clarette geboren wurden? Gibt es irgendwo auf der Welt Menschen, die mit uns verwandt sind und nie etwas von uns gehört haben? Weiß diese rätselhafte Halbschwester, Rebecca Christine, was aus meiner Mutter geworden ist? Ist Mama zu Rebecca Christine zurückgegangen, als sie uns verließ?

Wenn diese Frau von Mamas Familie oder irgendjemandem, der ihr nahestand, aufgezogen wurde, ist sie wahrscheinlich genauso belastet, wie es unsere Mutter war. Unsere Situation als Kinder war schon schlimm, aber die Kindheit und Jugend meiner Mutter war völlig unvorstellbar.

Ich konzentriere mich zu wenig auf die Straße und merke plötzlich, dass ich eine enge Kurve viel zu schnell genommen habe. Evans Worte gehen mir durch den Kopf: *Pass auf mein Baby auf.*

Zum Glück ist der Jaguar so geschmeidig wie sein Namensgeber. Er schmiegt sich an den Asphalt, während die Bäume vorbeifliegen, und ich nehme den Fuß vom Gaspedal und konzentriere mich auf den Weg, der vor mir liegt, und nicht auf das, was hinter mir liegt. Hinter der Kurve lungert ein Schwarzbär neben dem Briefkasten eines baufälligen Mobilheims. Ich werde langsamer, als ich vorbeifahre, und fühle mich in dem winzigen Cabriolet verwundbar. Der Bär könnte das Dach dieser Blechdose im Handumdrehen zerlegen, aber ich fahre trotzdem in gedrosseltem Tempo weiter für den Fall, dass dieses Tier erschrickt und auf die Straße stürmt. Ich male mir aus, wie ich Evan erzähle, dass sein Männerspielzeug mit einem Schwarzbären kollidiert ist.

»Ja, so etwas kann eine echte Härteprüfung für eine Beziehung sein«, witzle ich, während ich mein Telefon nehme und lang genug innehalte, um für Evan ein Foto zu schießen. Ich kann die Bildunterschrift schon im Geiste vor mir sehen: *Er hat gesagt, dein Auto schmeckt köstlich.*

Evans tiefes Lachen hallt in meinen Gedanken wider und ich schmunzle, entscheide aber, ihm die Nachricht erst später zu schicken, um ihn nicht schon wieder zu wecken. Es dauert sowieso nicht mehr lange, bis ich in Cullowhee bin, aber mein müder Geist weigert sich, den Lageplan der Western Carolina University abzurufen, an der Lily Clarette das Grundstudium absolviert, bevor sie hoffentlich für das Pharmazieprogramm in Clemson zugelassen wird.

Statt herumzuirren, nach Schildern, Stadionscheinwerfern und dem Uhrenturm zu suchen, lasse ich mich von meinem GPS führen. Dann suche ich einen Besucherparkplatz und rufe meine Schwester an, um sie damit zu überraschen, dass ich nicht mehr auf der anderen Seite der Erde bin.

Kapitel 4

Lily Clarette wirft ein Paar Tennisschuhe in ihre Reisetasche und zieht den Verschluss zu. Ich habe sie noch nie mit einem so hochroten Gesicht gesehen oder dermaßen gereizt erlebt. Während der ganzen Zeit, die sie bei mir in New York wohnte, hatten wir kein einziges Mal eine ernst zu nehmende Meinungsverschiedenheit. Ich habe nie gehört, dass sie jemandem gegenüber hart aufgetreten wäre. Offenbar ist meine kleine Schwester in den letzten Monaten als Studentin erwachsen geworden. Sie ist eine Frau geworden. Eine Frau, der es überhaupt nicht gefällt, wenn ihre große Schwester unangemeldet in ihrem Studentenzimmer auftaucht.

»Ich bin kein dummes, kleines Kind«, knurrt sie. Die sanfte, unterwürfige Stimme, die Frauen und Mädchen bei den Heiligen Brüdern anerzogen wird, ist verschwunden. Sie klingt wie jede andere junge Frau aus den Appalachen, deren Herkunft an ihrer typischen Aussprache zu erkennen ist. »Ich bestehe meine ganzen Kurse und Seminare mit Einsen und Zweien. Ich fahre jedes zweite Wochenende nach Looking Glass Gap und arbeite in der Apotheke und ich bewältige den Weg hin und zurück ganz allein. Ich brauche keinen Babysitter, um den Weg nach Elizabeth City und wieder zurück zu finden.«

»Und zum Gefängnis, um Rob zu besuchen?« Bei der Vorstellung, dass sie durch Gefängnistore marschiert, gefriert mir das Blut in den Adern, ganz zu schweigen von allen anderen Gefahren, die ein Kontakt mit unserem angeblichen Onkel mit sich bringen kann.

»Ich bin zu dem Schluss gekommen, dass dieser Besuch vielleicht doch keine so gute Idee ist.« Sie setzt sich auf die Bettkante, lässt die Schultern hängen und die Hände auf ihren Schoß sinken. Nun sieht sie dem unterwürfigen Mädchen, das ich in Erinnerung habe, ähnlicher. Sie sieht wieder so aus, als wäre sie daran erinnert worden, dass Frauen immer freundlich sein müssen. Ich will ihren neu gefundenen Mut nicht trüben. Ich will sie nur beschützen. Wie kann ich ihr helfen, den Unterschied zu erkennen?

»Du solltest nicht ganz allein nach Elizabeth City fahren. Du hast erst seit einem halben Jahr den Führerschein und du bist nie weiter als zwei Stunden von hier weg gewesen. Nach Elizabeth City sind es acht Stunden.«

»Und wen sollte ich bitten, mich zu begleiten? Es ist ja nicht so, dass ich Marah Diane, Coral Rebecca oder Evie Christine anrufen könnte. Du weißt, wie sie alle zu Mamas Familie stehen. Und selbst wenn sie mitkommen *wollten*, würde Papa das nic zulassen.«

Ihre Worten machen mir wieder bewusst, dass nicht weit von hier mein Vater immer noch das Sagen über alles und jeden hat. Selbst jetzt, da das Geschäft meiner Schwestern mit Ziegenmilchseifen mehr Einkommen in die Familie bringt als die Tagelohnarbeit der meisten Männer, haben die Frauen bei Entscheidungen immer noch nichts zu melden. Das steht Frauen nicht zu.

»Die Familie hat also keine Ahnung davon?«

»Nein.« Sie senkt den Blick auf ihre Hände. »Ich wollte es nicht einmal dir sagen. Ich hätte es dir nicht verraten sollen, aber ich dachte, falls sich irgendjemand an Informationen über Mamas Leute erinnert, dann bist du das. Ich habe nicht erwartet, dass du den weiten Weg aus Paris nach Hause kommst. Evan ist jetzt wahrscheinlich stinksauer auf mich.«

»Warum sollte Evan sauer sein?«

»Er wollte dich in Paris heiraten.«

»Woher weißt du das?«

»Er hat es mir gesagt.« Eine leichte Röte zieht über ihre braunen Wangen. Sie hat in diesem Moment so viel Ähnlichkeit mit meiner Mutter, so viel Ähnlichkeit mit dem jungen Melungeon-Mädchen in Evans neuestem Roman. Unsere Verwandtschaft mit diesem geheimnisvollen Bergvolk zeigt sich bei meiner jüngsten Schwester am deutlichsten. In ihr kann ich die Vermischung von drei Volksgruppen erkennen, aus denen Gerüchten zufolge vor langer Zeit die Melungeons hervorgingen, die weder Schwarze noch Weiße noch Ureinwohner waren. Sondern die Nachkommen gestrandeter Matrosen, entflohener Sklaven und indigener Völker – von allen dreien. Es gibt immer noch niemanden, der schlüssig die Herkunft der »blauäugigen Ureinwohner« in den Appalachen erklären kann und weiß, wie sie hierherkamen, bevor die ersten historisch belegten Europäer das Land eroberten. Es ist kein Wunder, dass meine Schwester wegen dieses rätselhaften Erbes neugierig ist und wissen will, welche Verbindung es zur Familie meiner Mutter gibt.

»Das hat dir Evan gesagt?« Ich wusste nicht, dass Evan und meine Schwester überhaupt Kontakt hatten, wenigstens nicht, seit wir zu dieser Lesereise aufbrachen, und auch vorher war ihr Kontakt nur sehr flüchtig. Wenn Lily Clarette in meinem Apartment ans Telefon ging, hat er sie hin und wieder ein wenig geneckt.

Dieser Gedanke beunruhigt mich. Welche anderen Geheimnisse hat Evan noch vor mir?

Andererseits habe ich auch Geheimnisse. Ich habe die Familie meiner Mutter nie erwähnt, bis mich Lily Clarettes Plan dazu zwang.

»Er hat mich angerufen und gefragt, welche Kleidergröße du hast und solche Sachen. Er wollte in Paris alles für euch vorbereiten.«

Zwei Dinge überrollen mich sofort: starke Schuldgefühle, weil ich Evans Pläne durchkreuzt habe, und ein sprachloses Staunen, dass er kein Wort darüber verloren hat, als ich ihm sagte, dass ich nach Hause fliegen müsse. Er hat mich einfach gehen lassen.

Wie viele Männer würden das tun?

Mir wird erneut bewusst, dass Evan völlig anders ist als Brian, mein erster richtiger Freund in New York. Die Beziehung zu Brian war eine ungesunde Mischung aus Konkurrenz und Kontrolle. Wenn Brian etwas wollte, hat er alle Waffen eingesetzt, um seinen Willen durchzusetzen: Druck, Kritik, Schweigen, Schuldgefühle

– alles, was nötig war, um mich zu brechen, bis ich schließlich Selbstzweifel bekam und nachgab.

Irgendwann wurde mir bewusst, dass ich zwar tausend Meilen von Lane's Hill entfernt lebte, aber insgeheim immer noch mit Prügel rechnete, wenn ich aus der Reihe tanze, als würde ich nur um die Ecke wohnen. Aus alten Mustern auszubrechen, ist schwer. Die einfachste Lösung dieses Konflikts bestand darin, die Beziehung zu beenden und mich auf keine neue Beziehung einzulassen. Problem gelöst.

Lily Clarette runzelt die Stirn, kneift die Augen zusammen und scheint durch mich hindurchzuschauen. »Du solltest zurückfliegen. Und ihm sagen, dass du dich trotzdem in Paris mit ihm triffst. Seine Lesereise ist in einer knappen Woche zu Ende. Ihr beide könntet dort herrliche Flitterwochen verbringen und sie wahrscheinlich sogar Vida House in Rechnung stellen. Mann, George Vida würde sie wahrscheinlich gern zahlen, weil er so glücklich darüber ist, wie gut sich Evans Buch verkauft.«

»Lily Clarette …«

»Ich heiße jetzt Lily. Nur Lily. Meagan sagt, *Lily Clarette* klingt zu sehr nach Landei.«

Ich begreife allmählich, dass vieles von der kühnen, neuen Persönlichkeit meiner Schwester ihrer Mitbewohnerin, Meagan, geschuldet ist, die bereits in die Frühjahrsferien nach Daytona aufgebrochen ist.

»Lily …« Soll ich? Soll ich nach Paris zurückfliegen? Und spontan heiraten?

Ich habe wieder das Gefühl, dass meine Füße wie auf der Stelle festgenagelt sind. Mit beeindruckender Geschwindigkeit gräbt sich der Drang hierzubleiben von meinen Zehen aus in die Tiefe, durchbohrt den Beton und schiebt sich in den felsigen Boden der Blue Ridge Mountains.

»Lily, wir sprechen hier über dich. Über den Plan, den du verfolgst. In Mamas Vergangenheit zu wühlen, ist keine gute Idee. Stelle lieber Recherchen zu den Ketten mit Beinschnitzereien und zu den Melungeons an, wenn du willst, und schreib darüber. An der Küste gibt es ein Museum. Mir fällt im Moment der Name nicht ein, aber ich kann Evan fragen. Jedenfalls arbeiten sie in dem Museum an der Geschichte der Ketten, die in Evans Buch vorkommen und von denen Mama uns eine hinterlassen hat. Evan hat eine Mail von der Museumsleitung bekommen. Sie interessieren sich für seine Recherchen zu dem Roman.«

»Ich weiß. Diese Mail hat mir Evan schon geschickt. Ich habe ihn darum gebeten, als wir über euch beide und Paris gesprochen haben. Ich wollte hinfahren und mit den Leuten vom Museum sprechen, wenn ich nach meinem Besuch in Elizabeth City noch genug Zeit habe. Ich muss spätestens morgen in einer Woche wieder an der Uni zurück sein, um für meine Prüfungen zu lernen und so.«

Ich fange an, im Kopf zu rechnen. Heute ist Samstag. Zur Küste von North Carolina sind es weniger als acht Stunden mit dem Auto, was bedeutet, dass meine Schwester plant, bis zu sechs Tage in Elizabeth City zu verbringen. Sie freut sich auf – besser gesagt, sie erhofft sich – einen längeren Besuch bei dieser geheimnisvollen Halbschwester. Oder sie lügt, was ihre Pläne angeht, einen Besuch im Gefängnis zu machen. Vielleicht hatte sie doch ein Wiedersehen mit »Onkel Rob« geplant.

Womit in aller Welt will sie das alles bezahlen?

»Hast du ein Hotelzimmer gebucht?« Ich versuche, ihr einige Informationen zu entlocken.

Ihre dunklen Wimpern senken sich und verbergen ihre Augen. Sie weicht mir aus. »Ich dachte, dass ich einfach … etwas suche, wenn ich dort bin.«

»Hast du genug Geld für ein Zimmer? Und Benzin … und Essen?« Ihre Reaktion auf meine Frage macht es deutlich. Ihr Gesicht verrät sie. Sie hat sich ausgemalt, dass sie an die Tür dieser Fremden klopft und eingeladen wird, bei ihr zu wohnen. Sie hat sich ein herzliches Wiedersehen mit Rebecca Christine erträumt, genauso wie ich mir früher ausgemalt habe, Mama zu finden. In meinen Kindheitsträumen habe ich sie immer in einem kleinen weißen Haus gefunden, in dem ein Zimmer auf mich wartete.

Ich war nicht viel jünger als Lily Clarette, als ich mir dieses märchenhafte Szenario ausmalte. Diese Fantasien haben mich durch die furchtbaren Jahre getragen, in denen ich im Haushalt meines Vaters die Rolle meiner Mutter übernehmen musste.

»Ein wenig«, murmelt Lily Clarette und klingt plötzlich niedergeschlagen. Die Realität und ich verderben ihr den Spaß.

Ich setze mich neben sie, streiche ihre langen Locken von ihrer Wange und schiebe sie ihr hinters Ohr. Ihr ungeschminktes Gesicht ist wunderschön. Hat sie überhaupt eine Ahnung, wie schön sie ist? Ihr steht die Welt offen und sie kann zwischen tausend wunderbaren Orten wählen. Es besteht kein Grund, die staubigen Wege und dunklen Pfade der Vergangenheit aufzusuchen.

»Lily Cla… Lily, du weißt, dass ich dich dafür bewundere, wie gut du in den letzten Monaten alles geschafft hast: den Umzug nach Cullowhee und das Zusammenleben hier im Wohnheim mit einer Studentin, die du vorher nicht kanntest, den Führerschein und … na ja … einfach alles.« Wenn man aus dem Umfeld der Heiligen Brüder kommt, ist das, als betrete man ein neues Universum. »Aber wenn du fest entschlossen bist, das zu machen – nach Elizabeth City zu fahren und diese Frau zu suchen –, sollten wir gemeinsam fahren.«

Eine Träne tropft aus ihren Wimpern und zeichnet eine Spur auf ihrer Wange. Das Sonnenlicht spiegelt sich darin. »Ich will einfach etwas über Mama wissen«, flüstert sie.

Ich verkrampfe meine Hände so fest, dass sie schmerzen, und schiebe sie zwischen meine Beine, als wären sie irgendwie kontaminiert.

»Es ist keine schöne Geschichte«, beginne ich.

Kapitel 5

Wir sitzen nebeneinander, während der Motor des Jaguars seufzend verstummt. »Du glaubst, das ist es?« Lilys Stimme klingt zweifelnd. Der ganze jugendliche Mut, der uns hierherbrachte, ist verraucht. Sie kauert auf dem Beifahrersitz und sieht genauso verwundbar aus wie ein kleines Kätzchen. Vielleicht hat das damit zu tun, dass ich ihr in den letzten acht Stunden alles erzählt habe, was ich über Mamas Geschichte weiß, und wie unser Familienleben aussah, bevor sie uns verließ. Nichts davon ist dazu angetan, Lily in ihrem Bestreben, die Vergangenheit auszugraben, zu ermutigen.

Das Gebäude vor uns stimmt auch mich nicht optimistisch. Es ist nichts weiter als ein kleines Holzrahmenhaus an einem Kanal mit einem an der Rückseite angebauten, gedrungenen Metallwaren-Shop. Wir mussten uns in Elizabeth City eine ganze Weile durchfragen, um es überhaupt zu finden. Die Wegbeschreibung des GPS hat uns in eine Sackgasse geleitet, die an einigen verwahrlosten Mobilheimen vorbeiführte und in einem trostlosen Sumpfgebiet endete.

Die Fenster des Hauses sind dunkel und die Schotterzufahrt ist mit Gras überwuchert, als wäre eine ganze Weile niemand mehr hier gewesen. Das Schild an der Vorderseite verkündet, dass wir vor dem Haus von *J & R Bootsservice* stehen. Einige alte Außenbordmotoren und Bootsteile liegen vor der Schindelwand, aber dem Rost nach zu urteilen, sind sie nur noch Relikte aus vergangenen Zeiten.

»Vielleicht … sind sie nur über Nacht fort«, hofft Lily. »Vielleicht sollten wir morgen früh wiederkommen.«

»Das denke ich auch.« Ich kann es nicht erwarten, von hier wegzukommen, bin aber nicht sonderlich begeistert, morgen wiederzukommen. Elizabeth City ist eine freundliche Stadt – auf

Touristen ausgelegt und Fremde gewohnt –, aber als wir uns nach dem Weg zum Bootsladen erkundigten, spürte ich eine gewisse Abweisung. Ich hatte den Eindruck, dass die Leute uns nur widerwillig verraten haben, wo wir ihn finden können. Ich frage mich immer noch, was das zu bedeuten hat.

»Wir sollten jetzt essen gehen und dann darüber schlafen.« Vielleicht kann ich Lily morgen zu einem netten Shoppingtag am Meer und dann zur Rückfahrt nach Cullowhee überreden.

»Okay.« Ihre Enttäuschung ist nicht zu übersehen. Trotz der traurigen Bruchstücke, die ich ihr über Mamas Familie erzählen konnte, lässt Lily etwas, das ihr Onkel Rob in seinem letzten Brief aus dem Gefängnis geschrieben hat, nicht los: dass sich Rebecca Christine sehr freuen wird, sie kennenzulernen. Offenbar hat Rebecca Christine Rob hin und wieder bei sich aufgenommen, wenn er pleite war und in Schwierigkeiten steckte. Sie hat ihm auch bei der Anklage wegen Einbruchs und Drogendelikten zu einem Anwalt verholfen.

Ich lege den Rückwärtsgang ein, um aus der Einfahrt zu fahren, und blicke im letzten Moment in den Rückspiegel. Ein kleiner Schrei entfährt mir, als ich einen Mann entdecke, der uns den Weg versperrt. Ich sehe nicht mehr als seine Umrisse vor dem Hintergrund der untergehenden Sonne. Er steht breitbeinig und mit einem scharfen Werkzeug in der Hand hinter dem Jaguar. Es sieht aus wie eine Szene aus einem Axtmörder-Horrorfilm.

Ich will die Fenster hochfahren lassen, aber es ist zu spät, um uns in Sicherheit zu bringen. Der Fremde weicht der Matschpfütze aus, die seinen Weg zur Fahrerseite blockiert, geht um das Auto herum und steht im nächsten Moment an der Tür meiner Schwester.

Ich beuge mich über Lily und verdrehe den Hals, um das Gesicht dieses Berges von einem Mann zu sehen. Er wiegt mindestens hundertfünfzig Kilo und ist über eins neunzig groß. Er trägt eine Latzhose und ein Hemd mit abgerissenen Ärmeln. Sein Anblick wäre beinahe komisch, wenn ich nicht fast besinnungslos vor Angst wäre.

»Entschuldigen Sie«, quietsche ich und meine: *Mann, du hast höchstens zweieinhalb Sekunden Zeit, dann rasen wir davon. Ich fahre dich mit dem Jaguar über den Haufen, selbst wenn der Lack dann eine Schramme abkriegt.*

»Brauchen Sie etwas?«, fragt er mit einem schweren Akzent und rauer Stimme, während sein Gesicht im Schatten seines tacoförmigen Cowboyhuts aus Stroh liegt.

»Wir wollten gerade wieder fahren. Entschuldigung.« *Fort! Nichts wie fort hier! Schnell!*

»Wir suchen die Frau, der dieser Bootsladen gehört. Rebecca Christine Field«, mischt sich Lily ein.

Ich kann das finstere Stirnrunzeln des Mannes nicht sehen, aber ich kann es fühlen. »Sie ist nicht da. Keine Ahnung, wann sie zurückkommt. Keine Ahnung, ob sie überhaupt zurückkommt.«

»Danke.« *Wir nehmen dich beim Wort. Und tschüss!*

»Haben Sie eine Ahnung, wo wir sie finden können?« Meine kleine Schwester ist so hartnäckig wie ein Coonhound, der einen Waschbären auf einem Baum anbellt. Dieser Mann geht definitiv als Baum durch.

»Lily!«, knurre ich.

»Er kann uns vielleicht weiterhelfen.« Lily versucht, mich von ihrem Schoß zu schieben, und hält ihr süßes Gesicht näher ans Fenster. Wie zwei Guppys in einem Aquarium starren wir den Mann mit der Axt an.

Ob er Guppys mag? Zum Abendessen?

»Wir sind Verwandte.« Lily zieht das letzte Wort in die Länge und betont in ihrem Südstaatendialekt jede einzelne Silbe.

Der Mann lässt seinen Blick vom Scheinwerfer bis zur hinteren Stoßstange über den Jaguar wandern und stemmt seine fleischige Faust, in der er die Axt hält, mit einem skeptischen Blick in seine Seite. Wir sehen wahrscheinlich nicht wie Verwandte von jemandem aus, der an diesem Ort wohnt.

Lilys knöchrige Schulter bohrt sich in meinen Hals, während sie versucht, sich von mir zu befreien. »Wir sind den weiten Weg von Cullowhee gekommen. Ich gehe dort zur Schule.« Sie packt ihren Provinzcharme so kräftig aus, dass ich mich unwillkürlich frage: Wer ist dieses Mädchen?

Der klobige Fremde wird etwas weicher. »Verwandte?«, brummt er. »Ich dachte, ihr kommt vielleicht von der Bank. Es war ein schweres Jahr für RC und Johnny.«

»Oh, das tut mir leid.« Bleibt mir eine andere Wahl, als mich in das Gespräch einzuschalten? »Dann sollten wir sie vielleicht lieber nicht stören.«

»Ich schätze, wenn Sie so weit gefahren sind, will RC Sie bestimmt sehen. Aber sie ist nicht hier. Sie kommt erst in mehreren Wochen zurück. Sie ist draußen auf den Outer Banks. Sie und Johnny haben einen Wartungsvertrag für einige Boote dort drüben. Um diese Jahreszeit putzen sie die Boote und bringen sie auf Vordermann, damit die reichen Leute damit losfahren können, wenn die Saison startet. Ich passe in der Zwischenzeit auf ihr Haus auf.« Er deutet über die Straße und schwingt die Axt, als wäre sie ein Kinderspielzeug aus Plastik. In diesem Moment erkenne ich, dass es tatsächlich nur ein Spielzeug ist. Ein kleiner, barfüßiger Junge tapst von dem Haus, das hinter den Pinien versteckt ist, über die Straße. Er will sein Spielzeug zurück.

Ein Lachen steigt in meiner Kehle auf und ich muss die Zähne zusammenbeißen, um nicht laut loszuprusten. Ich kann es kaum erwarten, diese Geschichte Evan zu erzählen.

Lily Clarette zieht einen Zettel aus der Tasche und wir notieren den Namen des Hafens, in dem wir Rebecca Christine wahrscheinlich finden können. »Grüßen Sie RC von mir.«

Wir danken ihm und biegen aus der Einfahrt, ich muss aber wegen der Kinder, die eines nach dem anderen zwischen den Sträuchern auftauchen, sehr vorsichtig fahren. Sie stehen auf der Straße und starren den Jaguar mit großen Augen an.

»Das ist ein Rennauto!« Ein kleiner Junge strahlt. »Wenn ich groß bin, will ich auch so einen Wagen haben! Dann werde ich Rennfahrer!« Er schiebt dieser Ankündigung Lenkbewegungen und Motorengeräusche nach. Er und seine Geschwister mit ihren schmutzigen Gesichtern, nackten Füßen und zerzausten Haaren, in denen trockenes Gras und Blätter kleben, erinnern mich an uns, als wir klein waren.

Ich winke beim Wegfahren aus dem Fenster. Als wir in sicherer Entfernung sind, lasse ich den Motor aufheulen, um den Kindern eine Freude zu machen. Im Rückspiegel sehe ich die Kinder begeistert auf- und niederspringen und den kleinen Rennfahrer unter ihnen mit einer unsichtbaren Zielfahne wedeln.

Wir fahren in den Ort zurück, kaufen uns ein Abendessen und steigen dann in einem Hotel ab. Eine Weile ist es wie an den guten alten Tagen in New York. Wir sprechen über Lilys Collegepläne. Wir sprechen über die Verlagsarbeit. Wir unterhalten uns über Lilys Lieblingsfernsehshows und Campusaktivitäten. Lily erzählt von ihrer Mitbewohnerin, Meagan, deren Vater bei der Armee war, wodurch sie schon auf drei verschiedenen Kontinenten gelebt hat. Sie hat meiner Schwester buchstäblich die Augen für eine völlig neue Welt geöffnet. Wir hängen über meinem iPhone, ich zeige ihr Fotos von der Lesereise und Lily erzählt mir, was sie über diese Städte weiß.

»Ihr hättet in Paris heiraten sollen«, sagt sie schließlich. »Meagan sagt, Paris ist so romantisch.«

»Hierherzukommen war wichtiger.« Um das Thema zu wechseln, krame ich in der Tüte mit dem chinesischen Essen, ziehe einen Glückskeks heraus und breche ihn auf. Auf dem Zettel steht ein nichtssagender Spruch, dass heute mein Glückstag sei, aber ich tue so, als würde er mich interessieren.

Lily lässt sich nicht beirren. »Also, hat er dich wegen Paris gefragt?«

»Kann man so sagen.«

»Und hast du Ja gesagt?« Ihre bernsteinfarbenen Augen werden vor mädchenhafter Faszination ganz groß.

»Wir haben das Gespräch nie zu Ende geführt.«

Obwohl sie erst neunzehn und in vielem noch ein wenig naiv ist, durchschaut sie sofort, dass dies nur eine Ausrede ist. Keine verliebte Frau würde einen Heiratsantrag von einem Mann wie Evan ablehnen.

Ich suche nach einer einfachen Antwort. Nach einer Antwort, die Lily davon abhält, all die Fragen zu stellen, mit denen ich mich selbst schon seit Wochen geißle. »Schau, Lily, Evan und ich wissen, dass wir irgendwann heiraten werden. Wir haben nur einfach noch nicht den richtigen Zeitpunkt gefunden.«

»*Er* findet, dass der richtige Zeitpunkt gekommen ist.« Sie bricht ihren Glückskeks auf, liest den Spruch und streicht das Zettelchen mit den Fingernägeln glatt. Ich sehe ihre Fingernägel zum ersten Mal manikürt und lackiert. Zweifellos der Einfluss ihrer Mitbewohnerin. »Willst du wissen, was ich denke?«

Eigentlich nicht.

»Ich denke, du hast ein Vertrauensproblem.«

»Hast du das in deinem Psychologiekurs gelernt?« Sobald ich das gesagt habe, wird mir bewusst, dass diese Bemerkung schnippisch ist. Ich leide unter Jetlag, bin müde und vermisse Evan plötzlich sehr stark. »Entschuldige. Ich bin einfach müde. Ich denke, ich gehe duschen und lese dann noch ein wenig, okay?«

Meine Schwester nickt, hat den Blick aber immer noch auf ihren Glückskeksspruch gerichtet. »Klar.«

Ich stehe auf, packe meinen Müll zusammen und werfe ihn in den Abfalleimer. Lilys Worte holen mich ein, als ich vom Tisch weggehen will. »Das habe ich nicht im Psychologiekurs gelernt. Ich habe es in der Lebensberatung am College gelernt.«

Ich blinzle überrascht. »Du warst bei der *Lebensberatung*? Lebensberatung wie Seelsorge oder nur Beratung bei der Auswahl deiner Studienfächer?«

»Lebensberatung wie Seelsorge. Ich musste mit jemandem über einiges sprechen.«

Ich lege eine Hand auf ihre Schulter, beuge mich nach unten und umarme sie. »Lily, ich bin so stolz auf dich.« Meine Schwester hat den Mut gefunden, das zu tun, wozu ich mich in all den Jahren nicht überwinden konnte. Sich unserer Vergangenheit zu stellen.

Sie legt die Hände auf den Tisch und zupft an ihrem Nagellack, als fühle sie sich immer noch nicht ganz wohl damit. »Ich will nicht mein ganzes Leben lang verkorkst sein, weißt du? Ich will normal sein. Ich will glücklich sein.«

Ihr Haar fühlt sich zwischen meinen Fingern wie Seide an. Ich erinnere mich an den Moment, als die Hebamme ihren winzigen Körper in meine Arme legte. Ihre Haut war von Mamas Körper noch so warm, als würde sie durch die Babydecke hindurch mit mir verschmelzen. »Das hoffe ich für dich, Lily. Das hoffe ich sehr.« Sie ist so stark. Sie ist zwar die Jüngste von uns allen, aber sie ist auch die Zäheste. Sie ist die Einzige, die so viel Mut aufbringt.

»Das solltest du für dich auch hoffen.« Sie dreht den Glückskeksspruch herum und legt ihn so vor mich auf den Tisch, dass ich gar nicht anders kann, als ihn zu lesen. Der Rat ist kurz, aber unmissverständlich. Eine einzige Zeile, die eine Tatsache klarstellt:

Alles, was du willst, wartet auf der anderen Seite der Angst.

Diese Worte lassen mich den ganzen Abend nicht los und selbst als ich einschlafe, denke ich noch darüber nach und werde von ein paar Buchstaben auf einem Glückskekszettel verfolgt. Ein winziger Papierschnipsel nur ist es, aber die Worte darauf legen den Finger in die Wunde und decken den Punkt in meinem Leben auf, der mir am wenigsten gefällt. Meine große Schwachstelle.

Am nächsten Morgen ist die Wahrheit immer noch da und geht mir nicht aus dem Kopf. Ich bin ein Mensch, der alles versteckt. Als Jugendliche habe ich gelernt, mich hinter einem freundlichen Äußeren zu verstecken. Schweigen weckt den Anschein von Vertrauen. Ich halte die inneren Stimmen verborgen. Der Rest der Welt soll nicht hören, was sie sagen.

Aber ich selbst kann die Ohren nicht vor ihnen verschließen.

Wie kann ich Evan heiraten, wenn ich ihm nicht mehr bieten kann als die äußere Fassade? Das ahnt er, ich weiß es. Vielleicht hat er deshalb so hartnäckig auf einer Spontanhochzeit beharrt – er ahnt, dass Impulsivität unsere einzige Hoffnung ist.

Aber ich kann bei dieser Entscheidung nicht impulsiv sein. Denn das Herz und die Zukunft von anderen stehen auf dem Spiel. Evan hat in seinem Leben schon genug Tragödien durchgemacht. Dazu kommt das kleine Mädchen, das er jetzt aufzieht.

Hannah wünscht sich sehnlichst eine Mutterfigur. Sie will, dass ihr Onkel und ich zusammenwohnen und eine Familie gründen. Dafür betet sie täglich. Das weiß ich, weil sie es mir mindestens zweimal in der Woche sagt, entweder persönlich oder über Skype, je nachdem, wo wir gerade sind.

»Mann, was stimmt nur bei mir nicht!«, stöhne ich, fahre mit den Fingern unsanft in meine Haare und ziehe daran, bis es schmerzt, während ich warte, bis sich Lily ein Brötchen vom Frühstücksbuffet geholt hat und zu mir ins Auto steigt.

Die Hoteltür geht schwungvoll auf und ich beherrsche mich wieder, da meine Schwester den lebhaften Kampf nicht sehen soll, den ich in meinem Inneren austrage. Ratschläge von außen helfen nicht und ich kenne Lilys Meinung sowieso schon. Sie hält mich für verrückt, weil ich hier bin und nicht auf der anderen Seite des Ozeans. Vielleicht hat sie recht.

Wenig später steuern wir auf die Outer Banks zu. Der Tag ist klar und schön. Wir staunen über den Anblick, der sich uns bietet, und Lily keucht ehrfürchtig, als wir die Wright Memorial Bridge vom Festland zu der vorgelagerten Inselkette überqueren. Das Wasser sieht einladend aus, obwohl es erst März ist. Der äußere Eindruck kann so trügerisch sein. Um diese Jahreszeit sind die Wellen immer noch eiskalt.

Als wir auf den Inseln ankommen und immer weiter in den Süden fahren, steht die Kulisse in einem direkten Konflikt mit der Unruhe in meinem Kopf. Wir fahren an einladenden Geschäften, massiven, auf Pfählen gebauten Strandhäusern und hohen Dünen vorbei, neben denen der rote Sportwagen klitzeklein wirkt.

Lily schlägt vor, dass wir das Verdeck öffnen könnten. Wir tun es, auch wenn es kühl ist. Der Wind weht durch unser Haar und wir sehen aus, als gehörten wir in dieses Urlaubsparadies – als könnten wir die Eigentümer eines dieser gewaltigen, mehrstöckigen Strandhäuser sein.

Evan könnte sich ein solches Haus kaufen, ohne mit der Wimper zu zucken. Selbst das beunruhigt mich. Es wird Leute geben, die hinter vorgehaltener Hand tuscheln werden. Sie werden sagen, dass ich meine Stelle als Lektorin benutzt habe, um mich in sein Leben zu schleichen. In der Branchenwelt kursieren bereits Gerüchte, ich wäre diejenige gewesen, die darauf bestanden hat, Evan auf seiner Lesereise zu begleiten, obwohl es genau andersherum war.

Das sollte mich nicht tangieren, aber die Unsicherheit schleicht sich trotzdem ein. Als ich in meiner Kindheit und Jugend von den anderen Schulkindern wegen meiner Zöpfe und der langen, selbst genähten Kleider verhöhnt wurde, habe ich mir angewöhnt, mir den Kopf darüber zu zerbrechen, was andere Leute denken. Was sie flüstern, sobald ich außer Hörweite bin. Es ist eine furchtbare Angewohnheit, aber sie lässt sich nur schwer ablegen.

Während wir auf Hatteras Village zusteuern, höre ich auf, um meine eigenen Probleme zu kreisen, und fange an, mir Gedanken um unsere lange verschollene Schwester zu machen. Ist sie tatsächlich hier auf dieser Insel? Werden wir sie finden? Und wie wird es sein, falls wir sie finden?

»Ich glaube, es kann nicht mehr weit sein.« Lily deutet aus dem Fenster, während wir uns in der Frühjahrssonne durch Hatteras Village schlängeln, vorbei an Souvenirläden, die sich noch im Winterschlaf befinden, an Geschäften, in denen man Wassersportgeräte mieten kann, an einer Bibliothek, einer Feuerwache, einer Touristeninformation. Ein Schild verkündet, dass die Fähranlegestelle nicht mehr weit ist. Noch ein Kilometer weiter und wir landen im Meer.

Wir passieren noch einige Touristenangebote, die jetzt in der Nebensaison fast alle dunkel und still daliegen. Doch im nächsten Augenblick liegen plötzlich die Fähren und der Bootshafen direkt vor uns. Wir werden beide nervös. Wir beschließen, uns in dem schlichten kleinen Einkaufszentrum am Wasser in der Nähe des Piers einen Imbiss zu kaufen. Während wir unser Essen verdrücken, schauen wir zu, wie Boote jeder Größe in den Hafen einlaufen und andere auslaufen. Ist unsere Schwester auf einem dieser Boote? Der Hafen ist größer, als ich ihn mir vorgestellt habe. Und wenn wir sie nicht finden können, was dann?

Aber ich weiß, dass mir in Wirklichkeit genau das Gegenteil Sorgen bereitet. Ich habe Angst, *dass* wir sie finden und eine Büchse der Pandora öffnen, die wir danach nicht wieder schließen können.

»Ich beobachte jeden, der hier vorbeigeht, und frage mich, ob sie es ist.« Ich höre Lily zuerst kaum, aber als ich mich von meinen Gedanken losreiße, kann ich die Hoffnung in ihrer Stimme nicht überhören. Während wir schweigend aufs Wasser hinausblicken und jede in ihre Gedanken versunken ist, malt sie sich im Geiste die Begegnung mit Rebecca Christine aus.

»Lily, du musst damit rechnen, dass …«

»Sag es nicht, okay? Ich weiß, dass es vielleicht nicht so kommt, wie ich will.« Sie schiebt sich vom Tisch zurück, als habe sie Angst, ich könnte sie infizieren.

Und mit einem Mal steht sie plötzlich an der Theke und stellt dem Verkäufer Fragen. Er ist freundlich und hilfsbereit.

»Ja, ihr könnt RC noch erwischen.« Der Mann versucht, mit ihr zu flirten, und ich bin schwer versucht, aufzuspringen und ihm mit erhobenem Zeigefinger zu drohen. Es fällt mir immer noch schwer, meine kleine Schwester als erwachsene Frau zu sehen. »RC kommt und geht. Manchmal ist sie draußen und bringt ein Boot in die Werkstatt oder sie ist zu Hause bei Johnny.« Er plaudert freundlich weiter und nennt uns die Nummer der Anlegestelle, zu der RC unterwegs war, als sie am Morgen hier war und sich einen Kaffee holte. Dann deutet er in die Richtung, in der diese Anlegestelle zu finden ist. »Wenn an der Anlegestelle keine Contender 38 liegt, ist sie fort. Wenn das Boot am Pier liegt, ist sie entweder auf dem Boot und arbeitet oder sie hat schon Feierabend gemacht und ist nach Hause gegangen.«

Der Verkäufer mustert mich, als ich näher trete, dann schaut er Lily Clarette noch einmal an und kneift die Augen zusammen. Sieht er eine Familienähnlichkeit mit RC oder fragt er sich nur, warum wir hier sind? Er verrät es uns nicht, beobachtet uns aber aufmerksam, als wir zur Tür hinausgehen. Ich frage mich, ob er nur mit Lily Clarette flirten will oder ob dieser Blick mehr zu bedeuten hat.

Der Märzwind schiebt uns kräftig an, als wir draußen um die Ecke biegen. In der Ferne braut sich ein Sturm zusammen. Vielleicht ein Nordoststurm. Ich lege die Arme um mich, als der Wind wie Nadelstiche durch meine Weste weht, und Lily zieht den Reißverschluss ihrer Jacke zu. Es ist, als hätte sich die Atmosphäre auf der Insel völlig verändert, während wir im Café saßen. Jetzt ist sie nass, kalt, abweisend. Sogar ein wenig bedrohlich.

Mein Puls beschleunigt sich, als wir die richtige Reihe finden und an ihr entlanggehen. Mein Atem stockt und ich kann nicht mehr tief durchatmen. Ich versuche, um den Rumpf der anderen Boote herumzuspähen, und bin gespannt, ob die Contender 38 tatsächlich an der Anlegestelle liegt. Ich bin mir im Moment nicht sicher, was ich mir erhoffe.

Und dann liegt sie vor uns: die Anlegestelle, die wir suchen. Und sie ist nicht leer. Ein schlank aussehendes Fischerboot schaukelt sanft im aufgewühlten Wasser. Der Name, der aufs Heck gemalt ist, erscheint mir fast wie ein Omen. *Entdeckerin.*

Mehrere Lappen und ein Eimer sind neben den Tauen des Boots auf dem Pier zu sehen. Auf dem Rumpf stehen Flaschen mit Frostschutzmittel. Aus der Kajüte erklingt ein metallisches Hämmern.

Dort unten ist jemand.

Mein Herz schlägt wie eine Axt gegen mein Brustbein, als wollte es mich aufspalten.

Ich höre, wie Lily Clarette tief Luft holt. Sie sieht mich mit großen Augen an. Ich wünschte, ich wäre in dieser Sache genauso sicher, wie sie es offenbar ist. Hoffnung und Grauen tragen in meinem Magen einen Ringkampf aus.

»Hallo?«, ruft Lily Clarette, als wir noch ein Stück entfernt sind. Die Bräuche in den Bergen sind ihr in Fleisch und Blut übergegangen. In den Appalachen nähert man sich nie einem fremden Haus, ohne sich von Weitem bemerkbar zu machen. Sonst läuft man Gefahr, sich eine Kugel einzufangen. »Hallo auf der *Entdeckerin?*«

Das metallische Hämmern verstummt. Aber niemand taucht

auf. Lily Clarette wiederholt ihre Begrüßung und wir bleiben wenige Meter von dem Boot entfernt stehen. Ich fühle, wie der Kai unter meinen Füßen schaukelt, vielleicht ist es aber auch die Welt, die aus den Fugen gerät.

Eine Silhouette durchbricht das Sonnenlicht am Fuß der offenen Kajütentür.

Lily packt meine Hand, aber das spüre ich kaum.

In Gedanken stolpere ich in die Vergangenheit zurück, verliere das Gleichgewicht und purzle in die Tiefe, als eine Frau in Jeans und einem Sweatshirt auftaucht. Ein Schatten verbirgt ihr Gesicht, bis das gedämpfte Sonnenlicht unter das rote Tuch dringt, das sie über ihr dunkles Haar gebunden hat. Abgesehen von der Kleidung sieht sie fast genauso aus, wie ich sie in Erinnerung habe.

Ich sehe meine Mutter.

Ich weiß, dass sie es nicht sein kann.

Ich habe den Eindruck, dass die Frau auf dem Boot das Gleiche denkt wie ich.

Kapitel 6

Wolken brauen sich am Himmel zusammen und das Donnerrollen kommt näher. Wir stehen seit einer gefühlten Ewigkeit auf dem Pier und unterhalten uns. Da die Sonne hinter einer dicken Wolkendecke verborgen ist, habe ich keine Ahnung, wie spät es sein könnte. Außer dass wir uns endlich hingesetzt haben, hat sich keine von uns vom Fleck gerührt. RC sitzt auf einem umgedrehten Eimer auf dem Boot und Lily Clarette und ich hocken im Schneidersitz auf dem Kai. Es ist, als wären wir drei Träumende, die Angst haben, sich zu bewegen. Als hätte jede von uns Angst, sie könnte aufwachen und müsste dann feststellen, dass die anderen beiden sich in Luft aufgelöst haben.

Aber ein solches Leben, wie es diese Frau hinter sich hat, könnte ich selbst in meinen schlimmsten Albträumen nicht erfinden. Ich bezweifle, ob sich Lily vorstellen konnte, dass eine Vergangenheit, wie sie Rebecca Christine erlebt hat, überhaupt möglich ist. Meine kleine Schwester bekommt eine Einführung in die Art von Dunkelheit, die in den abgelegenen Gebieten in den Bergen herrscht. Im Vergleich dazu wirkt unsere verkorkste Kindheit und Jugend bei den Heiligen Brüdern geordnet, sonderbar heil und fast weltoffen.

Dort, wo unsere Halbschwester aufwuchs, bei der Familie unserer Mutter, nur wenige Stunden von unserem Geburtsort entfernt, waren Drogen ein Grundnahrungsmittel und Lebensmittel eine gelegentliche Beilage. In der heruntergekommenen Hütte, in der meine Mutter ohne medizinische Hilfe ihr erstes Kind zur Welt brachte, wohnten unzählige Verwandte und »Geschäftspartner«, die dort herumhingen, sich versteckten oder Drogenhandel betrieben. Einer dieser Besucher war wahrscheinlich der Mann, von dem meine Mutter mit knapp dreizehn Jahren schwanger wurde, aber RC hat keine Ahnung, wer ihr leiblicher Vater ist. Sie wuchs im Glauben auf, meine Mutter wäre ihre ältere Schwester, und erfuhr die Wahrheit erst mehrere Jahre, nachdem Mama von dort weggezogen war.

Als RC ins Teenageralter kam, hätte sie vielleicht das gleiche Schicksal erlitten wie unsere Mutter, wenn sich nicht eine Tante eingeschaltet hätte, die jedoch nicht aus Sorge um die Zukunft ihrer Nichte eingriff. Vielmehr sah die Tante RC als Konkurrenz. Sie hatte ihren Mann dabei ertappt, wie er RC – die gerade erst zwölf war – beim Duschen im Freien beobachtete. Daraufhin sorgte die Tante dafür, dass RC schleunigst fortkam. Sie brachte sie aus den Bergen hinab ins Tal und setzte sie in einem Kinderheim ab.

»Dabei erfuhr ich, wer in Wirklichkeit meine Mutter ist«, erklärt RC genauso nüchtern, als lese sie den Wetterbericht von vor fünfundzwanzig Jahren vor. »Robby hat alles versucht, um mich aus dem Kinderheim zu holen. Er hat sogar eure Mama aufgespürt und sie gebeten, zu kommen und mit dem Jugendamt zu sprechen und ihnen zu erklären, dass sie meine Mutter ist. Er dachte, auf diese Weise könnte er mich von dort herausholen.«

»Ich erinnere mich an den Tag, an dem Robby auf unserer Farm auftauchte«, gebe ich zu. Ich war damals noch klein, aber diese Begegnung hat sich deutlich in mein Gedächtnis eingebrannt. Ich war alt genug, um schockiert zu sein, weil meine Mutter einen Bruder hatte, und mich anschließend zu fragen, wie mein Vater reagieren würde, wenn er nach Hause käme und Mama mit einem Jungen antreffen würde. Höchstwahrscheinlich nicht gut, nahm ich an. »Mama hat uns aus dem Haus geschickt. Deshalb konnten wir nicht hören, worüber sie sprachen und warum er gekommen war.«

»Er war meinetwegen gekommen«, erzählt RC. »Er wollte sie überreden, das Sorgerecht für mich zu beantragen und mich aus dem Kinderheim zu holen.«

Laut RC hat Mama ihren Bruder angefleht, die Farm zu verlassen, bevor unser Vater ihn entdecken würde. Unser Vater durfte nichts von dem unehelichen Kind erfahren, das sie zurückgelassen hatte. Sie muss gewusst haben, welche Bestrafung und Züchtigung die Heiligen Brüder bei einem solchen Vergehen fordern würden. Diese Züchtigung hätte nicht nur Mama getroffen. Eine solche Enthüllung hätte die ganze Gemeinde in ihren Grundfesten erschüttert. Es war buchstäblich nicht vorherzusehen, wie der Ältestenrat reagiert hätte oder was aus uns Kindern geworden wäre. Wir bewegten uns ohnehin auf einem schmalen Grat, weil unsere Mutter von außerhalb der Gemeinde gekommen war.

»Ich bin ihr deshalb nicht böse.« RC zupft an der aufgerissenen Stelle über dem Knie ihrer Jeans und zuckt die Schultern. »Es ist eigentlich ganz logisch: Wenn du ständig zurückblickst, liegen die ganzen Hindernisse, von denen du gedacht hast, du hättest sie überwunden, in Wirklichkeit noch vor dir. Wenn du immer wieder über dieselben Dinge stolperst, ist das ein Zeichen, dass du in der Vergangenheit festhängst.« Sie zwinkert und nickt leicht, während sie einige widerspenstige Strähnen ihrer gewellten grau durchzogenen Haare unter ihr Tuch steckt. Sie hat das entspannte Auftreten einer Frau, die mit ihrer Vergangenheit Frieden geschlossen hat. Ich nehme an, dass sie und ihr Mann, Johnny, ihr ganzes Erwachsenenleben am Meer verbracht haben. Sie haben auf Booten gearbeitet, auf Booten gewohnt und einige ferne Winkel der Erde bereist.

Lily legt zitternd die Arme um sich. Bei den ganzen Familienenthüllungen ist sie blass geworden und wirkt zutiefst erschüttert. »Es tut mir so leid.« Ihre Zähne klappern vor Kälte und die Worte kommen stockend über ihre Lippen. »Ich denke, wenn sich Mama keine Sorgen um unsere Familie gemacht hätte, wäre sie bestimmt zu dir zurückgekommen.«

»Die meisten Menschen versuchen einfach, das Beste aus ihrer Situation zu machen«, stellt RC fest. »Sie hat bestimmt nur versucht, irgendwie zu überleben. Und die Dinge entwickelten sich für mich zum Guten. Diese Jahre im Kinderheim waren nicht schön, aber durch sie bekam ich einen kleinen Eindruck, wie ein normales Leben aussieht. Ich wusste genug, um mir klarzumachen, dass ich nicht dorthin zurückwollte, woher ich gekommen war. Das war vielleicht einer der Gründe, warum ich mit siebzehn mit Johnny durchgebrannt bin, aber das ist eine andere Geschichte. Die Leute sagten, dass wir es nie schaffen würden, aber wir waren jung und verliebt und wir dachten, wir wüssten, wie es läuft. Gott beschützt die Ahnungslosen, schätze ich. Gute Menschen halfen uns, weil sie sehen konnten, dass wir Hilfe brauchten. Wir arbeiteten fleißig. Wir kamen klar. Ich kann mich nicht beklagen.«

Ich sehe diese Frau an, meine Halbschwester, deren Hände rot und aufgerissen sind, weil sie Boote schrubbt, damit sich andere im Frühling darauf ein schönes Leben machen können. Sie strahlt Zufriedenheit aus. Woher kommt diese Ruhe? Diese Frage beschäftigt mich.

»Ich bin froh«, sage ich zu ihr. »Es tut mir leid, dass wir bis heute keine Gelegenheit hatten, dich kennenzulernen. Wir wussten nicht einmal, dass es dich gibt.«

Sie sieht mich an, dann lächelt sie und die Falten um ihre Augen bezeugen, dass sie viele Jahre in der Sonne verbracht hat. Wenn Mama dreizehn war, als sie RC zur Welt brachte, ist RC ungefähr vier Jahre älter als ich, aber sie sieht deutlich älter aus und wirkt auch so. Ich bezweifle, dass sie sich darüber den Kopf zerbricht. In ihrem Gesicht sehe ich kein Make-up und ihre Haare hängen in einem langen, lockeren Zopf unter ihrem Tuch hervor. »Ich wusste natürlich, dass es euch gibt, aber als euer Vater Robby in eurem Haus erwischte, stellte er klar, dass niemand aus der Familie seiner Frau dort willkommen ist. Robby sagte, er habe Glück gehabt, dass er mit heiler Haut aus dem Haus kam. Deshalb hielt ich es für besser, die Dinge auf sich beruhen zu lassen.«

Ein Windstoß erfasst uns. Lily zittert wieder und ich lege die Arme enger um mich und bibbere am ganzen Leib. Inzwischen hat ein feiner Nieselregen eingesetzt. Wir müssen unseren Platz hier auf dem Kai aufgeben, wenn wir nicht erfrieren wollen. Zweifellos halten wir RC von ihrer Arbeit ab. Vielleicht hat sie Lust, sich heute Abend mit uns zum Abendessen zu treffen? Ich würde sie wirklich gern besser kennenlernen. Ich möchte die Gelegenheit nutzen, die uns so viele Jahre verwehrt war.

Sie scheint meine Gedanken zu lesen. Nach einem Blick auf ihre Armbanduhr schaut sie hinter sich aufs Boot. »Wisst ihr was? Ich muss noch ungefähr eine Stunde hier auf der *Entdeckerin* weiterarbeiten und dann will ich nach Hause und nach Johnny sehen. Er hat sich heute Morgen nicht gut gefühlt. Ihr beide könntet euch einfach den Ort ansehen oder so etwas. Ich mache das Boot hier fertig, sehe nach Johnny und dann treffen wir uns in Sandys Muschelladen zu einem Kaffee. Sagen wir, in anderthalb Stunden? Bei Sandy wird es euch gefallen. Sie ist eine Institution auf der Insel.«

Wir vereinbaren, uns später im Muschelladen zu treffen. Lily und ich eilen zum Auto und bleiben einige Minuten mit aufgedrehter Heizung darin sitzen. Wir tauschen uns darüber aus, wie unerwartet und schön es war, RC kennenzulernen.

»Sie scheint wirklich nett zu sein. Nach allem, was mir Rob erzählt hat, wusste ich einfach, dass sie nett ist.« Lily ist ganz aufgeregt. »Aber es ist so traurig zu hören, wie sie aufwachsen musste. Ich dachte, unser Leben wäre schon schwer gewesen, da Papa so streng war und wegen der Heiligen Brüder und da wir nie viel Geld hatten … Aber wir mussten nie das durchmachen, was RC erlebt hat. Wir hatten wirklich großes Glück.«

An jedem anderen Tag hätten solche Worte einen lautstarken Protest bei mir ausgelöst. Jetzt habe ich das Gefühl, dass sie recht hat. Ich habe so viel Zeit damit vergeudet, die Dinge, die in meiner Kindheit passiert sind, zu verabscheuen – die Misshandlungen, die Verwirrung, die Angst, das manipulierende Verdrehen des Glaubens, die ständigen Vorwürfe und Drohungen –, dass ich nie auf den Gedanken kam, für das dankbar zu sein, was *nicht* passiert ist. Dafür, dass mir vieles erspart blieb. Ich musste nie Hunger leiden. Ich wurde nie gezwungen, in einer Drogenhöhle zu hausen. Ich wurde nie von irgendeinem Perversen vergewaltigt. Ich wurde nie von einer eifersüchtigen Verwandten weggebracht und an einem fremden Ort abgesetzt.

Ich habe überlebt, gute Menschen zeigten Interesse an mir und ich bekam Chancen. Ich fand einen Ausweg.

Danke, flüstere ich in der Stille meiner Gedanken, während wir vom Parkplatz und ins Dorf zurückfahren. *Danke für mein Leben, so wie es ist.* Ich schicke diese Gedanken in einem einfachen Gebet zum Himmel. In dem Gebet liegt eine Leichtigkeit, ein Gefühl, dass wirklich alles gut ist.

Ich strecke den Arm über die Konsole, drücke die Hand meiner Schwester und lächle sie an, während wir an den friedlichen Gewässern des Pamlico Sound vorbeifahren. Ihre Haut ist eiskalt, aber trotzdem erwärmt sie mich. »Ich bin so froh, dass wir gekommen sind.«

Sie sieht mich mit einem strahlenden Lächeln an. »Ich auch.«

Sie fragt, ob wir nach Fairhope fahren und das Museum besuchen können, dem Evan die Rechercheergebnisse für sein Buch geschickt hat – Benoit-Museum heißt es. Lily will versuchen, etwas für ihre Seminararbeit zu finden, und wir wissen beide, dass dieses Museum Halsketten mit Beinschnitzereien in seiner Sammlung hat wie die Kette, die Evan zu seinem Roman inspiriert hat. Sie vermuten, dass es eine Verbindung zu den ursprünglichen englischen Siedlern von Roanoke Islands »Verlorener Kolonie« geben könnte.

Während unseres langen Gesprächs am Kai hat Lily RC nach der Kette gefragt, die meine Mutter uns Mädchen hinterlassen hat. Wie bei so vielem aus Mamas Geschichte haben wir nur Bruchstücke. Meine Schwestern und ich haben jeweils eine einzige Perle, die kunstvoll aus einem Knochen geschnitzt wurde. Wir wissen nicht, welche Bedeutung die Perlen haben, außer dass sie seit vielen Generationen in der Familie meiner Mutter aufbewahrt wurden und irgendwie in einem Zusammenhang zu unseren Vorfahren, den Melungeons, stehen. RC erinnert sich nur, diese Kette bei Mama gesehen zu haben und dass Mama die Kette vielleicht von ihrer Großmutter bekommen hat.

Als wir in der kleinen Ortschaft Fairhope ankommen, landen wir bei Lilys Versuch, mehr über unsere Familiengeschichte zu erfahren, leider in einer weiteren Sackgasse. Das Tor zur Einfahrt des Benoit-Museums ist nicht passierbar. *Wegen einer privaten*

Veranstaltung geschlossen, verkündet ein Schild. Die Wagen eines Catering Services und eines Floristen parken rückwärts vor dem eindrucksvollen viktorianischen Haus.

Die Veranda, die rund um das Gebäude herumführt, ist mit Schleifen und weißen Rosen geschmückt und oben im Erkerfenster hängt ein Brautkleid und wartet auf seinen großen Auftritt. Offensichtlich findet heute Nachmittag hier eine Hochzeit statt.

Meine Gedanken rasen zu Evan und Paris. Wo ist er wohl gerade und was macht er in diesem Moment? Ich versuche, mich an den Reiseplan zu erinnern und zu entscheiden, ob ich ihn anrufen kann, ohne ihn zu stören. Ich will nicht mitten in eine Veranstaltung hineinplatzen. Er ist dafür berüchtigt, dass er oft vergisst, seinen Klingelton auszuschalten, wenn er einen Vortrag hält.

Ich sitze im Auto, trommle mit den Fingern aufs Lenkrad und rechne den Zeitunterschied aus, als ich plötzlich merke, dass mich Lily Clarette ansieht. Ich habe das Gefühl, dass sie schon wieder meine Gedanken liest.

Inzwischen ist es in Paris einundzwanzig Uhr. Kein guter Zeitpunkt, um Evan anzurufen. Er ist bestimmt bei einer der letzten Veranstaltungen der Lesereise, denke ich. Heute ist ein Cocktailempfang. Wenn ich seinen Terminplan richtig im Kopf habe, ist morgen Abend auch noch ein Empfang geplant.

Ich sehe ihn im Geiste vor mir, groß und schlank und würdevoll in seinem Smoking, und dann grinst er und macht einen Scherz über diesen »Pinguinanzug«. Plötzlich ist meine Sehnsucht so stark, dass sie mich schmerzlich durchbohrt. Es ist, als würde mir ein kleiner Dolch ins Herz gestoßen.

Warum hat er heute nicht angerufen?

Meine Unsicherheit drängt sich wieder in den Vordergrund.

Aus den Augen, aus dem Sinn?

Andererseits habe ich ihn auch nicht mehr angerufen, seit ich gestern Morgen nach Greenville geflogen bin. Ich war so auf Lily konzentriert. Als ich gestern Abend daran dachte, war es in Paris mitten in der Nacht. Vielleicht geht es Evan genauso und deshalb hat er sich nicht gemeldet. Lange Tage, kurze Nächte. Da er keine

Assistentin hat, die ihm viele Details abnimmt, die seine Termine im Kopf hat, die seine Kleidung aussucht und die nötigen Hintergrundgespräche führt, muss er sich um alles selbst kümmern.

Und er hat erwähnt, dass er sich in Paris mit Freunden treffen will …

Sind diese Freunde Frauen?

Hör auf! Hör auf damit!

Wieder ist mir bewusst, dass mich Lily beobachtet. Ich lege den Rückwärtsgang ein. »Ich schätze, wir sollten den Weg frei machen, bevor jemand kommt, der auf das Gelände muss.«

»Das wäre ein wunderbarer Ort für eine Hochzeit«, bemerkt meine Schwester wehmütig. Wie die meisten Mädchen in ihrem Alter hat sie endlose Episoden von »Mein perfektes Hochzeitskleid« gesehen. Hin und wieder macht sie sich Sorgen, weil sie den Jungen aus unserem Dorf nicht geheiratet hat, mit dem mein Vater sie verheiraten wollte, als sie siebzehn war.

»Ja, das stimmt. Trotzdem ist es wirklich schade, dass sie heute nicht geöffnet haben und wir mit niemandem über die Kette sprechen können.«

»Vielleicht können wir morgen wiederkommen.« Sie wirft mir einen vielsagenden Blick zu. »Es sei denn, du steigst in ein Flugzeug und fliegst nach Paris zurück.«

»Lily …«

Sie hebt schnell entschuldigend beide Hände. »Ich meine ja nur.«

»Ich schlage vor, dass wir zu diesem kleinen Buchladen fahren, dessen Schild wir gelesen haben. *Buxton Village Books*. Falls sie ein Exemplar von Evans Roman haben, schießen wir ein Foto und schicken es ihm. Dann fahren wir nach Hatteras zurück und suchen Sandys Muschelladen.«

»Okay.« Sie dreht sich zum Fenster und betrachtet immer noch das vornehme alte Haus, als wir davonfahren. »Wer wohl heute heiratet?« Dann erzählt sie, dass sie bei einer bevorstehenden Brautparty im Wohnheim hilft und was für eine Hochzeit sie eines Tages haben möchte. Ihre Mitbewohnerin ist Expertin, was elegante Hochzeiten angeht.

»Ihr Mädchen solltet euch wirklich nicht so sehr aufs Heiraten versteifen. Das ist nicht gesund. Schließt zuerst euer Studium ab, dann könnt ihr darüber nachdenken, einen Mann zu finden. Oder noch besser: Wartet einfach ab, bis es passiert. Wenn der richtige Mann kommt, wisst ihr es.«

»Ich will nicht irgendwann über dreißig sein und allein leben und nur einen Hund haben.« Ist ihr bewusst, dass sie gerade mein Leben beschrieben hat, bevor mich die Lesereise aus diesem Leben gerissen hat? Ich habe meinen Mitbewohner, Freitag, den Chihuahua, seit über drei Monaten nicht mehr gesehen. Er wohnt vorübergehend bei meiner besten Freundin Jamie, aber die Uhr tickt. Jamie will noch in diesem Frühling heiraten und zu ihrer Hochzeitsreise aufbrechen.

Rund um mich herum wird in letzter Zeit geheiratet.

Vielleicht ist das ein Fingerzeig Gottes.

»Nimm dir erst einmal Zeit für dich, Lily. Entscheide, wer du sein willst. Mehr sage ich ja nicht. So schön, wie du bist, werden die Männer Schlange stehen, wenn du so weit bist, dich für sie zu interessieren.«

»Pah! Marah Diane sieht das ganz anders. Sie versteht nicht, wie ich so dumm sein konnte, Craig nicht zu heiraten. Sie meint, wenn ich schon unbedingt studieren will, hätte ich das auch an der Volkshochschule oder online in der Bibliothek machen können.«

Angesichts dieses hinterwäldlerischen Rats, den Lily jedes Mal aufgetischt bekommt, wenn sie in Lane's Hill zu Besuch ist, knirsche ich mit den Zähnen. Das Leben, das meine Schwestern führen, ist alles andere als idyllisch. »Vergiss nicht, dass Marah Diane mit sechzehneinhalb geheiratet hat und gleich anfing, Kinder zu bekommen. Wirkt sie auf dich wirklich glücklich?« Wenn ich die Familie besuche, sehe ich hauptsächlich, dass meine älteste Schwester ihre Kinder anschreit, sie kritisiert und sich beklagt, wie viel Arbeit sie machen. Wenn sie auf ihren Mann sauer ist, bekommen die Kinder das ab, weil einer Frau bei den Heiligen Brüdern verboten ist, ihrem Mann zu widersprechen.

»Seit das Geschäft mit den Ziegenmilchseifen Geld einbringt, geht es ihr besser.« Lily zieht die Beine an, legte die Arme um ihre Knie und legt ihr Kinn darauf. »Aber du hast recht. So wie es läuft, ist es nicht gut. Weder für sie noch für Evie Christine. Bei Coral Rebecca und Levi sieht es ganz gut aus.«

Wir fahren schweigend an Buxton Woods entlang, einem alten Wald, dessen Weihrauch-Kiefern und Eichen die Straße vor dem Regen und Wind abschirmen.

Lily Clarette seufzt. »Aber wenn es falsch wäre, dass ich *wegen der Familie heirate*, wäre es genauso falsch, wenn du *wegen der Familie nicht heiratest*.«

»Du denkst, das mache ich?«

»Ja. Irgendwie schon.« Sie verzieht das Gesicht und es schmerzt sie augenscheinlich, etwas zu sagen, das mich aufregen könnte. Andererseits liebt sie mich so sehr, dass sie es trotzdem sagt. »Ich weiß, dass du dir immer große Sorgen gemacht hast, du könntest irgendwie so sein oder werden wie unsere Familie, aber selbst ein Blinder mit Krückstock kann sehen, dass du Evan liebst und dass er dich liebt. Ihr beide seid einfach füreinander geschaffen.«

Wir biegen auf den Parkplatz vor dem Buchladen und unser Gespräch endet ganz natürlich. In dem kleinen Laden sitzt die Besitzerin hinter der Verkaufstheke und strickt eine Mütze. Sie ist freundlich und führt uns durch das historische Gebäude. Sie zeigt uns sogar die Kerben in den frei liegenden Dachbalken – ein Beweis, dass das winzige Haus aus alten Balken eines Schiffswracks gebaut wurde. Lily schießt Fotos und ich notiere im Geiste, dass wir diesen Laden unbedingt in unsere nächste Lesereise aufnehmen müssen. Er ist zu einmalig, um ihn nicht zu berücksichtigen.

Wir verlassen den Laden mit einer Broschüre über Hatteras Island, Postkarten und einem Stapel Material über die Verlorene Kolonie für Lilys Geschichtsseminar. Die Buchhändlerin klärt uns auch über das Forschungsprojekt im Benoit-Museum auf. »In den nächsten Tagen werden Sie aber kein Glück haben«, warnt sie uns vor. »Die Museumsleiterin ist verreist. Außer ehrenamtlichen Dozenten ist also niemand da, mit dem Sie sprechen können.

Und die wissen nicht viel über die Ausstellungsstücke, die noch in Arbeit sind.«

Wir danken ihr für ihre Hilfe und verabschieden uns. Es wird Zeit, zu Sandys Muschelladen zu fahren.

Während wir zurückfahren, greift Lily das Thema Paris wieder auf. Aber auf Sandys Parkplatz scheint sie zu bereuen, dass sie es angesprochen hat. »Du bist mir nicht böse, oder?«

»Nein, natürlich bin ich dir nicht böse. Ich weiß, dass du das nur aus Liebe sagst.«

»Okay.«

Wir betreten den Muschelladen und bewundern die Meeresschätze, die zum Verkauf angeboten werden – alles von Weihnachtsschmuck, der wie der Leuchtturm von Cape Hatteras geformt ist, über Sonnenfänger aus Buntglas bis zu Strandkleidern für den kommenden Sommer. Die Wand gegenüber der Kaffeebar ist voll mit Schildern, auf denen lustige Strandsprüche prangen wie »Sonne, Sand, Surfen« oder »Zuhause ist dort, wo der Strand ist« oder »Keine Hektik – Inseluhren ticken anders!« Dominiert wird der Laden von einer Bulldogge in einer leuchtend bunten Badehose. Auf das dazu passende Kopftuch ist der Name Chum gestickt. Lily verliebt sich sofort in Chum und trägt ihn durch den Laden. Dabei klagt sie lautstark, dass im Wohnheim keine Tiere erlaubt sind. Sie vermisst die vielen Hunde und Welpen auf der Farm unseres Vaters.

Es dauert nicht lange, dann bekommen wir Gelegenheit, Chums Besitzerin kennenzulernen: Sandy von Sandys Muschelladen. Sie ist Mitte sechzig mit kurzem, bürstenartigem blondem Haar und stellt viele der Buntglas- und Schmuckkreationen im Laden selbst her. Ich kann nicht widerstehen, Lily aufzufordern, sich eine Seeglaskette auszusuchen. Lily braucht für ihre Entscheidung ewig, sie betrachtet sorgfältig die eine Kette, dann die nächste und hält sie ins Licht. Uns war in unserer Kindheit so selten erlaubt, in einem richtigen Laden etwas auszusuchen, das Geld kostet.

Schließlich entscheidet sie sich für zwei nicht allzu teure Herzanhänger aus Seeglas. »Eine Kette für jede von uns.« Sie hält einen kobaltblauen Anhänger hoch und lächelt mich an. »Schwesterherzen.«

»Das ist wirklich lieb.« Ich nehme meine Kette und hänge sie mir um, während Lily den Verschluss ihrer Kette zumacht. Wir besiegeln den Kauf mit einer Umarmung.

Sandy ist entzückt. »Meine Schwester Sharon und ich stellen diese Ketten her. Ich bin begeistert, wenn Schwestern die Ketten füreinander kaufen. *Von* Schwestern gemacht *für* Schwestern.«

Lily dreht sich wieder zu der Vitrine herum und verzieht die Lippen. Sie hält ihren neuen Anhänger fest und betrachtet die übrigen Seeglaskreationen. »Vielleicht sollten wir für RC auch eine kaufen. Sozusagen zur Feier des Tages.«

»RC wirkt auf mich nicht wie der Typ, der Schmuck trägt.« Wie üblich sind Lilys Gedanken lieb und süß. Aber auch wenn ich eine enge Beziehung zu RC fühle, die ich nicht erwartet habe, empfinde ich zu diesem Zeitpunkt ein Geschenk noch nicht als angebracht.

Sandy sieht uns mit begeisterter Miene an, während wir zur Kasse gehen, um die Ketten zu bezahlen. »Ihr seid mit RC verwandt? Ich dachte mir doch gleich, dass ihr mir irgendwie bekannt vorkommt. Ich wusste nur nicht gleich, an wen ihr mich erinnert.«

»Sie ist unsere Halbschwester, aber das haben wir erst jetzt herausgefunden. Wir haben uns heute zum ersten Mal getroffen.« Lily erzählt die Geschichte so ungezwungen, dass meine Wangen zu glühen beginnen.

»Es ist kompliziert«, schiebe ich nach.

Sandy scheint das überhaupt nicht zu beunruhigen. Kichernd fuchtelt sie mit der Hand durch die Luft, als wolle sie jeden Anflug von Verlegenheit vertreiben. »Ach, Liebes, das Leben ist meistens kompliziert. Wenn man ein Café betreibt, hört man alle möglichen Geschichten. Besonders an einem Ort wie Hatteras.« Während sie den Preis für die Ketten eingibt, erzählt sie uns, woher sie RC kennt. Sie kennen sich schon einige Jahre – seit

RC und Johnny die Bootsreparaturwerkstatt drüben in Elizabeth City übernommen haben. Zu dem Geschäft gehört ein mobiler Bootsservice auf den Outer Banks. »Sie kommen im Herbst herüber und machen die Boote winterfest und im Frühling kommen sie wieder. Dann entfernen sie das Frostschutzmittel, nehmen die Planen ab, putzen die Kajüten und sorgen dafür, dass die Boote startbereit sind.« Plötzlich wird sie ernst und etwas traurig. Kopfschüttelnd sammelt sie ein paar Zuckertütchen auf der Kaffeetheke ein. »Natürlich weiß ich nicht, wie sie weitermachen wollen, da es Johnny in letzter Zeit mit seiner Parkinsonerkrankung so schlecht geht. Aber sie verlieren nicht den Mut. Gott segne die beiden, sie sind gute Menschen!«

Die Glocke über der Tür läutet und fast gleichzeitig klingelt das Telefon. »Wenn man vom Teufel spricht! Da kommt RC.« Sandy eilt zum Telefon.

»Meine Ohren haben laut geklingelt.« RC legt die Hände an ihre Ohren und zieht daran. Sie hat das Kopftuch abgenommen. Ohne das Tuch sieht sie jünger aus und hat noch mehr Ähnlichkeit mit uns. »Glaubt Sandy kein Wort.« Sie wirft der Ladenbesitzerin einen scherzhaft strengen Blick zu. »So verkauft sie ihre Sachen hier. Sie quasselt den Leuten die Ohren ab, bis sie kapitulieren und etwas kaufen, nur um sie zum Schweigen zu bringen.«

»Du weißt ganz genau, dass das nicht stimmt«, schnaubt Sandy und deutet auf RC, richtet ihre Worte aber an uns. »Ich quassle nicht so viel wie diese Dame hier. Sie redet dir das linke Ohr ab und dann fängt sie mit dem rechten Ohr an.«

RC schüttelt den Kopf und grinst, während sie aus ihrem Mantel schlüpft und ihn über den Ständer neben der Tür wirft. »Ein Esel nennt den anderen Langohr.«

Sandy verdreht die Augen und greift dann zum Telefon. »Ich habe euch gewarnt.«

Muschelladen-Sandy hat absolut recht. Unsere neue Schwester kann fast jeden unter den Tisch reden. Wir verbringen Stunden damit, verlorene Zeit nachzuholen und etwas übereinander zu erfahren, und merken doch ständig, dass wir nur an der Oberfläche kratzen. Als wir endlich überlegen, den Laden zu verlassen, ist es draußen schon dunkel und Sandy hat RC längst einen Schlüsselbund für die Haustür in die Hand gedrückt und ist nach Hause gefahren. RC serviert uns sogar belegte Brote und Kekse, die sie hinter der Kaffeetheke hervorholt, dann steckt sie einen Geldschein in die Kasse. Sie lässt mich das Essen nicht zahlen, obwohl wir darum streiten.

Ich schätze, dies ist nicht das erste Mal, dass RC sich hier wie zu Hause fühlt. Offenbar treffen sich die Frauen von Hatteras oft in Sandys Laden. Sie nennen sich Muschelladenschwestern. RC ist Ehrenmitglied, da sie nicht das ganze Jahr auf Hatteras wohnt. Die Einheimischen kommen hierher, um gemeinsam die kalten Wintermonate zu verbringen, sie spielen Brettspiele, trinken Heißgetränke und leisten einander Gesellschaft, bis in der nächsten Saison die Touristen wieder auf die Inseln strömen. Sandy wäre geblieben, aber sie hat Gäste, die sie zu Hause erwarten.

Als wir endlich mit RC, vom langen Sitzen ganz steif, den Laden verlassen, überrascht uns die nächtliche Kälte des Nordoststurms. Ich ziehe meine Weste enger um mich und frage RC nach dem nächsten Hotel.

»Das ist nicht nötig«, antwortet sie. »In dem Haus, in dem wir wohnen, gibt es ein Gästezimmer. Ihr beide könnt bei uns schlafen. Dann lernt ihr auch Johnny kennen.«

Kapitel 7

An Tag drei auf den Outer Banks ist es offiziell: Ich bin nicht mehr die Älteste von sechs Geschwistern; ich bin die Zweitälteste von sieben. RC ist in jeder Hinsicht unsere Schwester. Wir schmieden sogar Pläne, wie wir ein Treffen zwischen RC und unseren Schwestern zu Hause organisieren können, obwohl sie noch nichts von ihr wissen. Um diese Nachricht zu überbringen und ein Treffen zu arrangieren, ist viel Fingerspitzengefühl nötig. Ich habe RC gewarnt, dass die übrige Familie den eingeschränkten Lebensstil der Heiligen Brüder führen und dass einige Seiten dieses Lebensstils sie schockieren könnten. Ihr Leben ist das genaue Gegenteil von *eingeschränkt*.

Unsere neue Schwester hat einen freien Geist. Sie ist zweifellos die friedlichste Seele, der ich je begegnet bin, und dieser Friede erfüllt sie bis ins Innerste. Sie versucht nicht, das Leben in eine Form zu pressen, sondern nimmt es so, wie es kommt.

»Erwartungen bringen einen um«, sagt sie, während wir in der Nähe des Hauses, in dem sie wohnt, wenn sie hier auf Hatteras arbeitet, am Ufer spazieren gehen. Es ist kein vornehmes Strandhaus, das drei Stockwerke hoch auf Pfählen thront, sondern ein kleines Fischerhaus aus den Fünfzigerjahren am Providence Cove Drive.

»Das ist der Fehler, verstehst du?«, spricht RC weiter, während ihre olivbraune Haut von der Morgenkälte ganz gerötet ist. »Es ist so ähnlich, wie wenn du hier am Strand spazieren gehst und genaue Vorstellungen hast, was jede Welle hinterlassen soll. Statt dich davon überraschen zu lassen, was du findest, ärgerst du dich, weil es nicht so läuft, wie du geplant hast. Etwas, das ein schönes Geheimnis sein sollte, ist dann nur eine ständige Enttäuschung. Mit solchen Augen betrachte ich das Leben. Es ist ein schönes Geheimnis. Ein anderer hat die Kontrolle über das Meer. Es hat keinen Sinn, eine Liste zu erstellen, was es bringen sollte.«

Sie gestikuliert mit ihren von der Arbeit gegerbten rauen Händen, während wir mit eng zugezogenen Jacken spazieren gehen. Ich bin überrascht, dass RC philosophisch wird. Anfangs machte sie auf mich keinen solchen Eindruck, aber in den letzten zwei Tagen habe ich mich gefragt, woher sie den Frieden hat, den sie ausstrahlt.

»So ist es auch mit Johnnys Krankheit. Warum musste er daran erkranken? Er ist ein guter Mann. Ich kann es nicht erklären, aber es ist, wie es ist. Ich bin dankbar, dass Johnny gute Tage hat, an denen er hinausgehen und mit mir auf den Booten arbeiten kann. Selbst an den Tagen, an denen sein Tremor schlimm ist, bin ich dankbar, dass er zu Hause auf mich wartet, wenn ich abends heimkomme. Ich bin glücklich, dass wir Zeit miteinander verbringen dürfen. Du kannst dort glücklich sein, wo du bist, wenn du aufhörst, eine Liste zu schreiben. Das ist die Wahrheit. Ich habe meine Liste vor langer Zeit zerrissen. Das musste ich, da mich sonst das Leben mit Johnny in den Wahnsinn getrieben hätte. Dieser Mann schreibt keine Listen.«

Ich nicke lächelnd und versuche, RCs Lebenseinstellung mit meiner zu vergleichen, aber in dieser Hinsicht sind wir beide völlig verschieden. *Du, Jen Gibbs, schreibst Listen,* flüstert die leise Stimme der Weisheit in mir. *Du versuchst, den Ozean fest im Griff zu haben.*

Ich blicke aufs Meer hinaus und erkenne, wie sinnlos dieser Versuch ist, während die Wellen sich in einem beliebigen Schema aufbauen und dann brechen und das Wasser bis zu unseren Füßen fließt. Sie erreichen uns jedoch nicht ganz, da wir uns oberhalb der Flutlinie bewegen. Diese morgendlichen Spaziergänge mit RC, während Lily in ihrem Studentenrhythmus noch schläft, tun so gut. Ich lerne nicht nur meine neue Schwester immer besser kennen, sondern denke auch vor dem Spiegel dessen, was ich aus ihrem Leben erfahre, über mein eigenes Leben nach. Trotz der fast unaussprechlichen Dinge, die sie in ihrer Kindheit und Jugend ertragen musste, hat sie beschlossen, dort, wo sie ist, glücklich zu sein und im Jetzt zu leben.

Meine Schwester ist der lebende Beweis dafür, dass es möglich ist, die Vergangenheit loszulassen und ihr jegliche Macht auf die Gegenwart und Zukunft zu verweigern. Mein Blick klebt am Rückspiegel, wie es RC formulieren würde. Ich stolpere immer noch über die ganzen Dinge, von denen ich gedacht habe, sie lägen längst hinter mir. Ich denke an das hyperaktive Tennisspiel, das ich mit meinem Herzen spiele – in einem Moment ist der Ball in diesem Feld und im nächsten Moment im anderen Feld. Evan heiraten? *Ja. Nein. Vielleicht.*

Warum diese ständige Unentschlossenheit? Warum der fehlende Glaube? Ist die Art, wie RC Johnny liebt, und die Art, wie er sie liebt, nicht Beweis genug, dass wir das Potenzial haben, auch die tiefsten Wunden verheilen zu lassen? Ich brauche mir nur anzusehen, was sie alles überwunden hat.

Jetzt deutet sie zu einem Strandstück, an dem wir gestern Abend mit Lily standen und eine Sandburg bewundert haben, die ein Tourist in stundenlanger Arbeit gebaut und perfektioniert hat, als der Nordostwind weiterzog und einem sonnigen Nachmittag wich. Heute Morgen ist der Strand genauso rein wie ein Feld mit frisch gefallenem Schnee. Die Morgensonne überzieht den feuchten Sand mit funkelndem Diamantenstaub.

»Von der Sandburg ist keine Spur mehr zu sehen«, stellt RC fest. »Siehst du? Bereit für einen neuen Tag. Ein unbeschriebenes Blatt.« Sie deutet zum Horizont. »Ein weiteres kleines Wunder, nicht wahr?«

»Wahrscheinlich hast du recht.« Ich habe das Kommen und Gehen der Wellen nie als Wunder betrachtet, aber es ist ein Wunder. Ebbe und Flut sind ein Beweis, wie groß Gott ist und wie winzig klein ich bin.

Ich will wie dieser frisch gereinigte Strand sein. Manchmal denke ich: Ich bin bereit. Die Wellen können mich gerne überrollen. Doch dann ertappe ich mich dabei, dass ich vor der Flut weglaufe, kurz bevor sie mich erreicht. Lily liegt mir unablässig in den Ohren, dass ich nach Europa zurückfliegen soll. Ich hätte es fast gemacht, doch dann gingen mir alle möglichen Sorgen durch den Kopf: wie ich zum Flughafen kommen soll und dass Lily Evans Jaguar allein in die Berge zurückfahren müsste. Sie hat zu wenig Fahrpraxis, um diese weite Fahrt zu bewältigen.

Es gibt Gründe, nicht überstürzt nach Paris zu fliegen. Evans Vortragstermine sind abgeschlossen. Sein Aufenthalt in Paris verlängert sich unerwartet um einige Tage, da sein französischer Verlag ein Bankett veranstaltet. Wir treffen uns, wenn er nach Hause kommt.

Wenn die Lesereise vorbei ist, ist unsere berufliche Beziehung offiziell zu Ende, hat er mich gestern Abend am Telefon erinnert. Das heißt, er will eine Antwort auf die Frage, die er mir in Bath gestellt hat.

Nicht wenn du ein weiteres Buch für mich schreibst, habe ich ihn geneckt. *Dann bin ich wieder deine Lektorin.*

Wenn das dein Plan ist, verkaufe ich das nächste Buch an einen anderen Verlag, hat er scherzhaft erwidert.

Ich vermute, dass Lily RC alles erzählt hat. Ich habe den Eindruck, dass mich RCs Beobachtungen zu der Sandburg und den Lebenslisten ermutigen wollen, dem Meer seinen Lauf selbst zu überlassen.

»Wir sollten jetzt wohl besser zurückgehen, um Lily zu wecken und zu sehen, wie es meinem Mann heute Morgen geht.« RC dreht sich um hundertachtzig Grad, um den Rückweg anzutreten, und ich lasse mich nur widerstrebend auf die Richtungsänderung ein. Ich genieße die Zeit mit ihr. Ich habe nie zuvor eine große Schwester gehabt.

Ich möchte über den unberührten Sand gehen, der in der Sonne glitzert.

Ich werfe einen letzten Blick darauf und plötzlich schießt etwas direkt von meinem Herzen in meinen Mund, ohne vorher mein Gehirn zu durchlaufen. »Wo ist der nächste Flughafen?«

RC bleibt abrupt stehen, dreht sich zu mir herum und zieht eine Braue hoch. Der Morgenwind zerrt an ihrer Windjacke und bläht sie auf. »Flughafen? In Norfolk.«

Meine Gedanken rasen zu dem frisch gereinigten Sand. »Ich

fliege nach Paris. Ich tue es. Ich fliege zu Evan nach Paris. Ich kann für Lily einen Flug nach Greenville buchen und organisieren, dass sie vom Flughafen abgeholt und nach Cullowhee gebracht wird.« Keine Ausflüchte mehr, wo ich den Jaguar abstelle, oder sonst etwas. Ich werde irgendwo einen überdachten, sicheren Parkplatz für den Wagen finden und einfach zu Evan fliegen.

»Also … Also, das ist eine klare Entscheidung.« RC blinzelt einmal, zweimal, dreimal und wirkt seltsam besorgt. »Bist du dir sicher?«

Ich fange an, meine Entscheidung zu hinterfragen, doch dann schelte ich mich. Dieses Mal blicke ich nicht zurück. Nein. Ich marschiere auf diesem sauberen Sand los, auf dem alles, was gestern noch da war, weggespült ist. Ich ziehe neue Spuren. Ich werde loslaufen. »Ja, das bin ich. Ich bin mir sicher.«

RC zieht ein Handy aus ihrer Tasche und ich denke, sie hilft mir jetzt, einen Flug zu buchen. Doch stattdessen sagt sie: »Ich schreibe Johnny, ob ich in Bezug auf den Flughafen recht habe. Es könnte sein, dass du für einen internationalen Flug nach Raleigh musst. Wenn du dort sowieso umsteigen müsstest, kannst du auch gleich dorthin fahren.«

Ich blicke aufs Meer hinaus, atme die kühle, salzige Luft in tiefen Zügen ein und schaue den Wellen zu, während RC auf dem altmodischen Klapphandy herumhackt und sich dabei mehrmals entschuldigt, weil sie so lange braucht. Nachrichten werden hin und her geschickt, aber schließlich erklärt sie: »Johnny erkundigt sich. Bis wir zu Hause sind, weiß er wahrscheinlich Genaueres. Er ist in solchen Dingen gut.«

Auf dem Rückweg wird mir plötzlich bewusst, dass meine Entscheidung, zu Evan zu fliegen, bedeutet, dass unsere Zeit mit RC vorzeitig zu Ende geht. Lily wird mich verstehen, aber sie wird die Gemeinschaft mit unserer neuen Schwester vermissen. »Wenn ich wieder zu Hause bin, müssen wir uns bald treffen.«

»Oh, das werden wir«, verspricht RC zuversichtlich, aber mir fällt auf, dass ich meine Schritte immer wieder verlangsamen muss, um mich ihrem Tempo anzupassen. Vielleicht ist sie auch traurig, weil der Abschied bevorsteht. »Bald.« Sie bückt sich und hebt eine winzige Muschelschale auf, deren beide aufgeklappte Hälften unten noch verbunden sind. »Engelsflügel.«

Die schillernden Innenseiten reflektieren die Morgensonne in winzigen Regenbogentönen. »Faszinierend, dass sie es heil ans Ufer geschafft hat.«

»Ich hatte nie zuvor Schwestern.« RC spricht aus, was ich gedacht habe, und legt mir die Muschel vorsichtig in die Hand. »Abgesehen von dem wenigen Kontakt, den ich zu Robby habe, habe ich mit meiner Familie nichts zu tun. Mein Johnny hatte auch keine nennenswerte Familie. Als ich erwachsen wurde, habe ich eine Weile versucht, Mama zu finden, aber ohne Erfolg. Johnny und ich haben uns überall, wo wir wohnten, einen Freundeskreis aufgebaut. Aber es ist schön, doch noch einige Blätter am Familienstammbaum zu finden. Irgendwie passt das zu einer alten Nuss wie mir.«

Wir lachen beide und RC stößt mich mit der Schulter, ihre Version einer Umarmung. Sie ist kein sentimentaler Typ. Den restlichen Weg legen wir schweigend zurück und weichen im Zickzackkurs den eisigen Wellen aus, jede in ihre eigenen Gedanken über das Leben und das Meer vertieft.

Als wir zum Haus zurückkommen, bewegt sich Johnny mit seinem Rollator durch die Küche und macht Haferbrei. »Guten Morgen, schöne Frau«, begrüßt er RC fröhlich und seine Stimme klingt weniger zitternd als sonst. Sein Zustand ist von Tag zu Tag verschieden. »Das gilt natürlich für euch beide.«

RC zwängt sich in die kleine Küche und küsst ihn zärtlich auf die Wange. Dabei legt sie eine Hand an sein Gesicht und hält es fest. »Ich habe dir schon gesagt, dass er ein Charmeur ist«, sagt sie zu mir. »Wenn du einen so guten Mann wie meinen Johnny finden kannst, solltest du ihn dir schnappen, solange du kannst.«

RC und Johnny wechseln einen stummen Blick. »Hast du für Jen wegen des Flughafens nachgesehen?«, fragt sie.

Johnny schürzt nachdenklich die Lippen. »Ja, habe ich. Sie muss nach Norfolk. Eure kleine Schwester ist bereits im Badezimmer und duscht. Sie ist auch bald startklar.« Er deutet mit dem Daumen zu dem Zimmer, in dem Lily tief und fest schlief, als ich das Haus verließ. Die Tür steht offen, aber die Badezimmertür nebenan ist zu.

Ich bin erleichtert, dass Johnny Lily schon meine Pläne mitgeteilt hat und sie nicht gegen einen Rückflug nach Greenville protestiert. Ich habe befürchtet, dass sie sich dagegen wehrt und darauf beharrt, mit dem Jaguar nach Cullowhee zu fahren, während ich nach Paris fliege.

Aber sie kommt lächelnd aus dem Badezimmer und hat ein Handtuch um ihre Haare gewickelt. »Ich muss nur noch meine Sachen in meine Reisetasche werfen … und natürlich meine Haare föhnen.« Ihr ist wahrscheinlich nicht entgangen, dass ich meine Sachen ordentlich in meiner Reisetasche gelassen habe, als hätte ich schon die ganze Zeit gewusst, dass ich irgendwann den nötigen Mut aufbringen werde, um zu Evan zu fliegen.

»Gut. Ich brauche auch nicht lange. Ich gehe kurz an den Computer und buche unsere Flüge.«

»Ich denke, Johnny hat schon Flüge herausgesucht.« Lily wirft einen Blick zur Küche.

»Du hast heute Abend zwei Möglichkeiten«, bestätigt Johnny ihre Vermutung. »Du darfst nicht vergessen, dass es von hier zum Flughafen eine Weile dauert. Du musst den ganzen Weg auf den Outer Banks hinauf bis zur Nordbrücke fahren und dann sind es noch anderthalb Stunden nach Norfolk.«

Lily nickt bestätigend und ich sehe, dass die beiden schon darüber gesprochen haben, während RC und ich auf dem Rückweg waren. »Und, Jen, mach dir keine Sorgen, wenn wir nicht gleichzeitig losfliegen. Es ist für mich kein Problem, ein paar Stunden im Flughafen zu sitzen und an meiner Seminararbeit zu arbeiten. Ich habe immer noch viel zu tun. Schade, dass wir nicht hierbleiben können, bis das Benoit-Museum aufmacht. Aber ich kann meine Fragen bestimmt auch telefonisch klären.«

»Oder du kommst noch einmal nach Elizabeth City«, schlägt RC vor. »Johnny und ich können dich jederzeit nach Hatteras bringen, wenn du willst.«

Lily nickt und strahlt begeistert. Dann deutet sie mit dem Daumen zur Haustür. »Hey … ähm … kann ich die Schlüssel haben? Ich dachte, wir können unsere Sachen leichter einladen, wenn ich den Wagen rückwärts zur Treppe fahre.«

»Das ist nicht nötig. So viel Gepäck haben wir nicht.« Es ist nicht so, dass ich Lily den Jaguar nicht anvertrauen würde … aber ich vertraue Lily den Jaguar nicht an. Dieser Wagen ist Evans Baby, ob er das nun zugibt oder nicht.

Lily verdreht die Augen. Sie hat offenbar doch gehofft, sich hinters Lenkrad setzen zu können. »Okay … wenn du meinst. Gib mir zwanzig Minuten. Dann bin ich fertig.«

Kapitel 8

Auf dem Tisch warten vier dampfende Schüsseln mit Haferbrei und frisches Obst zu einem letzten gemeinsamen Frühstück. »Ihr habt genügend Zeit zu essen«, verspricht Johnny. »Ihr müsst erst in einigen Stunden aufbrechen, um einen dieser Abendflüge zu erwischen.« Er besteht darauf, dass wir uns setzen und essen. Dann stellt er seinen Laptop vor mich, damit ich mir die Flüge ansehen kann, die er gefunden hat.

Ich vergleiche die Abflug-, Umsteige- und Ankunftszeiten und wir unterhalten uns über die Zeitplanung. Schließlich finde ich einen Flug, der heute am frühen Abend startet, einige Zwischenlandungen einlegt und nach einem Nachtflug in Paris landet. Ich werde rechtzeitig da sein, um Evan in seinem Hotel zu überraschen. Lily kann fast zur gleichen Zeit losfliegen und landet früh genug in Greenville, um sich abholen und nach Cullowhee zurückfahren zu lassen.

Als ich auf »Kaufen« klicke, regt sich in mir gleichzeitig Angst und Befriedigung. In letzter Minute werde ich trotzdem schwach und buche die Reiserücktrittsversicherung nur für den Fall, dass bei meinem verrückten Plan doch noch etwas schieflaufen sollte. Im nächsten Augenblick ärgere ich mich über mich selbst. *Du kneifst nicht, Jen Gibbs!*

Mir gegenüber am Tisch sagt Johnny RC, dass er sich heute gut genug fühlt, um ihr bei den Booten zu helfen. Die beiden wechseln einen glücklichen, zufriedenen Blick und ich erkenne eine tiefe Wahrheit: Das Schwerste an seiner Krankheit ist, dass sie jeden Tag stundenlang voneinander getrennt sind. Sie haben ihr gesamtes Erwachsenenleben gemeinsam verbracht. Sie sind zwei Hälften einer Einheit.

An ihnen sehe ich, was wirklich möglich ist, wenn die Liebe Wunden aus der Vergangenheit und Kämpfe in der Gegenwart zudeckt, wenn sich zwei Menschen so akzeptieren, wie sie sind, mit ihren Narben und allem, was sie sonst noch mitbringen. *Bei dir und Evan könnte es genauso sein*, flüstert eine Stimme in mir. Du musst nur loslassen und aufhören, die Flut kontrollieren zu wollen.

Das ist der einzige Weg: loslassen. Einen Glaubensschritt wagen. Aufhören, immer höhere Abwehrwälle um die Sandburg herum zu bauen.

Evan Hall ist für mich bestimmt. Wir sind füreinander bestimmt. Das fühle ich so stark, wie ich noch nie etwas gefühlt habe.

»Wisst ihr was …« Wieder spreche ich, ohne vorher alles fein säuberlich im Kopf zu sortieren. »Da ihr beide heute arbeiten müsst, brechen Lily und ich einfach jetzt gleich zum Flughafen auf. Wenn wir dort sind, kann ich versuchen, einen Last-minute-Flug zu bekommen. Mit etwas Glück komme ich schon früher los und das letzte Umsteigen wird nicht so stressig.«

Von allen Seiten des Tisches blicken mir schockierte Gesichter entgegen. Lily starrt mich mit offenem Mund an, als wäre ich von Außerirdischen entführt und durch eine Betrügerin ersetzt worden. *Was hast du mit meiner Schwester gemacht?*, sagt ihr Blick.

»Deine Entscheidung steht also wirklich fest«, kommentiert Johnny mein Verhalten. »Wir werden euch vermissen.« Er und RC sehen sich erneut verliebt an und er nickt ihr zu. »Unsere letzten paar Tage auf den Banks werden ziemlich einsam sein.«

»Wir werden euch auch vermissen.« Ich spreche für Lily und mich. Auch wenn ich es nicht erwarten kann, Evan auf der anderen Seite der Erde zu überraschen, fällt mir der Abschied nicht leicht.

»Dann solltet ihr euch auf die Socken machen.« Zum Glück bleibt sich RC treu – sie ist typisch unsentimental. Johnny bietet an, das Geschirr zu spülen, und RC hilft uns beim Packen. Dann tragen wir alles zum Jaguar hinaus. Ich bin so aufgedreht, dass ich das Gefühl habe, von hier nach Norfolk fliegen zu können. Ohne Flugzeug.

Die Aufregung hält an, bis ich auf den Fahrersitz rutsche, um den Motor anzulassen und ihn schon mal warm laufen zu lassen, während wir noch einmal ins Haus gehen, um noch ein letztes Mal in unser Zimmer zu sehen und uns endgültig von Johnny zu verabschieden, der die Stufen nicht so flink hinab- und hinauflaufen kann wie wir anderen.

Ich drehe den Zündschlüssel. Nichts passiert.

Der Jaguar ist mausetot.

Eine Viertelstunde lang probieren wir alle möglichen Schalter und Knöpfe aus, aber er lässt sich einfach nicht zum Leben erwecken. Johnny quält sich die Stufen herab, um sich die Sache anzusehen. Zu viert tragen wir einiges Wissen über Motoren und landwirtschaftliche Geräte zusammen, aber die Technik unter der Motorhaube des Jaguars sieht aus, als gehöre sie in einen Düsenjet. Abgesehen von dem Versuch mit Johnnys Überbrückungskabeln und Batteriemessgerät wagen wir es nicht, etwas anzufassen.

»Keine Ahnung, wer sich hier auf der Insel mit diesem Ding auskennen könnte«, gibt Johnny zu. »Aber mach dir keine Sorgen, okay? Wenn er bis Mittag nicht läuft, bringen wir euch zum Flughafen und behalten euren Wagen hier. Die Leute, denen dieses Haus gehört, sind Freunde. Sie haben bestimmt nichts dagegen.«

Ich stimme diesem Plan zu, hoffe aber trotzdem, dass ich einen Mechaniker auftreiben kann, wenn ich ein wenig herumtelefoniere, und dass sich der Fehler schnell beheben lässt. Vielleicht hat sich nur ein Kabel gelockert oder so etwas. Keine Ahnung, wie Evan reagiert, wenn ich ihm beichte, dass ich seinen Jaguar bei einem Strandhaus weit draußen auf Hatteras Island stehen gelassen habe. Kann meine Anwesenheit in Paris diesen Fauxpas wettmachen?

Ich gehe wieder ins Haus und fange an, das Telefonbuch durchzutelefonieren, während Johnny und RC ihr Werkzeug und ihre Putzutensilien für die Arbeit einpacken. Sie haben versprochen, heute ein Boot fertig zu säubern.

An der Tür bleibt RC noch einmal stehen und lächelt. »Ihr seid noch da, wenn wir zurückkommen, ja?«

»Ja. Selbst wenn wir jemanden finden, der das Auto rechtzeitig repariert, bleiben wir bis nach dem Mittagessen hier und brechen erst dann auf.« Mein Last Minute Flug hat sich inzwischen sowieso erledigt. Ich muss einfach hoffen, dass ich meinen Anschlussflug nach Paris erwische.

RC sieht mich einen Moment lang nachdenklich an und ich frage mich, was sie wohl denkt. »So oder so, wir bringen dich rechtzeitig zum Flughafen, damit du dieses Flugzeug heute Abend erwischst. Mach dir keine Sorgen.« Sie lächelt mich geduldig an. »Da ihr mittags noch hier seid, können wir uns dann umarmen.«

»Darauf werde ich zurückkommen«, scherze ich. Da RC nicht der Typ ist, der sofort alle umarmt, verrät mir dieses Versprechen, wie stark sie diese neue schwesterliche Beziehung fühlt, wie viel sie ihr bedeutet.

»Einverstanden.« Sie sieht mich mit ihrem typischen Zwinkern an, das mir inzwischen vertraut ist. »Verlier nicht den Mut, Mädchen.«

Ich sehe ihr nach, wie sie die Treppe hinabgeht und aus meinem Blickfeld verschwindet. Das kleine Inselhaus wird einsam und still, und obwohl ein warmer, idyllischer Tag vor uns liegt, wäre ich gerne woanders. Nach mehreren vergeblichen Versuchen, einen Mechaniker aufzutreiben, der den Jaguar heute reparieren kann, gebe ich es auf und rufe RC an, um ihr mitzuteilen, dass wir auf ihr Angebot, uns zum Flughafen zu bringen, zurückkommen müssen. Auf meine wiederholte Entschuldigung, weil wir ihnen solche Umstände bereiten, antwortet sie mit einem ungezwungenen Lachen.

»Es kommt nicht alle Tage vor, dass man der wahren Liebe auf die Sprünge helfen kann«, scherzt sie und fügt dann hinzu, dass sie in zwei Stunden zu Hause sind – rechtzeitig, um unser Taxi zu spielen. Ich erkläre ihr, dass ich wenigstens das Benzin zahlen will, und sie erwidert, dass wir das später besprechen können.

Ich rufe Evan an, nur um seine Stimme zu hören, aber er geht nicht dran. Ich schicke ihm eine Nachricht, aber er antwortet nicht. Er hat das Telefon zweifellos auf lautlos gestellt und ganz vergessen, den Klingelton wieder einzuschalten. Dafür ist er genauso berüchtigt wie dafür, dass er vergisst, es stumm zu schalten, bevor er an ein Rednerpult tritt.

Schließlich bleibt mir nichts anderes übrig, als mich mit einigen Arbeitsprojekten abzulenken. Mich in ein Manuskript zu vertiefen, das ein Autor eingereicht hat, ist ein sicherer Weg, um die Zeit totzuschlagen. Zum Glück ist die Geschichte spannend und sie schafft das, was jedes gute Buch schaffen sollte: Sie entführt mich aus dem echten Leben. Ich werde an einen anderen Ort und in eine andere Zeit versetzt und versinke in einer Liebesgeschichte.

Als ich das Manuskript durchgelesen habe, sehne ich mich schmerzlich nach Evan. Ich will wenigstens mit ihm sprechen. Ich fühle, dass mich mein Mut in Bezug auf Paris verlässt. Ich brauche ein wenig Ermutigung. Ich darf den Mut nicht verlieren. *Nicht jetzt.*

Die Vergangenheit muss keinen einzigen Moment der Zukunft bestimmen. Diesen Satz hat Wilda Culp gesagt, die mich in meiner Kindheit ermutigt und unterstützt hat. Ich habe lange gebraucht, um diese Lektion endlich in der Tiefe meines Herzens zu begreifen.

Ein weiterer Versuch, Evan anzurufen, bleibt ohne Erfolg. Deshalb rufe ich im Verlag an und spreche mit George Vidas Assistentin, Hollis. Sie sagt, dass ich mir keine Sorgen zu machen brauche. Evan hat sich heute Morgen bei ihr gemeldet und wollte dann das Telefon für den Tag abschalten, um zu schlafen. Er hat sich eine leichte Erkältung zugezogen. Ja, er bleibt noch ein paar Tage länger in Paris.

Lang genug, dass ich zu ihm kommen kann.

Kapitel 9

RC und Johnny kommen mittags nach Hause und keine Stunde später sitzen wir im Auto und tuckern in ihrem alten, viertürigen Pick-up-Truck die Outer Banks hinauf. Dieses Mal liegt das Meer rechts von uns und die Lagune links. Auf der einen Seite bestürmt das Wasser die Inseln und auf der anderen streichelt es sie sanft. Ich fühle mich im Moment mehr zu der stürmischen Seite hingezogen. Es ist eine Zeit der Veränderung.

Ich laufe nicht mehr weg wie früher, sondern lasse mich erwartungsvoll darauf ein. Ich bin bereit.

Die Fahrt in der alten Klapperkiste nach Norfolk dauert lange, aber die Gespräche im Wagen sind von Lachen und neuen Entdeckungen begleitet, sodass die Zeit wie im Nu verfliegt. Wir unterhalten uns über sonderbare Angewohnheiten, die wir gemeinsam haben – Essen, das wir mögen, Farben, die wir gern anziehen, und die Schulfächer, in denen wir gut waren. Als wir am Flughafen ankommen, besteht Johnny darauf, auf dem Besucherparkplatz zu parken und uns ins Gebäude zu begleiten, obwohl ich betone, dass Lily und ich unser Gepäck selbst tragen können.

»Vergiss es«, sagt Johnny und klemmt den Behindertenausweis an die Windschutzscheibe. »Ich habe meinen Parkausweis und ich schaffe den Weg.«

Ich mache mir Sorgen, dass wir ihn überfordern und er das später büßen muss. Er und RC müssen heute Abend noch den ganzen Weg nach Hatteras zurücklegen. Ich habe angeboten, ihnen hier ein Hotelzimmer zu bezahlen, aber das haben sie abgelehnt.

Wir gehen alle zusammen ins Flughafengebäude und Johnny kommt mit seinem Rollator überraschend schnell voran. »Wir sollten uns lieber beeilen. Ihr wollt doch eure Flüge nicht verpassen.« Aber wir sind über drei Stunden zu früh hier. Wir haben genügend Zeit, um einzuchecken und uns zu verabschieden.

Als hätten wir uns abgesprochen, begeben wir uns geschlossen zu einer Stelle etwas abseits von den Flugschaltern und bilden eine kleine Insel, während die Leute an uns vorbeieilen und uns keine Beachtung schenken.

Der Abschied ist schön und traurig zugleich. Wir alle fühlen diese neuen Bande, die immer noch zart und verwundbar sind wie Spinnenfäden. Wenn man sie zu sehr belastet, zerreißen sie vielleicht und schweben im Wind davon. Lily blickt immer wieder zur Tür, als spiele sie mit dem Gedanken, zu den Outer Banks zurückzulaufen, statt in ihr Flugzeug zu steigen. Einen kurzen Moment lang frage ich mich, ob sie mir gleich sagen wird, dass sie wartet, bis Evans Jaguar repariert ist, und ihn dann nach Cullowhee zurückfährt. Ich will nicht, dass unsere gemeinsame Zeit hier mit einem Streit über das Auto endet.

Am besten lasse ich ihr keine Zeit, um auf dumme Gedanken zu kommen.

»Ich denke, wir sollten jetzt gehen und einchecken«, sage ich.

RC lächelt mich liebevoll an und seufzt dann. Die Augen meiner neuen Schwester sind mir bereits so vertraut, als würde ich sie schon immer kennen, obwohl wir uns erst vor wenigen Tagen das erste Mal begegnet sind. »Wahrscheinlich. Schön, dass ihr hier wart. Das war eine richtig gute Zeit.«

»Danke … danke für alles.« Tränen ersticken meine Worte. Ich muss schwer schlucken, um weitersprechen zu können. »Ich hätte jetzt gern die versprochene Umarmung.«

Lily mischt sich ein, bevor ich RC umarmen kann. Sie schiebt ein Handy in meine ausgestreckte Hand. »Hier. Mach bitte ein Foto von RC, Johnny und mir, okay?« Sie will den Abschied hinauszögern, das sehe ich ihr an, aber ich komme ihrer Bitte nach und verzichte darauf, sie zu erinnern, dass wir vor dem Strandhaus schon genügend Fotos geschossen haben.

Als ich ein Foto gemacht habe, nimmt mir Lily das Handy ab. »Okay, jetzt ihr drei.« Sie bedeutet Johnny und RC, sich neu zu postieren, und sie stellen sich neben mich. Wir müssen mehrmals unsere Position verändern, bis Lily der Meinung ist, wir stünden für das Foto richtig. Plötzlich übernimmt sie das Kommando.

»Lily ...« Ich kann es nicht erwarten, die Sicherheitskontrolle zu passieren und zu Evan aufzubrechen.

»Ich will eine Erinnerung an diesen Moment«, protestiert sie. »Okay, jetzt nur du allein.«

»Lily ...«

»Lächle. Es ist das letzte Mal, dass ich dich unverheiratet sehe. Wenn du nach Hause kommst, heißt du nicht mehr Gibbs.« Ihre Worte werden von einem Schmollmund begleitet, den sie schon als Kind gekonnt eingesetzt hat. Er ist auch heute noch unwiderstehlich.

Ich nehme die alberne Selfiepose ein, die Lily und ihre Freundinnen auf Facebook so lieben, die Hand in die Hüfte gestemmt, den Kopf auf eine Seite gelegt.

Sie macht mehrere Aufnahmen. »Und? So schlimm war es doch gar nicht, oder?« Sie will mir das Handy geben. »Schau dir die Bilder an und sag mir, ob sie dir gefallen.«

»Sie sind bestimmt gut geworden.«

»Schau sie dir trotzdem an.«

»Nein, es ist wirklich alles gut. Ich mag grundsätzlich keine Bilder von mir.«

Lily verdreht die Augen. »Wie du meinst.« Sie wirft einen Blick zum Ticketschalter und bückt sich dann, um ihr Gepäck aufzuheben, ohne RC und Johnny noch einmal zu umarmen.

»Willst du dich nicht verabschieden?«, erinnere ich sie.

»Ach, ja. Tschüs.« Lily nimmt diesen Abschied völlig emotionslos. Das überrascht mich. Ich dachte, er würde ihr sehr nahegehen. Vielleicht bin das aber auch nur ich. Vielleicht mache ich eine so große Sache daraus, weil ich auf einen anderen Kontinent fliege. Es ist ja nicht so, als würden wir RC nie wiedersehen.

Doch dann zögert Lily den Abschied doch hinaus und erzählt von dem Museum auf den Outer Banks und berichtet, dass sie vor unserer Abfahrt im Internet gelesen hat, dass es dort ein Praktikantenprogramm gibt. Sie würde gern wiederkommen und mehr über die Verlorenen Kolonisten von Roanoke Island erfahren. Sie will herausfinden, ob diese Menschen tatsächlich etwas mit den Beinschnitzereien und unserem Erbe von den Melungeons in den Bergen zu tun haben. »Außerdem liebe ich das Meer. Es wäre bestimmt schön, wieder auf die Insel zu kommen und …«

Jemand tippt mir auf die Schulter und ich zucke erschrocken zusammen. Ein Matrose in Seemannskleidung hält mir eine Hand hin. Zuerst denke ich, er will mich bitten, ein Foto von ihm zu machen. Doch statt eines Handys hält er mir etwas hin, das wie ein Schlüsselring aussieht, und sagt: »Ich glaube, das gehört Ihnen, Ma'am.« Er lässt den Gegenstand in meine Hand fallen, ohne mir Zeit zur Widerrede zu lassen. Ich fange ihn auf, bevor er auf den Boden fällt.

Es ist ein Schlüsselring, der relativ schwer ist, aber es hängt kein Schlüssel daran, sondern nur ein kleiner, metallener Gegenstand, der zwischen meinen Fingern hängen bleibt. Er rollt auf meine Handfläche, als ich die Hand öffne.

Ich reiße überrascht die Augen auf und meine Kinnlade fällt nach unten. Falls ich noch ein letztes Zeichen gesucht habe … falls ich noch eines gebraucht habe, habe ich es jetzt. Eine winzige, silberne Nachbildung des Eiffelturms funkelt in meiner Handfläche. So etwas kann man in Souvenirläden in Paris kaufen. Aber wie kommt es hierher? Und warum hat dieser Mann …

Ich blicke auf und aller Augen sind auf mich gerichtet. Die Münder haben Mühe, sich ein breites Grinsen zu verkneifen. Die Gesichter strahlen erwartungsvoll.

»Was ist hier …?«

Lily entfährt ein Kichern und sie drückt sich die Hand auf den Mund, bevor sie mir das Handy reicht. »Schau. Schau dir das Bild an.«

»Was …?« Ich komme ihrer Aufforderung nach. Als ich das Bild auf dem kleinen Display genauer ansehe, wird mir schlagartig alles klar: Warum es Probleme mit dem Jaguar gab, damit wir nicht früher zum Flughafen fahren und einen Last Minute Flug bekommen konnten. Warum Johnny und RC so bereitwillig angeboten haben, uns zum Flughafen zu bringen. Warum Johnny darauf bestanden hat, uns ins Flughafengebäude zu begleiten. Warum Lily vor wenigen Minuten alles so hinausgezögert hat. Warum sie ausgerechnet jetzt und hier die Fotos aufnehmen musste. Warum mich alle drei angrinsen wie die Grinsekatze bei »Alice im Wunderland«.

Sie haben auf jemanden gewartet und er ist auf dem Bild ein Stück hinter mir zu sehen. Mit seinen eins neunzig ragt Evan Hall aus jeder Menge heraus.

Ich fahre herum und er steht jetzt in einiger Entfernung hinter mir. Er grinst übers ganze Gesicht. Er deutet mit dem Kopf zu dem winzigen Eiffelturm, den ich ganz vergessen habe. »Es ist nicht Paris im Frühling.« Seine Augen leuchten in dem tiefen, grenzenlosen Blau des Ozeans, den er heimlich überquert hat, um mich zu überraschen. Eines Ozeans, der so mächtig ist, dass er die Spuren von allem, das andere hinterlassen haben, wegspült. »Aber die Outer Banks im Frühling sind auch nicht schlecht.«

»Nein … Nein, das stimmt.« Ich umklammere das winzige Souvenir an eine Reise, die ich nie gemacht habe, und gehe auf Evan zu, ohne zurückzublicken.

Weitere Bücher von Lisa Wingate bei Francke

Die Hüterin der Geschichten
ISBN 978-3-86827-593-3
380 Seiten, Paperback
auch als E-Book erhältlich

Jolas Briefe
ISBN 978-3-86827-629-9
336 Seiten, Paperback
auch als E-Book erhältlich

Der Ruf des Meeres
ISBN 978-3-86827-667-1
378 Seiten, Paperback
auch als E-Book erhältlich